List Journalistische Praxis
Herausgeber der Reihe: Walther von La Roche

Ele Schöfthaler

Recherche praktisch

Ein Handbuch für Ausbildung und Praxis

List Verlag München

Umschlaggestaltung: Jorge Schmidt, München

Der List Verlag ist ein Unternehmen
der Econ & List Verlagsgesellschaft,
Düsseldorf und München

ISBN 3-471-78760-7

Satz: Leingärtner, Nabburg
Druck und Bindung: Ebner Ulm

Inhaltsverzeichnis

Vorwort

Man muß Columbo nicht lieben, um von ihm lernen zu wollen. Wer erfolgreich recherchieren lernen will, sollte sich den Inspektor mit dem treuherzigen Blick und dem schlappen Gang zumindest einmal anschauen. »Eine Frage noch«, sagt Columbo, nachdem er die Tür schon fast hinter sich geschlossen hat, und die Befragten sich gerade erleichtert zurücklehnen. Die Antworten, die der Inspektor dann auf seine allerletzten Fragen bekommt, sind die entscheidenden. Weil sie entnervt sind, den lästigen Frager endlich loswerden wollen, verplappern sich jetzt auch die hartgesottenen Typen.
Columbo oder coole Alleswisserin – Sie können in viele Rollen schlüpfen bei der Recherche. Hauptsache, die Rolle paßt zu Ihnen.

Recherchieren lernt man am besten, indem man es ausprobiert. Weil aber nicht jeder alle Fehler der anderen wiederholen soll, ist dieses Buch geschrieben worden. Lesen Sie nach, welche Fehler andere bei der Recherche gemacht haben. Prüfen Sie auch die positiven Tips zur Recherche in diesem Buch. Überlegen Sie, welcher Rat aus der praktischen Arbeit für Ihre Praxis paßt.

Recherche ist Grundlage jeder journalistischen Arbeit. Recherche kann nach einem kritischen Blick auf eine Pressemitteilung beginnen, Recherche kann auch vom neugierigen Blick auf der Straße ausgehen. Wer erfolgreicher als andere recherchiert, hat oft auch mehr Erfolg im Beruf. Freie Journalisten etwa haben nur dann auf Dauer eine Chance auf dem Markt, wenn sie etwas produzieren, was andere so nicht anbieten. Ich sehe was, was du nicht siehst – das alte Kinderspiel kann helfen, die Themen am Rande zu entdecken.

Wie umgehen mit Presseinformationen, was tun mit Einladungen zu Pressekonferenzen? Wie ein lokales Thema durch zusätzliche Recherche erweitern, daß ein Bericht auch für eine Agentur interessant erscheint? Wie fragen, um am sichersten Antworten zu bekommen? Wie reagieren, wenn der andere am

Telefon gleich wieder auflegen will? Wenn er schimpft und tobt? Was tun, wenn man alle Zusammenhänge eines Skandals kennt, doch kein Informant mit Namen genannt werden will? Wie am Datenschutz vorbeirecherchieren, ohne die Persönlichkeitsrechte eines anderen zu verletzen?

Fragen, die Volontäre und freie Journalisten auf Recherche- und Reportage-Kursen gestellt haben, bilden den Hintergrund des Buches. Fragen und Probleme, die sich immer neu in der Recherchearbeit stellen. Der Schwerpunkt der Recherchebeispiele liegt bei den Alltagsthemen, die oft auch soziale Themen genannt werden. Was sagen Menschen wem, wann und warum, und was verschweigen sie? Darum geht es in diesem Buch. Die Recherche mit bereits gespeichertem Datenmaterial aus Archiven und Datenbanken wird nur am Rande benannt.

Das Buch wendet sich in erster Linie an frei Arbeitende, an Kolleginnen und Kollegen aus Lokal- und Regionalredaktionen und Agenturen und an Leute, die gerade lernen (Volontäre, Journalistikstudenten etc.).
Die Grundregeln der Recherche gelten aber für alle – auch für Kollegen, die für Hörfunk oder Fernsehen arbeiten. Besondere Probleme, die ausschließlich bei der Recherche für Hörfunk und Fernsehen auftreten, werden allerdings hier nicht behandelt. Die praktischen Beispiele stammen aus der Arbeit für Lokal- und Regionalausgaben von Tageszeitungen und für Agenturen.

Die meisten ausführlichen Recherchen für Zeitungen münden in der journalistischen Darstellungsform des Berichtes. Um Berichte und Recherchen für Berichte geht es vorrangig in diesem Buch. Neben Berichten, die der Nachricht noch sehr verwandt sind, bei denen das Wichtigste im ersten Satz geklärt sein muß, werden hier vor allem die ausführlicheren Berichte vorgestellt, in denen ein Thema, ein Konflikt aus verschiedenen Blickwinkeln betrachtet wird. Der besonderen Form der Recherche für die Reportage und das Porträt ist je ein eigener Abschnitt gewidmet.

Auch die Folgen von Recherchen werden diskutiert. Menschen, deren Name noch nie in einer Zeitung gestanden ist, erwarten sich oft Wunder von Journalisten. Und sind bitter enttäuscht, wenn sich nach der Veröffentlichung nichts an ihrem Schicksal ändert – oder, was noch schlimmer ist, wenn sie durch den Bericht in der Zeitung noch neue Probleme bekommen. Je weniger vertraut Recherchepartner mit journalistischer Arbeit sind, desto genauer sollten Journalisten vor und während der Recherche über mögliche Folgen eines Beitrags aufklären.

Das große »I« für den/die LeserIn findet sich nicht in diesem Buch. Was man lesen kann, soll man auch vorlesen können. Genau das geht aber bei dem/der JournalistIn nicht. Wie in den meisten Zeitungen noch immer üblich, stehen auch hier die Leser oft für die Leserinnen. Zwischendurch allerdings habe ich bewußt die weibliche Form gestreut, die Leserin und die Journalistin, um daran zu erinnern, daß viele Frauen journalistisch arbeiten und Zeitungen lesen. Immer aber Leserinnen und Leser zu schreiben, das erscheint mir als zu umständlich.

Danken will ich hier besonders Detlef Kühn für kritische Fragen und Anregungen zum Thema. Felix, Dorina, Lena, Nanna und Uli danke ich für die Geduld, mit der sie die Entstehung des Buches ertragen haben.

Schwabach, im Juni 1997   Ele Schöfthaler

Themen finden und bearbeiten

Die Lust auf eigene Recherchen

Auf der Straße und im Hinterhof liegen die spannendsten Themen. Recherche macht zweifellos dann am meisten Spaß, wenn man selbst auch Themen aufspürt und entwickelt. Wer immer nur den von außen gesetzten Terminen nachhecheln muß, verliert rasch den Atem für die Geschichten, die zuallererst ihn selbst angehen und – wenn er Glück hat – vielleicht auch viele Leser berühren.

Keine Zeit für Extra-Recherchen, entgegnen Zeitungsvolontäre auf Fortbildungskursen. »Wir haben jeden Tag so viele Termine, daß wir zu den eigenen Geschichten nicht kommen«, berichten sie. Täglich neue Pressemitteilungen, Einladungen von Vereinen, und dann die Pressekonferenzen, die man auch alle besuchen soll. Keine Zeit für eigene Geschichten – oder doch? So zwischendurch einmal und auch einmal am Wochenende?

Die halbe Stunde am Rande? Sie schenken sich die vierte Tasse Kaffee ein und lassen eine Einladung zur Pressekonferenz des städtischen Kulturamts gelangweilt durch die Finger gleiten? Nein, hingehen werden Sie nicht. Aber Sie verbrauchen viel Zeit und Energie, um nach einer geschickten Ausrede zu suchen – verlorene Recherchezeit. Danken Sie für die Einladung, schreiben Sie, daß Sie den Termin (leider) nicht wahrnehmen können, das genügt in der Regel. Ab mit Ihrer Antwort in das Faxgerät (oder in den Briefumschlag), und der Kopf ist wieder frei für die nächste Recherche.

Und was ist mit dem schier endlosen Telefonat, das Sie sich aufnötigen lassen von einem selbsternannten Oberlehrer, der Ihnen ungefragt Gott und die Welt erklärt? Schön still sind Sie, lassen die Belehrungen über sich ergehen und malen Kringel auf ein Blatt Papier. Vielleicht verwechseln Sie Ihr Schweigen sogar mit Höflichkeit. Legen Sie eher auf beim nächsten Mal, beenden Sie das Telefongespräch höflich, aber bestimmt. Wer kritisch seinen

Arbeitstag überprüft, findet fast immer die halbe Stunde, die besser, die anders genutzt werden könnte. Die halbe Stunde, in der man planvoll recherchieren kann, mit Muße gelegentlich, ohne übermäßigen Druck. Zudem liegen manche spannenden Themen tatsächlich auf der Straße. Sie finden Sie im Vorübergehen.

Beim Spazierengehen und in der Kneipe, im Zug, im Cafe und im Gespräch mit Kindern bin ich auf Themen gekommen, die zuallererst mich selbst interessiert haben. Die dann, recherchiert und bearbeitet, über die Agentur, für die ich vorwiegend arbeite, über den *Evangelischen Pressedienst,* auch in verschiedenen Zeitungen nachgedruckt worden sind.

Einige Beispiel davon vorweg: Die schönsten Spielplätze der Region wurden ohne staatliche Gelder gebaut – Zehnjährige Buben sind Strickmeister geworden – Kettenbriefe werden unter der Schulbank gehandelt – Kräuterschnaps als Wundermittel verkauft – Hauptsache fromm: vom Run auf private Schulen.

Auf dem Markt beim Einkaufen habe ich das katholische Mädchen getroffen, das seit einiger Zeit in die evangelische Privatschule geht. Warum das?, wollte ich wissen. »Meine Eltern sagen, dort lernt man mehr«, hat sie geantwortet, dort sei »einfach mehr geboten«. Ich bin neugierig geworden und habe mich weiter umgehört, bei anderen Schülern, bei Eltern, in Schulen und in der Schulverwaltung. Aus dem Randgespräch auf dem Markt ist so die selbst recherchierte Geschichte entstanden.

Zuerst die Pflichtarbeit in der Redaktion. Bevor Sie sich die halbe Stunde Extra-Recherche gönnen, müssen Sie sich in der Zeitungsredaktion darum kümmern, daß die Geschichten und Meldungen für den nächsten Tag druckreif sind. In Lokal-Redaktionen ist der Druck besonders groß. Eine, zwei oder mehr Zeitungsseiten müssen gefüllt werden. Da sind die Vereinsmitteilungen, die Presseinformationen wichtig. Was muß umgeschrieben werden, was wird unredigiert übernommen? Wer geht wann zu welchem Pressetermin?
Eine Woche lang im Monat wird jeder Kollege in einer Lokalaus-

gabe der Nürnberger Nachrichten freigestellt von redaktionellen Arbeiten. Er muß nur Termine wahrnehmen, hat während der Büroarbeitszeit Gelegenheit, eigene Themen zu recherchieren. Auf diese Weise finden sich in dieser Zeitung auffallend mehr selbst recherchierte Berichte als in anderen Lokalzeitungen. Einige dieser Berichte werden zudem auf den Regionalseiten der Nürnberger Nachrichten nachgedruckt. Die kleine Stadt Weißenburg, 60 Kilometer vom Sitz der Hauptredaktion entfernt, ist dadurch viel häufiger im Mantelteil der Zeitung vertreten als andere Städte mit eigener Lokalausgabe.

Frei arbeitende Journalisten müssen zusehen, wie sie zu dem Geld kommen, das sie zum Leben brauchen. Auch für sie kann die Suche nach der selbst recherchierten Geschichte erst an zweiter Stelle stehen. Zunächst ist es wichtig, überhaupt bezahlte Aufträge zu sammeln. In vielen Redaktionen machen sich freie Journalisten dadurch beliebt, daß sie Termine wahrnehmen, die Redakteure nicht sehr schätzen. Wochenendtermine etwa, Abendveranstaltungen, Vereinsversammlungen.

PR-Beiträge kritisch sichten und bearbeiten

Das gedruckte Wort in Zeitungen geht zum größten Teil auf Pressemitteilungen zurück. Auf Texte interessierter Kreise, auf Informationen von Behörden, Firmen, Bürgerinitiativen. »Wir müssen das bringen«, sagt der Redaktionsleiter. »Wenn wir es nicht bringen, dann bringt es die Konkurrenz«, so heißt es da oft. Oder einfach: »Machen Sie etwas daraus.«

Welche Mitteilung im Papierkorb landet, und welche für die Zeitung bearbeitet wird, ist für Außenstehende oft schwer nachvollziehbar. Jede Redaktion hat da ihre eigenen Regeln und Traditionen. Grundsätzlich gilt aber: je offizieller der Absender, desto größer die Bearbeitungschance.
Bürgerinitiativen etwa, Vereine oder Selbsthilfegruppen tun sich in der Regel schwerer, Redaktionen für PR-Texte zu interessieren, als Firmen und Behörden. Ganz abgesehen davon, daß Ver-

eine nur selten ausgebildete und bezahlte Pressesprecher beschäftigen.

Die Qualität, die Aussagekraft eines PR-Textes ist für seriös
arbeitende Redaktionen allerdings mindestens ebenso bedeutsam wie die Absenderadresse. Auch kleine Initiativen haben mit
besonderen Mitteilungen eine Chance, in der Zeitung Beach-
tung zu finden – und meist erst davon ausgehend auch im Hörfunk und im Fernsehen.
Ist der Kern der Information neu, vielleicht sogar aufregend und
spannend?, das fragen sich Journalisten, bevor sie sich an die
Bearbeitung einer Pressemitteilung machen. Weiter geht es
darum, die Bedeutung einer Information für die Leserschaft zu ermitteln. Wen betrifft die Information in welchem Zusammenhang?

Welche Absicht steckt dahinter? Die wichtigste Frage an jede
Pressemitteilung ist die Frage nach den Motiven der Absender.
Was wollen sie damit erreichen, daß sie Journalisten etwas mit-
teilen? Was erhoffen sie sich? Fast immer ist es ja die vermeint-
liche Sonnenseite einer Firma, einer Einrichtung, die präsentiert
wird.
Es gibt auch Pressemitteilungen, die nur reagieren auf bereits
Publiziertes. Welche Fragen werden in diesen Mitteilungen be-
antwortet? Welche werden überhaupt nicht gestellt und warum?
Wo ist der Text ungenau?
Versuchen Sie vor allem, zu vage formulierten Sätzen einer
Pressemitteilung Fragen zu entwickeln. Da heißt es etwa: Die
große Mehrheit der Bevölkerung ist einverstan-
den. Fragen Sie bitte nach, was die Minderheit will. In einer
Pressemitteilung lobt sich eine Wohlfahrts-Einrichtung selbst:
Kinder-Sorgentelefon eingerichtet, Hausfrau,
Buchhändler und Pädagogen teilen sich ehrenamt-
lich den Telefondienst.
Wieviele Menschen teilen sich zu welchen Zeiten welchen
Dienst? Das fragen Sie. Und erfahren dabei, daß nur die Hausfrau und der Buchhändler unbezahlt am Telefon auf Kindersor-
gen reagieren. Die sieben anderen, vermeintlich Ehrenamtlichen
sind festangestellt in der Wohlfahrts-Einrichtung, sie machen
Telefondienst während bezahlter Dienstzeiten – mit dem tragba-
ren Telefon im Büro.

Kleine Fragen, große Recherchen. Freilich kommt es nicht häufig vor im redaktionellen Alltag, daß Journalisten eine Pressemitteilung hinterfragen und damit aufbrechen zu einer folgenreichen Recherche. Doch wer die kritischen Fragen an PR-Texte von Anfang an klar stellt, kommt auf diesem Weg immer wieder einmal zu einer großen Geschichte.

`Keine unmittelbare Gefährdung` für Menschen sei durch die Nachbarschaft zwischen Sondermüll und Wohnsiedlung gegeben, versichert der Sprecher einer Sondermüllanlage in einer Pressemitteilung, die auch in Briefkästen der Anwohner verteilt wird. Wenn keine unmittelbare Gefährdung, welche mittelbare Gefährdung dann?, haben Anwohner und mit ihnen dann Journalisten gefragt. Äpfel und Birnen aus den Gärten neben der Sondermüllanlage könne man unbesorgt essen, so stand es in der Mitteilung, man solle in diesem Jahr nur `auf selbst an-gebaute Wurzelfrüchte verzichten`.

Ungereimtheiten einer Pressemitteilung – daran hat sich eine anhaltende Recherche entzündet. »Richtig dicht« sei die Sondermüllgrube seit langem nicht mehr, ist während der Recherche von Behörden zu erfahren. Das Grundwasser in der Umgebung der Anlage sei verunreinigt, gibt das Wasserwirtschaftsamt zu. Niemand könne aber mit Sicherheit behaupten, die Verunreinigung sei eine Folge des wachsenden Sondermüllberges, die Giftstoffe könnten auch von der nahen Straße ins Grundwasser gesickert sein. Gibt es überhaupt je ein sicheres Wissen darüber, wodurch das Grundwasser verunreinigt ist? Und was ist »nicht richtig dicht«, gibt es ein »richtig dicht« oder ein »richtig undicht«? Das sind weitere Recherchefragen.

»Richtig dicht« sei kein Körper, auch der menschliche Körper sei »nicht richtig« dicht, sagt schließlich ein Chemiker der Anlage in einer neuen Pressemitteilung. Anlaß für einen Kollegen, nun einen Kommentar mit der Überschrift zu schreiben: `Wer ist hier noch dicht?` Immer neue ausweichende Antworten von Betreibern und Behörden führen zu einer Folge von kritischen Berichten in den Tageszeitungen der Region. Und mit jedem Bericht wird das dünne Gewebe einer Behördenlegende über die Ungefährlichkeit einer Sondermüllanlage mitten im Wohngebiet weiter eingerissen. Diese Folgen hatte der Verfasser des ersten PR-Textes ganz sicher nicht einkalkuliert.

In einem Nebensatz das Interessante entdecken, das sollen und das dürfen Sie. Lassen Sie sich vom Absender der Pressemitteilung nicht vorschreiben, was für Sie und die Leser wichtig ist. Der Postminister kommt persönlich (kann er auch unpersönlich kommen?), so teilt es die PR-Abteilung der Bundespost mit, der Minister werde in Himmelstadt (bei Würzburg) die Christkind-Briefaktion eröffnen. Der Anlaß: Jedes Jahr schreiben mehrere tausend Kinder und auch Erwachsene in der Vorweihnachtszeit an das Christkind – die Post leitet diese Briefe weiter nach Himmelstadt.

In einem Nebensatz der Pressemitteilung ist noch erwähnt, daß sich eine Rosemarie Schotte ehrenamtlich um die Beantwortung der Briefe kümmert. Im Rathauskeller von Himmelstadt haben wir Rosemarie Schotte, alias Christkind, gefunden. Mein Kollege hat sie im Kreis der anderen ehrenamtlichen Briefesortierer und -beantworter fotografiert, ich habe die Agentur-Geschichte dazu geschrieben, die weit entfernt war von Anlaß und Absicht der Pressemitteilung. Das Image der Post weihnachtlich aufzupolieren, war uns nicht wichtig.

Der Einstieg zum Bericht: Das Christkind ist 55, hockt im Rathauskeller und brütet über Weihnachtsbriefen. Mit 6 000 Briefen an das Christkind hat für die 55jährige Rosemarie Schotte und rund 20 weitere ehrenamtliche Helferinnen und Helfer die Weihnachtssaison begonnen. Wer an das Christkind in Himmelstadt schreibt und eine Mark Rückporto beilegt, kann bis zum 24. Dezember auf eine Antwort der anonym bleibenden Christkinder aus der Kleinstadt bei Würzburg hoffen.

Den Stift aus der Hand legen, beim ersten Durchlesen einer Pressemitteilung nicht sofort vermeintlich Wichtiges markieren, das empfiehlt sich beim Umgang mit PR-Texten. Oft steht das Wichtigste erst am Ende. Wer erst beim zweiten Durchlesen unterstreicht, stolpert nicht mehr über Nebensächlichkeiten, die er vorschnell markiert hat, und findet sich bei einer Nachrecherche zum Thema leichter in dem Papier zurecht.

Manchmal fehlt nur ein Vorname, manchmal ist nur die Funktion einer Person innerhalb eines Amtes, eines Vereines oder einer Partei ungeklärt. Da genügt in der Regel ein Anruf, um aus einem Herrn Müller den Vereinsvorsitzenden Norbert Müller zu machen.

Was tun mit der Sprecherin des Staatsministeriums für Arbeit und Sozialordnung, Familie, Frauen und Gesundheit, wenn die vielleicht noch einen sehr langen Doppelnamen hat? Hier müssen Sie nicht auch noch den Vornamen erfragen, denn grundsätzlich gilt: Sprecher von Behörden können ohne Namensnennung zitiert werden. Und auch das Ministerium muß nicht mit seinem offiziellen Titel in die Zeitung. Die Lesenden sollen verstehen, für wen oder was ein Sprecher spricht. Darum dürfen Sie im vorliegenden Fall die korrekte Funktionsbeschreibung leserfreundlich verkürzen auf die Sprecherin des Sozialministeriums.

Vereinsnamen kürzer fassen, das dürfen Sie auch, wenn die kürzere Fassung des Namens der Verständlichkeit dient. Die Vorsitzende eines Vereins *Hilfe für Frauen und Kinder in Not e. V.* etwa muß nicht mit dem langen Vereinsnamen in die Zeitung. Wenn sich der Verein vorrangig um den Betrieb eines Frauenhauses kümmert, kann er auch kurz als Frauenhaus-Verein bezeichnet werden. Ein Verein zur *Förderung und Unterstützung der Arbeit im Krankenhaus* kann als Krankenhaus-Förderverein bezeichnet werden. Boulevard-Zeitungen, die größten Wert auf Verständlichkeit legen, bleiben auch bei längeren Texten bei Kurzfassungen der Vereinsnamen. Andere Zeitungen nutzen zunächst die Kurzfassung des Namens, erwähnen an späterer Stelle einmal den offiziellen Namen.

Verständlichkeit vor pingeliger Genauigkeit – die Leserinnen und Leser sollen verstehen, wer in wessen Auftrag etwas kritisiert oder fordert, und in welchem Zusammenhang er das tut. Wer muß schon wissen, daß die korrekte Bezeichnung einer Elterninitiative, die sich für das Recht auf freie Schulwahl auch behinderter Kinder engagiert, *Selbsthilfegruppe für Menschen mit Down-Syndrom und ihre Freunde e. V.* lautet? Daß es Eltern sind, die sich hier für ihre Kinder einsetzen, ist wichtig zu wissen. Schließlich könnten die *Freunde der Menschen mit Down-Syn-*

drom auch Lehrer sein oder Sozialpädagogen. Viel wichtiger, als den langen Vereinsnamen auszuschreiben, sollte die Klärung des medizinischen Fachbegriffs *Down-Syndrom* sein. Hier muß man nachfragen, wenn die Pressemitteilung keine Auskunft bietet.

Fachsprache verständlich übersetzen, ist eine Grundaufgabe für Journalisten. Wer oft und gründlich PR-Texte in verständliche Sprache übersetzt und bearbeitet, der ist auch sonst im journalistischen Alltag davor gefeit, Fachleuten nach dem Mund zu reden. Wie nun das Down-Syndrom erklären?
Für eine kurze Nachricht zum Thema `Freie Schulwahl für Kinder mit Down-Syndrom` mag ein Zusatz in Klammern genügen, wie etwa `Down-Syndrom (früher Mongolismus genannt)`. Für einen (Hintergrund-)Bericht sollten Sie ausführlicher recherchieren. Welche körperlichen und geistigen Folgen hat die `erbbedingte Chromosomenverschiebung,` von der die Pressemitteilung spricht. Doch halt – bitte in der Zeitung nicht von der erbbedingten Chromosomenverschiebung berichten, viele Leser können auch mit diesem Fachbegriff nichts anfangen. Besser: das Down-Syndrom einfach als `eine Erbkrankheit` beschreiben. Wenn Sie dazu noch recherchieren, wie häufig diese Erbkrankheit vorkommt (einmal auf 600 Geburten), und woran sie zu erkennen ist (Menschen mit Down-Syndrom lernen in der Regel schwerer als andere aus Büchern, sie lernen am leichtesten, indem sie nachahmen, was andere tun), können sich Leser besser orientieren.

Oft ist der Hintergrund entscheidend, der Hintergrund einer Pressemitteilung, der allerdings nur selten mitgeliefert wird. Die Elterninitiative, die dafür kämpft, daß behinderte Kinder zusammen mit Nachbarskindern die nächst gelegene Regelschule besuchen dürfen, engagiert sich in Bayern. Gibt es ein besonderes bayerisches Schulgesetz?

Sich sachkundig machen, dabei Informationen kritisch bewerten. Man kann, wenn man Informationen sucht zum bayerischen Schulgesetz, im bayerischen Kultusministerium anrufen – oder, was kostengünstiger ist, fachkundige Kollegen befragen oder im hauseigenen Archiv (oder im Archiv der nächst gelegenen Tageszeitung) nachsuchen, vielleicht auch im nächsten staatlichen Schulamt anrufen. Freilich kann man, weil man ohnedies bei der Vorsitzenden der Elterninitiative anrufen will, auch hier nach dem Gesetz fragen. Doch Achtung! – hier liegt die Gefahr subjektiver Färbung der Information. Allerdings – die subjektive Färbung bleibt auch bei der Antwort aus dem Kultusministerium nicht aus. Dort wird man natürlich daran interessiert sein, bestehende Gesetze als sinnvoll zu erklären.

Den oder die absolut neutralen Sachverständigen gibt es bei keiner Frage, die Menschen bewegt. Immer ist da die Fähigkeit der Journalisten gefragt, kritisch die Interessen der Informanten abzuwägen.

Das Wichtigste am Ende entdecken. Vor allem in Pressemitteilungen von Vereinen, die keine geschulten Pressesprecher beschäftigen, müssen Sie den Text bis zum Ende aufmerksam studieren. In der Pressemitteilung der Eltern von Kindern mit Down-Syndrom etwa stehen die wichtigsten Sätze am Ende der eineinhalb Seiten langen Erklärung: In Bayern kämpfen Eltern für die schulische Integration ihrer Kinder. Sie fordern eine Änderung des bayerischen Schulgesetzes, damit Integrationsklassen mit lernzieldifferentem Unterricht in den Regelschulen am Wohnort eingerichtet werden können. Achtung – was bedeutet Integrationsklasse? Was heißt lernzieldifferenter Unterricht? Was erlaubt und verbietet das bayerische Schulgesetz geistig behinderten Kindern? – Lernzieldifferent ist das Gegenteil von lernzielgleich. Nur wer Lernziele, wie sie im Lernplan der Regelschulen vorgesehen sind, erreichen kann, darf die Regelschule besuchen, so schreibt es das alte, von der Elterninitiative kritisierte, bayerische Schulgesetz vor.

Zum besseren eigenen Verständnis sollte man dies für sich selbst zunächst noch konkreter formulieren, etwa so: Geistig Behinderte müssen genauso schnell und gut schreiben und rechnen lernen wie normal Begabte, wenn sie zusammen mit Kindern aus der Nachbarschaft in die nächst gelegene Regelschule gehen wollen.

Nach der Übersetzung weiterfragen. Von der Übersetzung einer Presseinformation aus beginnt meist die eigentliche Recherche. Die Recherche vielleicht zu einer eigenen Geschichte über ein Kind, dessen Eltern dafür kämpfen, daß es zusammen mit Nachbarskindern in die nächst gelegene Regelschule gehen darf.

Ich habe über Daniel geschrieben, einen Jungen aus Berching, dessen Eltern einen Musterprozeß für das Recht auf freie Schulwahl auch für Behinderte angestrengt haben. Daß der Junge, der zweimal vom Schulbesuch zurückgestellt worden ist, lernen wolle, sei klar, sagt die Mutter. Er könne lesen, rechnen und schreiben lernen wie andere Kinder auch, »nur eben nicht im gleichen Tempo«. Wie die Mutter Privatunterricht für den Jungen organisiert, damit er die Lust aufs Lernen nicht verliert, das habe ich versucht zu beschreiben. Die Leser sollen nicht nur hören, was die Mutter über den Sohn sagt, wie Fachleute urteilen und das Gericht. Sie sollen sich selbst ein Bild machen können: `Daniel packt am liebsten Fotos aus, Fotos aus dem Kindergarten, von den Eltern und von den Geschwistern. Monika Wild, die Mutter des Jungen mit Down-Syndrom, hat die Bilder beschriftet: »Puppe schläft«, »Daniel holt einen Löffel und ein Messer«, »Melanie zieht die Sonja«. Eine Aufschrift nach der anderen entziffert der Junge.`

Die Geheimsprache der Politiker und der Juristen ist oft besonders schwer zu übersetzen. Leider fallen noch immer auch Bürgerinitiativen auf die von oben vorgegebenen Geheimfloskeln herein. Sie glauben, die Fachsprache übernehmen zu müssen, um gehört zu werden von Politikern. Journalisten dürfen sich davon nicht blenden lassen. Wenn eine Elterninitiative `lernzieldifferenten Unterricht` fordert und gegen ein Gesetz protestiert, das Lernzielgleichheit vorschreibt, sollten Sie diese Formulierung nicht wörtlich in Ihrem Bericht übernehmen.

Klar formulierte Fragen in der Recherche folgen aus klarer Übersetzungsarbeit. Daniel, der langsamer lernt als andere Kinder, soll mit den anderen zusammen in die Grundschule gehen. Sie fragen zunächst sich und dann vielleicht auch Daniels Eltern:

Hat der Junge dann noch Zeit zum Spielen? Muß er am Nachmittag nicht extra viel lernen, damit er mitkommt im Unterricht? Formulieren Sie Ihre Fragen in allgemein verständlicher Umgangssprache – meiden Sie, so weit wie möglich, Formulierungen aus Fachsprachen jeder Art. Die Gefahr, daß Ihr Gegenüber im gleichen Fachjargon antwortet, in dem Sie die Fragen stellen, liegt auf der Hand. Die Sozialpädagogin, die von ihrer Klientel spricht, fragen Sie bitte nach den Menschen, mit denen sie zu tun hat. Ihre Leser haben nichts davon, wenn Fachleute anerkennend über Sie urteilen, nur weil Sie fließend die jeweilige Fachsprache sprechen. Journalismus ist in erster Linie Dienstleistung an den Lesenden. Sie nutzen die Chancen der Pressefreiheit, um den richtigen Leuten die Fragen zu stellen, die Ihre Leser auch gern stellen würden, wenn sie an Ihrer Stelle wären.

Vorsicht: Sympathiefalle – Sie treffen in der Recherche vielleicht auf besonders engagierte Menschen, die sich etwas zutrauen, wovon Sie nur träumen: Lassen Sie sich bitte nicht zu sehr davon beeindrucken. Wo viel Licht ist, gibt es nun einmal auch viel Schatten. Sie müssen, wenn Sie vom Licht berichten wollen, nicht den gesamten Schatten entdeckt haben. Sie sollen nur nüchtern recherchieren, nicht von vornherein auf der Seite der vermeintlich Guten stehen und sich nicht in deren Licht sonnen.

Fragen Sie nicht nur im Kultusministerium, sondern auch bei der Elterninitiative so kritisch nach, wie Ihre kritischsten Leser fragen würden. Fragen Sie vielleicht, was es dem geistig behinderten Kind bringt, in einer Klasse zu sitzen, in der alle anderen alles immer schneller kapieren. Daniels Mutter hat auf diese Frage hin das System zusätzlichen Förderunterrichts an der Regelschule erklärt. Sie hat mir auch das Fotokartenspiel gezeigt, mit dem Daniel lesen lernt. Im Kultusministerium können Sie danach fragen, was die freie Schulwahl für Eltern behinderter Kinder bedeutet. Und nennen Sie den Hintergrund Ihrer Frage: Dasselbe Gesetz, das freie Schulwahl garantiert, legt fest, daß geistig Behinderte in der Regelschule dieselben Leistungen bringen müssen wie normal Begabte. Klare, mitunter provokante Fragen, die Sie aus einer übersetzten Pressemitteilung entwickeln, garantieren für Leser am ehesten klare Einblicke in Themen, mit denen sie sich zuvor vielleicht noch nie beschäftigt haben.

Nebulöse Formulierungen, schwammige Begriffe sind besonders häufig in Pressemitteilungen politischer Parteien zu finden. Wenn im folgenden Pressemitteilungen von nur zwei Parteien aufgespießt werden, heißt das keinesfalls, daß PR-Texte der anderen Parteien verständlicher formuliert sind.

Eine Pressemitteilung aus Bonn, eine Mitteilung der Grünen im Bundestag, handelt von der Kindererziehung als einem individuell zu lösenden Problem. Die Grünen in Bonn beklagen: Kinderbetreuung ist Frauen noch immer als individuell zu lösendes Problem überlassen. Nun, das läßt sich auch schlichter ausdrücken. Für die Grünen ist Kindererziehung also *ein Problem, um das sich Frauen alleine kümmern müssen.*

Achtung: Passivkonstruktionen, sie beschweren die gedrechselte Sprache zusätzlich. Und das hat System. Im Passiv läßt sich von Opfern reden, ohne daß man Täter benennen muß. Wer gibt Frauen das Problem der Kindererziehung denn auf, wer sorgt dafür, daß Frauen das Problem überlassen ist? Ganz allgemein heißt es später im Text: Mütter haben wenig Rechte und viel Sorge zu tragen. Was tun mit so einem Satz? Wegstreichen, fallen lassen, sich nur nicht die Mühe machen, so eine platte Verallgemeinerung zu übersetzen. Übersetzt werden sollte dagegen die einzige einigermaßen aussagekräftige Forderung am Ende der Pressemitteilung: Wir fordern nicht nur am Muttertag eine Politik, die Erziehungszeiten als Arbeit mit hundertprozentiger Rentenanrechnung anerkennt. Was fordert hier die Bundestagsfraktion der Grünen? Sie fordert – übersetzt –, Erziehungszeiten voll auf die Rente anzurechnen.

Tabuthemen in der Politik werden von Politikern und Pressesprechern besonders sorgsam in unverständliche Sprachhüllen verpackt. Das einzubindende familiäre Umfeld in einer Pressemitteilung der CDU/CSU-Bundestagsfraktion zum Thema Abtreibung soll hier als zweites Beispiel politischer Nebelbildung stehen.
Das familiäre Umfeld muß stärker in die Verantwortung für den Schutz des ungeborenen Lebens

eingebunden werden, so heißt es in fetten Buchstaben im Einstieg der Meldung. Und weiter: Die Einbeziehung des familiären und sozialen Umfeldes in die Verantwortung für den Schutz des ungeborenen Lebens wurde bekräftigt. Viel später folgt, was hinter dem Fettgedruckten stehen könnte: Es kann nicht sein, daß die Frau, die kein Beratungsgespräch durchführt, für einen Abbruch bestraft wird, während der Vater des Kindes, der die Frau zum Abbruch drängt, nicht zur Verantwortung gezogen wird. Für uns steht im Vordergrund, den Vater des Kindes und das sonstige Umfeld der Schwangeren stärker auf den Lebensschutz zu verpflichten. Die dreifache Verneinung im ersten der beiden Sätze, die bürokratische Sprache (ein Beratungsgespräch durchführen) und die schwammige Forderung im zweiten Satz (auf den Lebensschutz verpflichten) sorgen auch weiterhin noch für Vernebelung. Negationssätze sind grundsätzlich schwerer verständlich als positive Aussagen. Doch diese beiden Sätze lassen sich schon leichter in klares Deutsch übersetzen als der fettgedruckte Vorspann. Worum geht es der CDU/CSU-Bundestagsfraktion, was will sie aber vielleicht doch nicht ganz so deutlich und laut sagen? Die Fraktion (oder: starke Kräfte in der Fraktion?) will (wollen): Künftig sollen auch Männer bestraft werden können, die eine Frau zu einem Schwangerschaftsabbruch gedrängt haben, die sich nicht nach gesetzlich geregelten Vorgaben beraten hat lassen.

Erst nach dieser Übersetzungsarbeit lohnt sich eine telefonische Nachrecherche. Jetzt erst im Pressebüro der CDU/CSU-Bundestagsfraktion oder bei einer Abgeordneten/bei einem Abgeordneten nachfragen, ob und wie der Paragraph 218 denn nun verändert werden soll? Sie können auch provozierend fragen, wer denn auf welchem Weg herausfinden soll, ob die Frau aus eigenem Antrieb oder auf Betreiben des Freundes/Mannes hat abtreiben lassen?

Wie würden Sie entscheiden? Sie können nun sich selber testen. Es gibt viele Möglichkeiten, mit Pressemitteilungen umzugehen. Überlegen Sie für sich, wie Sie, ausgehend von der folgenden Pressemitteilung, an Ihrem Wohnort recherchieren würden. Überlegen Sie bitte weiter, was Ihnen aus der Pressemitteilung wichtig genug erschiene, um es in einer überregionalen Zeitung als Nachricht zu bringen. Es geht um eine Pressemitteilung des bayerischen Landesbundes für Vogelschutz mit Sitz in Hilpoltstein.

Aufgabe 1: Recherche am Wohnort. Planen Sie eine Recherche für einen Bericht in Ihrer Lokalzeitung auf der Grundlage der Presseinformation. Wo würden Sie für diese Aufgabe nachfragen wollen, was würden Sie wen fragen wollen? Was stünde warum im Vordergrund Ihres Berichtes (Leserorientierung!)?

Aufgabe 2: Das Wichtigste entdecken. Schreiben Sie eine kurze Nachricht mit höchstens zwei Sätzen für eine überregionale Zeitung – ohne Gelegenheit zu einer telefonischen Nachrecherche. Ihre Recherchearbeit erschöpft sich hier in der Gewichtung der Informationen und in der Übersetzungsarbeit.

Presseinformation der Landesgeschäftsstelle Hilpoltstein des LBV (Landesbund für Vogelschutz in Bayern e.V., Verband für Arten- und Biotopschutz):

Rammadamma – Jetzt letzte Gelegenheit
Müllsammelaktionen sind zu einem festen Bestandteil im Jahresprogramm vieler Vereine geworden. Dabei entscheidet der Zeitpunkt, an dem eine solche Aktion durchgeführt werden soll, über den Wert der >Säuberungsaktion<, erklärt der Landesbund für Vogelschutz in Bayern e.V. (LBV). Alljährlich, wenn die Sonne im Frühjahr die Menschen nach draußen lockt, entdecken viele Vereine und Gruppen ihr Herz für die Natur. Müll und Unrat, der von Umweltsündern im letzten Jahr in die Landschaft geworfen wurde, wird dann in großen Aktionen von März bis Juni aufgesammelt. Doch so gut solche Aktionen auch gemeint sind, sie schaden oftmals mehr als sie nützen, so Dr. von Lindeiner, Artenschutzreferent des LBV.

Anfang bis Mitte März brüten bereits wieder die ersten Vögel, und die erste Vegetation ist im Begriff aufzukommen. Wer dann noch Müll im Gebüsch sammelt, stört die Vögel beim Brüten und zertritt die ersten frischen Triebe, die besonders empfindlich sind: In der kalten Jahreszeit genügt oft schon eine halbe Stunde Abwesenheit der Elterntiere vom Nest, um das Gelege erkalten und absterben zu lassen.

Insbesondere gefährdete Großvögel, z.B. Greife, sind im Nestbereich sehr empfindlich. Auch die Gefahr, unbedacht Nester zu zerstören, wenn man im Gebüsch arbeitet, ist groß. Deshalb sollten die Aktionen spätestens bis Ende Februar abgeschlossen sein.

Damit Tiere wie Reh, Hase oder Fuchs ausweichen können, sollten immer nur kleine Abschnitte auf einmal »durchkämmt« werden, rät der LBV. «Die beste Aktion zur sauberen Landschaft ist aber weiterhin der engagierte Kampf für ein erhöhtes Umweltbewußtsein.« V.i.S.d.P.: Dr. Andreas von Lindeiner, LBV-Artenschutzreferat

Andreas ist wichtig, der Titel weniger. Den Vornamen brauchen Sie für jede Zeitung, in der Sie Herrn von Lindeiner zitieren wollen, den Doktortitel müssen Sie nur in Zeitungen aufführen, in denen sich Redaktionsleiter und Chefredakteure nicht trennen können von der Ehrfurcht vor Titeln. Auch das Artenschutzreferat müssen Sie im journalistischen Text nicht erwähnen, wenn Sie nicht näher auf den Verband eingehen, sondern die Sachaussage des Pressetextes in den Vordergrund Ihres Beitrags rücken.

Titel und Berufsbezeichnungen spielen in der Zeitung nur dann eine Rolle, wenn sie im notwendigen sachlichen Bezug zu einer Information stehen. Andreas von Lindeiner spricht hier im Namen des Landesbundes für Vogelschutz, mehr müssen die Leser zur vorliegenden Information nicht wissen. LBV alleine zu schreiben, ist zwar kürzer, aber nicht sinnvoll. Denn:

Abkürzungen werden in Zeitungen nur dann ohne vorherige Erklärung verwendet, wenn sie allgemein gebräuchlich sind und von den allermeisten Lesern verstanden werden. Als Beispiel können hier Parteinamen gelten wie CDU, CSU, SPD und FDP. In einem längeren Text über den Landesbund für Vogelschutz schreiben Sie den Bund einmal aus und setzen dann in Klammern LBV dahinter. Dann können Sie im weiteren Text immer die Abkürzung nutzen. Aber bitte nicht, wie manchmal in Kurzmeldungen zu lesen, die Abkürzung hinter den ausgeschriebenen Namen setzen, wenn der Name nur ein einziges Mal im Text auftaucht.

V.i.S.d.P. ist ungewöhnlich unter einer Pressemitteilung, es bedeutet »Verantwortlich im Sinne des Pressegesetzes«. Der Landesbund für Vogelschutz hätte dieses Kürzel nicht verwenden müssen. Die Verantwortlichkeit für einen gedruckten und vervielfältigt unter das Volk gebrachten Text muß geklärt sein, das Kürzel V.i.S.d.P. wird deswegen nur auf Flugblättern oder Plakaten notiert. Bei Pressemitteilungen genügt die Absenderangabe mit telefonischer (bzw. Fax-) Rückrufmöglichkeit.

Zu Aufgabe 2: Bei höchstens zwei Sätzen ist die Aussage einer möglichen Nachricht ziemlich eindeutig: Es geht darum, daß niemand mehr Müll sammeln soll in der Natur nach Ende Februar, damit Vögel ungestört brüten können. Wer warum Müll sammelt, das kann hinter dieser eindeutigen Empfehlung des Landesbundes für Vogelschutz nicht die vordringlich zu klärende Frage sein. Ein Beispiel für eine mögliche Kurznachricht, in der auch der etwas allgemeine Begriff Natur eindeutiger beschrieben ist: `Hilpoltstein. Der bayerische Landesbund für Vogelschutz warnt davor, Müll in Wiesen und Wäldern nach dem 1. März noch zu sammeln. Vögel könnten sonst beim Brüten gestört werden.`

Ersatzwörter für Sagen gibt es viele in der deutschen Sprache, Sie können und dürfen abwechseln, müssen nicht alle Menschen alles immer nur »sagen« lassen. Achten Sie bitte schon bei der Recherche darauf, wie jemand etwas gesagt hat – mit kritischem Unterton, schimpfend, klagend, tobend gar?

Die Ersatzverben sollten passend gewählt werden. Lassen Sie jemanden kritisieren, wenn er kritisiert, lassen Sie ihn vor etwas warnen, wenn er warnt. Aber Vorsicht vor dem Wort »erklären«. »Das Wetter ist schön«, erklärt da einer, ein anderer erklärt, er wolle jetzt spazierengehen. In Ordnung – aber wo bleibt die Erklärung?
Fast noch häufiger wird in Zeitungstexten das Wort »gestehen« mißbraucht. Manchmal wird ihr die Arbeit zu viel, gesteht da eine, eine andere gesteht, sie findet Männer ganz nett. Darf sie ja – aber wo bleibt das Geständnis? Noch schrecklicher das Unterstreichen – der Kanzler unterstreicht, daß wir alle sparen müssen, der Bürgermeister unterstreicht, daß man nicht mehr so viel investieren könne. Wirklich unterstrichen hat da vielleicht nur ein Redner, der etwas besonders betonen wollte. Und auch die Journalisten haben etwas unterstrichen in Pressemitteilungen. Nun müssen aber Menschen, die in Nachrichten und Berichten zitiert werden, etwas unterstreichen und betonen, was sie schlicht gesagt oder erwähnt haben.
Wenn es noch geschraubter klingen soll, greifen Journalisten in den Negations-Topf: Nicht unerwähnt wollte jemand etwas lassen, ein anderer wollte etwas nicht verschweigen. Paßt das Verb zur Aussage? Das sollten sich Journalisten immer neu fragen, wenn sie nach Ersatz-Verben für Sagen suchen.

Zu Aufgabe 1 – Recherche am Wohnort. Sie könnten zunächst nach Vereinen suchen, die Müll sammeln. Gibt es in Ihrem Bundesland auch einen Landesbund für Vogelschutz? Falls ja, gibt es in Ihrer Gegend eine Orts- oder Regionalgruppe des Landesbundes? Vielleicht kann man Ihnen hier sagen, welche Vereine Müll in Wiesen und Wäldern sammeln. Wenn Sie so nicht weiterkommen, fragen Sie in der Gemeindeverwaltung, im Landratsamt, bei der nächst gelegenen Forstbehörde oder beim Bauernverband nach. Gibt es in Ihrer Gegend vielleicht so etwas wie eine vorbildliche Müllsammelaktion jedes Jahr vor dem 1. März? Welche seltenen Vogelarten kennt man in Ihrer näheren Umgebung noch, welche gilt es zu schützen? Rasch wächst durch so einfache Recherchefragen der allgemein gehaltene Pressetext zu einem eigenständigen Lokalbericht.

Gefahr: gewohnte Sprachbilder. Lassen Sie sich nicht blenden durch gängige Formulierungen, durch gewohnte Sprachbilder. Wehe dem, der nicht kritisch nachfragt, wer warum etwas in der Zeitung gedruckt sehen will. In vielen Lokalzeitungen ist es üblich, daß Vereine und Parteien selbst über sich und ihre Versammlungen schreiben. Und viel zu oft geraten diese Texte dann unredigiert ins Blatt.

Die Schriftführer der Vereine und Parteien trifft hier die geringste Schuld. Was sie auch tun, sie tun es falsch. Entweder schreiben sie so, daß es dem Vorstand gefällt, – aber sonst kaum jemand ihren Bericht lesen will. Oder sie schreiben so, daß auch Nicht-Vereinsmitglieder den Bericht mit Interesse zur Kenntnis nehmen, – dann gefällt der Text bestimmt dem Vorstand nicht mehr. Um sicher zu gehen, schreibt ein Vereins-Schreiber vom anderen ab. Da konnten Mitglieder begrüßt und Veranstaltungen abgehalten und durchgeführt werden, da werden wichtige Themen angesprochen und andiskutiert und volle Erfolge verbucht.

Was tun mit dem Vereinsbericht? Entscheiden Sie, was Sie in der Redaktion einer Lokalzeitung mit dem folgenden Text machen würden, der Ihnen auf dem Postweg von der Vorsitzenden eines neuen Vereins angeboten wird: eine Pressemitteilung aus dem Jahr 1986. Die Vorsitzende ist Ihnen vom Namen nach, aber nicht persönlich bekannt.

Ein von vielen langgehegter Wunsch ging in dieser Woche in Erfüllung: Im Hotel Ertl fand am Montag die Gründungsversammlung des ersten Kulmbacher Freikörperkultur-Vereins statt. Nach den Wahlen zum Vorstand hielten die Vorsitzende, Bettina Merkel, sowie der Präsident des deutschen FKK-Verbands e.V., Hermann Arendt, München, die Festansprachen. Ein Hauptproblem der FKK ist, so wurde darin deutlich, hierzulande immer noch die starke Tabuisierung. Die Vorsitzende konnte stolz bereits die ersten zwanzig Mitglieder begrüßen und rechnet mit einem weiteren starken Zuwachs.

Nach mehrmonatiger Vorarbeit war es in dieser Woche endlich soweit. Zwanzig Personen aus Kulmbach und Umgebung riefen den ersten Kulmbacher

Freikörperkultur-Verein ins Leben. Die Grün-
dungsversammlung begann mit den Wahlen zum Vorstand. Dabei wurde Bettina Merkel einstimmig zur
Vorsitzenden gewählt. Das Amt des Stellvertre-
ters und das des dritten Vorsitzenden wurde Wer-
ner Stucks und Claus-Peter Schmidt übertragen.
Dem Vorstand gehören ferner Kassierer Rainer H.
C. Büttner und die Schriftführerin Hanna Baumann
an. Im Anschluß an die Wahlen sprach Hermann
Arendt dem neugewählten Vorstand im Namen des
FKK-Verbandes e.V. München die herzlichsten
Glückwünsche aus und überreichte der Vorsitzenden einen Blumenstrauß. Außerdem unterzeichnete
Arendt als Landesvorsitzender persönlich die
Mitgliedsausweise und übergab sie an die 20
Gründungsmitglieder.
Nachdem sich die Vorsitzende kurz selbst vorgestellt hatte, ging sie in ihrer Ansprache teils
besorgt, teils zuversichtlich auf die momentane
Lage der Freikörperkultur ein. »Ein Problem, das
es zu überwinden gilt«, so die Rednerin, »ist
noch immer die starke Tabuisierung und das
schlichte Abtun der Freikörperkultur hierzulande als unanständig«. In ihren weiteren Aus-
führungen ging Bettina Merkel noch genauer auf
die Schwierigkeiten unter anderem des Nacktba-
dens und des »Sich-oben-ohne-Bräunens« in
Schwimmbädern und Parkanlagen ein. Um sich auf
diesem Gebiet der Zeit anzupassen, seien ein Umdenken der Behörden und eine liberalere Einstel-
lung der Mitmenschen notwendig. Hermann Arendt
gab seiner Freude über die Kulmbacher Neugrün-
dung und die große Zahl an interessierten Mit-
gliedern mit den Worten Ausdruck: »Die Freikörperkultur und das Nacktbaden sind von Tag zu Tag
beliebter. Ich mache keinen Hehl daraus zu sagen, daß wir als >nackte Minderheit< zwar noch
nicht voll akzeptiert sind, uns aber für jede
Verbesserung auf diesem Problemgebiet einsetzen.«

Arendt beteuerte, er lasse keine Chance aus, mit Bäder- und Kurverwaltungen in Kontakt zu treten, um die Anliegen vieler Gleichgesinnter vorzutragen. Sein besonderer Dank galt seiner Vorrednerin, die mit ihren Worten bereits ausgedrückt habe, worum es beim FKK-Verband in erster Linie gehe: die Anerkennung der Freikörperkultur als Bestandteil der Gesellschaftsnormen. Ein wichtiger Weg dahin sei die Öffentlichkeitsarbeit durch Vereine, die dieses Ziel anstreben.
Im Verlauf der Versammlung fanden ferner eine Aussprache zu Angelegenheiten des Vereins, eine kurze Diskussion über einige Punkte der Satzung und über den Mitgliedsbeitrag und die Mitgliedsaufnahme statt. Beraten wurde auch über gemeinsame Unternehmungen der Mitglieder. Geplant ist, im August eine Gruppenreise an den Strand der Adria durchzuführen.

Der Bericht ist unverändert gedruckt worden in der Lokalzeitung und hat für Aufruhr gesorgt. Warum, fragen Sie vielleicht, er ist doch nur langweilig geschrieben? Viel zu viele vereinstechnische Redewendungen im Bericht, sagen Sie. Die typischen Klischees der Vereinsberichterstattung: konnte stolz begrüßt werden, war es endlich soweit, wurde der Verein ins Leben gerufen, sprach die herzlichsten Glückwünsche aus und überreichte Blumen, wichtige Öffentlichkeitsarbeit.

Wie hätten Sie entschieden? Was hätten Sie in der Kulmbacher Redaktion mit diesem Vereinsbericht gemacht? Ihn zu einer Vierzeilen-Meldung umgearbeitet? Das wären noch immer vier Zeilen zu viel gewesen, weil Sie ohne Recherche vier Zeilen zu viel geglaubt hätten! Sie hätten nachfragen müssen – zumindest einmal im Hotel Ertl, oder einmal bei Bettina Merkel anrufen müssen. Lesen Sie dazu folgenden Text, der drei Wochen nach dem Bericht über die Gründungsversammlung des neuen Kulmbacher Vereins in der dortigen Lokalzeitung erschienen ist:
Bettina Merkel: Keine Verbindung zu einem Freikörperkultur-Verein.

Es sollte ersichtlich ein Schülerstreich sein. Schüler eines Kulmbacher Gymnasiums war es vor drei Wochen gelungen, unsere Redaktion zu täuschen und die Falschmeldung von der Gründung eines Vereins für Freikörperkultur zu lancieren. Wir stellen dazu fest: Eine solche Veranstaltung hat in den letzten Wochen weder im Hotel Ertl noch in irgendeiner anderen Gaststätte Kulmbachs stattgefunden. Folglich konnte auch Bettina Merkel, Oberstudienrätin am hiesigen Caspar-Vischer-Gymnasium, nicht zur Vorsitzenden eines FKK-Vereins gewählt werden. Sie legt Wert darauf zu erklären, daß sie zu keiner Zeit in Verbindung mit einem derartigen Verein stand.

Die übrigen in dem Schülerbericht aufgeführten Namen der Gründungsfunktionäre des angeblichen Vereins sind verfremdet, sollten aber erkennbar gegenwärtige beziehungsweise frühere Lehrkräfte der genannten Schule bezeichnen.

Über Art und Stil eines solchen Spaßes kann man gewiß geteilter Meinung sein. Da wir aber bestrebt sind, unsere Leser stets wahrheitsgetreu zu unterrichten, ist es für uns eine Selbstverständlichkeit, die falsche Meldung vom 31. Mai 1986 zu berichtigen und uns bei Frau Merkel zu entschuldigen.

Die Redaktion hat geschlafen und nun abgelenkt von der eigenen Verantwortung. Das klingt schon sehr hochtrabend: Wir sind bestrebt, unsere Leser stets wahrheitsgetreu zu unterrichten. Freilich haben die Redakteure den Streich nicht ausgeheckt, sie sind aber durch mangelnde kritische Distanz zu vereinsüblichem Schreibstil auf den Streich hereingefallen. Sie haben es ermöglicht, daß sich die Lehrerin im Wortsinn bloßgestellt fühlen mußte. Deswegen nur die Schüler zu kritisieren, ist nicht fair. Die umständlich von der Redaktion vorgetragene Feststellung, daß eine solche Veranstaltung weder hier noch dort stattgefunden habe, und folglich die Lehrerin auch nicht zur FKK-Vorsitzenden hatte gewählt werden können, wird die Lehrerin kaum getröstet haben.

Vom Umgang mit Pressekonferenzen

Den Besuch mancher Pressekonferenzen können Sie sich und Ihren Lesern sparen. Recherchieren Sie stattdessen vorher und, wenn es sich lohnt, zu einem späteren Zeitpunkt noch einmal.

Vier Tage vor dem Termin recherchieren, das habe ich von einer dpa-Kollegin gelernt. Wer für eine Agentur arbeitet, arbeitet immer gegen die Zeit. Es geht darum, bei Terminsachen unbedingt schneller zu sein als andere. Was Sie vor einem Pressetermin erfragen können, sollten Sie auch vor allen anderen recherchieren, wenn Sie für eine lokale Zeitung arbeiten. Die Leser freuen sich, wenn Sie eher als andere erfahren, was los ist in der Stadt. Es ist lieblos, den Lesern immer nur mitzuteilen, was gestern oder vorgestern stattgefunden hat. Die Vorschau auf künftige Ereignisse nimmt in Zeitungen, die sich um Leserfreundlichkeit mühen, einen immer größeren Raum ein. Entsprechend wichtig sind auch Recherchen zu künftigen Ereignissen und Veranstaltungen.

Organisatoren freuen sich nicht, wenn Sie vier Tage vor der Pressekonferenz recherchieren. Aber die Freude der Organisatoren kann nicht treibende Kraft für Ihre Recherche sein. Sie sind den Lesern verpflichtet. Die wollen selten nur das Eigenlob der Veranstalter nachlesen. Manchmal müssen Sie mit sanftem Druck auf die Organisatoren einwirken, damit Sie vorab erfahren, was in wenigen Tagen alle wissen können.

Nicht alle Pressekonferenzen schwänzen! Sie sollten nicht alle Termine, die von außen gesetzt sind, aus Ihrem Terminkalender streichen. Nicht hingehen müssen Sie etwa zur Pressekonferenz anläßlich der Eröffnung einer Kindereinrichtung, eines Hauses für Obdachlose, eines Treffpunkts für Arbeitslose. Fast immer existiert die Einrichtung schon Wochen vor dem offiziellen Termin. Warum also nicht vorab dort anrufen – wer Zeit hat, bitte auch direkt dort vorbeigehen – und etwas von der Alltagsstimmung im Haus mitbekommen? Die großen Reden und der feierliche Rahmen einer Eröffnungsfeier verstellen oft den Blick für eine nüchterne Recherche. Und den Kaffee, den Sekt und die Häppchen, die üblichen Angebote bei solchen Feiern, können Sie sich zusammen mit Freunden leisten, wenn Sie oft und gut die richtigen Geschichten früher als andere verkauft haben.

Manche Pressekonferenzen müssen sein, die Pressekonferenz der Polizei etwa zu laufenden Ermittlungen, Pressekonferenzen auch, zu denen es grundsätzlich keine Vorabinformationen gibt, und Pressekonferenzen, bei denen Sie Gelegenheit haben, Menschen zu befragen, die sonst kaum erreichbar sind für Sie, Firmenchefs etwa oder Minister und Staatssekretäre.

Wer Angst davor hat zu reden auf der Pressekonferenz, wer Angst davor hat, sich vor Kollegen zu blamieren, sollte es bei den ersten Pressekonferenzen eher mit knappen Sachfragen versuchen. Schämen Sie sich nicht, den einen Satz, den Sie fragen wollen, zu notieren und notfalls, wenn Sie gar zu aufgeregt sind, auch abzulesen.

»Zusatz«, werfen Journalisten ein und stellen ihre Zusatzfrage in der Pressekonferenz, ohne zu warten, bis sie dran sind in der Rednerliste. Tun Sie es diesen Kollegen nach, wenn Sie das Gefühl haben, Ihre Frage sei nicht klar genug beantwortet worden – aber stellen Sie dabei nicht noch einmal die gleiche Frage, sondern spitzen Sie einen Teil Ihrer Frage zu einer echten Zusatzfrage zu. Oder besser noch, versuchen sie aus dem Stand, vage Formulierungen aus der Antwort, die Sie bekommen haben, zu einer Zusatzfrage zu formulieren.

Beispiel für so eine Frage mit Zusatzfrage auf einer Pressekonferenz des Innenministeriums: `Wird der 16jährige Jun Jin am 20. Oktober nach China abgeschoben?`
Die Antwort: `Der Minister wird sich um eine adäquate Unterbringung des Jugendlichen in dessen Heimatland kümmern. Sie können versichert sein, es wird niemand von hier aus ins Blaue abgeschoben.`
Mögliche Zusatzfrage, die aber bei einem geschickten Pressesprecher nicht zum Erfolg führen wird: `Zusatz – Wird der Abschiebetermin also verschoben?` Die kalkulierbare Antwort: `Ich habe Ihnen doch schon versichert, der Minister wird sich um eine adäquate Unterbringung kümmern. Er hat deswegen persönlich Kontakt`

aufgenommen zur deutschen Botschaft in Peking. Mehr kann und darf ich Ihnen dazu nicht sagen. Was haben Sie von dieser Zusatzfrage? – Nichts, nur den Ärger der Kollegen, die es Ihnen anlasten, mit der eigenen Frage immer noch nicht drangekommen zu sein. Eher zu empfehlende Zusatzfrage, die vielleicht, aber auch nur vielleicht zu einer brauchbaren Antwort führt: Zusatz – Kann die adäquate Unterbringung, um die sich der Minister kümmert, eines der chinesischen Kinderheime sein?

Gelegenheit zu Randgesprächen nutzen. Wenn nicht alle Gesprächsteilnehmer der Pressekonferenz sofort nach dem offiziellen Ende der Konferenz den Raum verlassen, nutzen Sie doch die Zeit für ein Gespräch am Rande. Alle Zitate, die Sie in diesem Randgespräch bekommen, können Sie ebenso verwenden wie Zitate, die Sie während der Pressekonferenz notiert haben. Es sei denn, Ihr Gesprächspartner hat mit Ihnen ausdrücklich Vertraulichkeit vereinbart. In der Garderobe finden Sie vielleicht auch den Fahrer des Ministers oder einen seiner Leibwächter – warum nicht mit diesen Leuten plaudern, wenn Sie wissen wollen, was weiter auf dem Programm des Ministers steht? Wenn Sie auch nur vermuten, hier Informationen zu Ihrer Recherche zu bekommen, sprechen Sie diese Leute an. Einer der Leibwächter des bayerischen Innenministers hat bestätigt, daß der Minister nachts auf der Fahrt nachhause noch mit Peking telefoniert hat. »Etwas übertrieben« findet der Mann »die Sorge des Ministers um diesen Chinesen«. Nun, die persönliche Einschätzung des Leibwächters muß mich weniger interessieren. Wichtig für meine Recherche ist die Bestätigung der Aussage des Pressesprechers, daß der Minister die geplante Abschiebung des jungen Mannes zur Chefsache gemacht hat.

Pressekonferenzen anläßlich von Kongressen sind in der Regel weniger ergiebig als die eigene Schnupper-Recherche während des Kongresses. Auf dem Podium sitzen die offiziellen Vertreterinnen und Vertreter der Veranstalter, die das sagen, was sie gern über sich und ihre Organisation in den Zeitungen lesen würden. Bei einer Pressekonferenz zu einer europäischen Tagung *Behinderte und ihre Rechte* saß nur ein Behinderter neben mehreren nicht-behinderten Vertretern von Wohlfahrtsverbänden auf dem Podium. Während der Tagung hatten allerdings Behinderte aus Schweden, Griechenland und Frankreich über unterschiedliche Lern- und Lebenschancen in ihren Ländern berichtet. Mit einigen Behinderten und deren Begleitern habe ich am Rande der Veranstaltung gesprochen – und in diesen Gesprächen viel mehr Material bekommen für einen Bericht zum Thema als in der Pressekonferenz.

Den Schwerpunkt setzen Sie, nicht der Veranstalter. Wenn Sie mit diesem sicheren Bewußtsein in eine Pressekonferenz gehen, lassen Sie sich nicht so leicht vor den Karren der Veranstalter spannen.

Die Organisatorinnen der ersten bundesweiten Tagung zum Thema *Frauen und Sucht am Arbeitsplatz* hatten ihren Schwerpunkt auf das Mißverhältnis zwischen Beratungsangeboten für Frauen und für Männer gelegt. Die Dunkelziffer suchtkranker Frauen sei viel höher als die der Männer, es gebe viel mehr heimliche Trinkerinnen als heimliche Trinker. Doch die Beratung Suchtkranker sei nach wie vor am Mann orientiert, beklagten die Veranstalterinnen, es gebe auch viel zu wenige Therapieplätze für Frauen.

Das wissen die meisten Leserinnen und Leser längst, habe ich vermutet. Und doch auch einen allgemeinen Bericht über den Hintergrund der fehlenden Therapieplätze geschrieben – nur zwei Zeitungen haben diesen Agenturbericht übernommen. Zwanzigmal dagegen ist meine Nachricht über ein vermeintliches Randthema der Tagung nachgedruckt worden. `Mütterliches Nein gegen Grapscher – Busengrapscher sind süchtig und brauchen ähnlich wie Alkoholiker eine Therapie.` Frauen sollten sich den Grapscher, häufig ein Vorgesetzter, als kleinen dummen Jungen vorstellen, empfahl eine Sozialwissenschaftlerin auf der Fachtagung, dann würden sie das klare mütterliche Nein schaffen, das wirkt. Und das habe ich in der Agentur-Meldung so weitergegeben.

Dran bleiben am Thema zu einer Zeit, in der niemand mehr offiziell zu einer Pressekonferenz ruft, das verschafft Journalisten eigene Themen, die quer liegen zum Tagesgeschäft der anderen Journalisten. Also etwa wenige Tage vor Eröffnung einer Tageseinrichtung für alte Menschen einen kurzen Bericht schreiben über die Einrichtung und ein Jahr später nachfragen: Was ist aus dem Projekt geworden?

Zum Richtfest sind sie alle gekommen. Zum Richtfest einer neuen, besonders preisgünstig und zugleich ökologisch orientierten Sozialwohnungsanlage in meiner Stadt sind Kolleginnen und Kollegen aus den Agenturen, den Zeitungen der Region, vom Hörfunk und dem Fernsehen in großer Zahl erschienen. Ich habe mir den Termin gleich erspart. Was hätte ich anderes berichten können als die anderen? Schließlich gab es noch keine Erfahrungswerte mit der mehrstöckigen Wohnanlage in Holzbauweise, dafür jede Menge Vorschußlorbeeren. Ein Staatssekretär hat das Projekt gelobt, der Minister hat ein Grußwort geschickt, der Oberbürgermeister hat die Stadt glücklich gepriesen. Aus der Schar der künftigen Bewohner waren zudem einzelne ausgesucht worden, die vor den Journalisten erzählen sollten, wie sehr sie sich auf das Holzhaus freuen.

Ein Jahr danach hat sich die Recherche erst gelohnt, die Mieter waren eingezogen, sie hatten bereits Erfahrungen gesammelt, einen Winter lang mit dem hölzernen Bau. Die meisten Mieter waren auch jetzt noch zufrieden mit der blau gestrichenen Wohnanlage. »Doch seit das Fernsehen sich nicht mehr interessiert für uns«, klagte eine, gehe kaum mehr was voran bei den Baunebenarbeiten. Vergeblich warte sie auf einen Zaun um den Garten vor der Wohnzimmertür. Die Nachbarin im ersten Stock zieht Zucchinis und Tomaten noch immer auf dem Balkon, weil ihr das versprochene Gartenstück am Rande der Siedlung noch nicht zugeteilt worden ist. Die kleinen Mängel der Wohnanlage seien leichter zu verschmerzen, als »der schräge Blick, den du kriegst, wenn du in der Stadt erzählst, wo du wohnst«, erzählt eine Alleinerziehende. Weil Anwohner Holzbauten sonst eher von Obdachlosenunterkünften her kennen, raunen viele »von den Asozialen« in der neuen Siedlung. Sehr genau erinnert sich eine Bewohnerin »an die merkwürdige Stimmung«, als sie ihren Großen in der Schule angemeldet hat. Kaum habe sie die Adresse genannt, sei sie »betont vorsichtig gefragt worden«, ob man denn in so einem Haus wohnen könne. Die Geschichte vom `blauen Traum aus Holz` ist über den *Evangelischen Pressedienst* vermutlich deswegen so gut verkauft worden, weil sie etwas erzählt hat vom tatsächlichen Leben, vom Klatsch, Tratsch und Neid auch rings um die Öko-Sozialwohnanlage. Allerdings – einen passenden Anlaß muß man finden, wenn man ein Thema jenseits offizieller Termine bearbeiten will: eben ein Jahr danach, ein anderes Mal auch fünf Jahre oder auch mal nur drei Monate.

Abschreckende Beispiele für nachplappernde Berichterstattung finden sich täglich in allen Zeitungen. Wer regelmäßig und brav Pressekonferenzen und offizielle Einweihungsfeiern besucht, läuft am ehesten Gefahr, nachzuplappern, was Schönredner von sich geben. Vorbildliches Förderzentrum für Behinderte eingeweiht, dröhnt da eine Zeitung schon in der Überschrift.

Auf dem Foto zum Bericht sieht man die Ehrengäste in der ersten Reihe, die Behinderten auf dem Treppenaufgang sitzen. Dieses Bild hätte schon Anlaß für eine eigene Recherche sein können. Doch der Kollege zog es vor, den gedruckt verteilten Festreden nachzuschreiben. Manche Floskel aus dem Kulmbacher Schülerstreich findet sich hier wieder: Der erste Schritt zu einem vorbildlichen Förderzentrum für Behinderte ist getan ... konnten bereits 117 Schüler einziehen ... Sportplätze sollen das mustergültige Förderzentrum komplett machen ... rund 100 Mitarbeiter kümmern sich um das Wohl der Buben und Mädchen – und der Minister darf erklären, daß Körperbehinderte glückliche Menschen sind, die Ja sagen zu einem schweren Leben.

Mangelnde Distanz zu Veranstaltern und das Bestreben, offizielle Termine möglichst schnell hinter sich zu kriegen, treiben Journalisten zu solchen Berichten. Wer so lust- und distanzlos arbeitet, wird oft, ohne es zu merken, zum Zyniker. Die Welt besteht für ihn dann rasch nur noch aus Festtagsreden und aus Mächtigen, die bestimmen, was geschrieben werden muß. »Schon wieder so ein langweiliger Termin«, jammert der Journalist dann in der Redaktion – und merkt gar nicht, daß das einzig Langweilige an der Situation seine eigene Arbeitshaltung ist.

Wer im Bericht kommentiert, hat nicht genug recherchiert. Das zeigt ein zweiter Bericht (aus der lokalen Konkurrenzzeitung) über die Eröffnungsfeier des Förderzentrums für behinderte Kinder.

Dreimal betont der Kollege im kommentierenden Bericht, daß er die Augen offen hatte beim offiziellen Termin. Dreimal erzählt er den Lesern, daß er die Behinderten auf der Treppe gesehen hat und die Ehrengäste auf den guten Stühlen. Traut er den Lesern gar nichts zu? Ausführlich zitiert auch er die Festredner, den Kultusminister und den Bezirkstagspräsidenten. Und besserwisserisch hält er den Redner vor, daß es nicht wahr sei, was sie sagen. Es stimme eben nicht, entgegnet er dem Bezirkstagspräsidenten, daß die Kinder im Mittelpunkt des Geschehens stünden. Ein Blick in die Einweihungsfeier genüge, um zu sehen, daß dem leider nicht so war. Einen ganzen Absatz lang belehrt der Kollege dann noch den Minister: Während die zahlreichen Ehrengäste auf bequemen Stühlen im Foyer im Mittelpunkt nicht standen, sondern saßen, mußten ausgerechnet die körperbehinderten Kinder mit weniger mittelpunktsträchtigen und komfortablen Plätzen auf der Treppe und im ersten Stock vorlieb nehmen. Ob sich der Kultusminister so das kooperative Nebeneinander vorgestellt hat?

Moral statt Recherche. Was hat die Leserin von der Frage an den Kultusminister? Warum fragt der Journalist das den Minister nicht selbst? Und warum konfrontiert er den Bezirkstagspräsidenten nicht mit seiner Beobachtung? In der Regel sind Politiker bei offiziellen Anlässen recht aufgeräumt und plauderbereit. Vielleicht hätten die beiden gar nicht überheblich reagiert, vielleicht wären sie aufgestanden, hätten Platz gemacht für Kinder?

Zitate gewichten, aber nicht kommentieren. Sie suchen aus, wen Sie mit welchem Satz zitieren, Sie schreiben dem Leser aber nicht vor, ob es klug, passend oder gar daneben ist, was jemand sagt. Schon in der Überschrift zum Bericht über das Treffen der 84jährigen, die 70 Jahre Schulentlassung gefeiert haben, munkelt ein Lokaljournalist: Schulentlassene trafen sich wahrscheinlich zum letzten Mal. Die Organisatorin der Feier darf im Text erzählen, daß sie sich an Schweres und an Schönes erinnere, wenn sie an die Schulzeit denke – ob sie wirklich nicht mehr zu erzählen hatte, oder ob der Kollege nur keine Lust hatte nachzufragen? Wörtlich zitiert wird sie dann mit dem Satz: »Das wird diesmal wohl die letzte gemeinsame Feier gewesen sein.« Und der Journalist kommentiert dieses Zitat auch noch: »Dies wird wohl diesmal die letzte gemeinsame Feier gewesen sein«, meint die 84jährige wehmütig, aber auch realistisch. Wer sagt dem Journalisten denn, daß die Frau nicht 94 Jahre alt wird, dabei gesund bleibt und eine 80-Jahrfeier der Schulentlassung mit anderen munteren 94jährigen feiert?

Nicht den Leser fragen, was man selbst nicht recherchiert hat. Zu leicht werden rhetorische Fragen daraus, oder Sie tappen in die Negationsfalle, benennen, was nicht ist, sagen aber nicht, was ist.
Bei der Recherche für ein Porträt einer Mutter von 14 Kindern bin ich zu lange meinem eigenen Klischeebild aufgesessen, um die entscheidende einfache Frage zu stellen. Mein Klischeebild: Fromm wird sie sein, die Frau, und wahrscheinlich sehr katholisch. Die Frau hat nur gelacht zu diesem Klischee, nein, fromm sei sie nicht besonders, hat sie gesagt. Und ich habe nicht zu fragen gewagt, warum sie die Pille oder andere Verhütungsmittel nie benutzt hat. Vermutlich haben sich die Leserinnen und Leser meiner Geschichte diese Frage dann vergeblich gestellt, als sie meinen geschwollenen Negationssatz lesen mußten: Kein Papst hat ihr den Kindersegen befohlen, sie sei evangelisch und nicht einmal besonders fromm, sagt die Mutter von 14 Kindern.

Der Blick in andere Zeitungen

Der Blick in andere Zeitungen steht allen frei. Grundsätzlich können sich alle Journalisten Anregungen für die eigene Arbeit von Kollegen holen. Der Blick in andere Zeitungen ist all denen dringend zu empfehlen, die sicher zu wissen glauben, was »ihre« Leser wollen. Es ist ein Unterschied, ob ich die recherchierte

Geschichte einer Kollegin abkupfere oder mich von ihr nur zu einem Thema anregen lasse. Wenn hier zunächst über die falsche Art, sich in fremden Zeitungen umzusehen, berichtet wird, soll sich niemand davon abhalten lassen, das zu lesen, was andere recherchiert und geschrieben haben.

Die Arroganz der Großen ärgert die Kleinen im journalistischen Geschäft. Schamlos offen blättern Kollegen, die für den überregionalen Mantelteil einer Zeitung arbeiten, in Lokalzeitungen und fahnden nach »hübschen Geschichten«. Haben sie die dann entdeckt, fragen sie nicht etwa bei den Lokal-Kollegen nach, ob diese den Bericht vielleicht straffen und passend für den Mantelteil selbst schreiben wollen. Nein, sie nutzen das recherchierte Material der »kleinen« Kollegen und schreiben unter eigenem Namen.

Auch zwischen Volontären und Redakteuren, die in derselben Redaktion arbeiten, gibt es diese von oben verordnete Übereinkunft. Da sitzt etwa die Volontärin stundenlang im Gerichtssaal, notiert fleißig Zitate, der Redakteur schaut kurz vorbei, läßt sich die Mitschrift der jungen Kollegin geben und bastelt aus deren Recherche-Material den Bericht, den er anderntags unter eigenem Namen veröffentlicht. Zeitmangel gibt er an, wenn man ihn fragt, warum nicht die Volontärin selbst den Bericht schreibt, und er zusammen mit ihr ihren Text bearbeitet.

Freilich, es gibt auch ganz andere Erfahrungen. Es gibt die Kollegen, die oben sitzen in der Redaktionshierarchie, und Volontäre und Lokal-Kollegen fordern und fördern. Doch die sind eher die Ausnahme.

Kollegen aus Lokalzeitungen leiden am häufigsten unter der Angewohnheit mancher Regionalredakteure, Texte aus Lokalausgaben als Rohmaterial der eigenen Recherche anzusehen. Die Kollegen aus der lokalen Zeitungsredaktion haben mit Menschen gesprochen, die ihnen etwas erzählt haben – und andere nutzen die Zitate, als ob das Zitate aus allgemein greifbaren Presseerklärungen seien.

Mit ist das bisher erst zweimal passiert. Einmal hat sich ein Kollege einer Boulevardzeitung so an Zitaten aus einer Geschichte von mir bedient. Das andere Mal hat eine Kollegin aus einer als seriös bekannten, überregionalen Zeitung Zitate geklaut. Das erste Mal habe ich noch empört angerufen und mich heftig beschwert – ohne Erfolg. Das zweite Mal habe ich mich zunächst nur geärgert und erst viel später reagiert, zu erstaunt war ich über die Dreistigkeit der Kollegin, die ihren Namen unter meine, von ihr nur minimal veränderte Geschichte gesetzt hatte.

Stehlen ist verboten, das Verbot gilt auch unter Journalisten. Doch vor allem freie Journalisten schrecken aus gutem Grund davor zurück, den Diebstahl einer Recherche anzuzeigen, oder auch nur gegen den Diebstahl zu protestieren. Mit der Redaktion, mit der man sich so angelegt hat, wird man kaum noch gut zusammenarbeiten.

Etwas Schadenfreude ist gesund, ich habe mich jedenfalls wohl gefühlt bei dem etwas anderen Beschwerdeweg, den ich beim zweiten Zitateklau gewählt habe. Der Schulleiter, den ich zitiert hatte in der Geschichte über den Schulstreik einer Zwölfjährigen, hatte sich ohnedies schon geärgert darüber, daß mehrere Zeitungen den Bericht gedruckt hatten. Nun glaubte er, erst recht mit mir zürnen zu können. Warum ich »den schlechten Bericht« in der überregionalen Zeitung unter Pseudonym gebracht hätte, wollte er von mir wissen. Er glaubte, mich nun der Feigheit überführen zu können.
»Fragen Sie das doch bitte in der Redaktion dort«, habe ich geantwortet, ich sei nicht schuld daran. Ich habe mir damals vorgestellt, wie es nach dem Anruf des Schulleiters in der Redaktion zu einer kleinen Auseinandersetzung kommen würde. Und die Vorstellung hat mir Spaß gemacht. Schließlich hatte die Kollegin weder mit dem Schulleiter noch mit den anderen im Bericht zitierten Leuten selbst gesprochen, sie hatte alle Zitate nur aus meinem Bericht genommen.

Geklaut wird meist erst dann, wenn der Beitrag fertig ist. Während der Recherche, auch während sehr langwieriger Recherchen, hat noch kein Kollege, mi dem ich über meine Recherchen gesprochen habe, das Thema geklaut. Keine Sorge also, die Recherche nimmt Ihnen selten jemand ab. Doch wenn Sie Ihre Recherche abgeschlossen haben, finden sich häufig Interessenten, denen Sie sagen sollen, wie Sie in Ihrer Recherche an einzelne Informanten gekommen sind.

Mit plumpen Schmeicheleien versuchen es die einen, mit dem Appell an Ihr kollegiales Gewissen die anderen, Ihnen Ihre Recherchearbeit abzuluchsen. »Was haben Sie da nur wieder für eine tolle Geschichte ausgegraben«, flötet der Kollege vom privaten Fernsehsender ins Telefon und will nur rasch zwei, drei Telefonnummern haben. Telefonnummern von Informanten, deren Namen ich mit gutem Grund nicht genannt hatte im Bericht über einen Arzneimittelbetrug. Und um noch eins draufzusetzen, bietet der Kollege mir den Platz vor der Kamera an: »Wenn Sie nur einen der Patienten mitbringen, dürfen Sie selbst vor die Kamera und über Ihre Recherche berichten.« – »Sie sind unsere letzte Rettung«, hat eine Kollegin mit dramatischer Stimme auf meinen Anrufbeantworter gesprochen – wenn ich ihr nicht helfen würde, könne ihre nächste Talkshow platzen. Die Frau, die ihr Enkelkind nicht adoptieren durfte, hatte aber schon genug von Fernsehauftritten – die hatten ihr das Kind genauso wenig zurückgebracht wie meine Berichte in Zeitungen zuvor. Ich solle ihre Telefonnummer nicht mehr weitergeben, hatte sie mich gebeten. Da konnte ich der Kollegin mit der dramatischen Stimme nicht weiterhelfen.

Ein Informationshonorar hat die Kollegin vom öffentlich-rechtlichen Sender für eine andere Recherche zugesichert. Sie bekam Adressen und Informationen, die ich in Absprache mit meinen Informanten weitergeben durfte, doch das Honorar blieb aus. Ein halbes Jahr später der nächste Hilferuf der Kollegin und wieder das Angebot des Informationshonorars. »Ach, das Honorar von damals ist noch nicht angewiesen?«, hat sie gefragt und versichert, sie werde sich gleich darum kümmern. Wieder bekam sie die erwünschten Daten, und wieder blieb das Honorar aus.

Honorarverhandlungen nüchtern angehen und alles schriftlich vereinbaren. Auch netten Menschen nicht glauben, die behaupten, sie würden sich schon drum kümmern. Vor allem Fernsehredaktionen haben immer einen Etat für Recherchearbeiten. Doch Geld bekommen Sie meist nur dann, wenn Sie das schriftlich vereinbart haben.
Bei Zeitschriften gibt es auch die Chance, ein Honorar für Recherchearbeiten auszuhandeln. Bei Tageszeitungen sind solche Honorarzahlungen nicht üblich. Möglich allerdings ist es auch

hier, ein der Rechercheleistung angemessenes Ausfallhonorar zu vereinbaren, falls ein bestellter Beitrag nicht gedruckt werden sollte. Wer frei arbeitet, sollte sich bei anderen freien Journalisten erkundigen, wie diese Verträge aushandeln, wie sie versichert sind, wie sie an Honorare für Zweit- und Drittdrucke kommen.

Alles neu zu erfinden, macht keinen Sinn. Tolle Ideen zu neuen Serien finden Lokaljournalisten am ehesten in anderen Lokalzeitungen. Aus Nordrhein-Westfalen stammt die Idee zu einer Serie, die ich für eine Lokalzeitung recherchiert und geschrieben habe. Ob die Zeitung in Nordrhein-Westfalen diese Idee ihrerseits von einer anderen Zeitung übernommen hat, muß mich nicht weiter interessieren. Ich habe Menschen mit berühmten Namen porträtiert, Dieter Hildebrandt etwa, Helmut und Hannelore Schmidt, Helmut Kohl und Casanova – alle lebten in meiner kleinen Stadt bei Nürnberg. Wer so heißt wie eine Berühmtheit, wird oft mit dem Namensvetter verglichen. Und ganz bestimmt ist das nicht immer nur nett, diese Vermutung steht hinter der Serie. Hannelore Schmidt etwa, die mit Helmut verheiratet ist, hat wiederholt um ihren Vornamen kämpfen müssen – »immer wieder hat mich jemand Loki genannt«. Casanova wollte mit seinem Namensvetter am liebsten gar nichts zu tun haben. Frauen, so erwähnte er, regten ihn nicht besonders auf.

Einer bekannten Serie eine überraschende Wendung geben: In der Serie `Die Frau an seiner Seite` habe ich neben sechs Frauenporträts auch zwei Porträts von Männern gebracht, die `Mann an ihrer Seite` waren. Zwei zu sechs – mehr war nicht möglich, alles andere wäre unrealistisch gewesen. In der Serie über `Ehrenamtliche` habe ich neben bekannten Ehrenamts-Vertretern wie dem Feuerwehr-Kommandanten und der Vorsitzenden des Bundes Naturschutz auch Familien vorgestellt, die sich um Kinder von Asylbewerbern kümmern.

Nachschauen, was andere tun, und weiter recherchieren – auch das ist in Ordnung. Man klaut ja anderen damit nicht die Geschichte. `Engel beschlagnahmt,` hat eine Lokalzeitung berichtet und einen traurig drein blickenden Polizisten abgebildet mit zwei Engel-Statuen, die auf einem Trödelmarkt beschlagnahmt worden waren. Engel, offenbar aus Kirchenbesitz, die aber keine

Kirche als vermißt gemeldet hatte. `Engel sind nicht mehr gefragt,` so hieß dann meine Agentur-Geschichte.

Was mich selbst erstaunt hatte bei meiner Recherche in katholischen und evangelischen Kirchen: In kaum einer Kirche gibt es Inventarlisten der wertvollen Heiligenfiguren, auch in Verwaltungszentralen hat man keinen Überblick über die Kirchenschätze. Weil geklaute Engel aus ehemaligen Ostblock-Kirchen den Markt in Deutschland »seit Jahren überschwemmen«, seien Engel auf dem Kunstmarkt kaum mehr was wert, hatte der Sprecher des Landeskriminalamts erklärt. Es sei darum kein Wunder, daß die Engel auf einem Trödelmarkt angeboten worden waren.

Bundesweite Themen lokal bearbeiten – damit erreichen Sie Leser bestimmt. Viel weniger Menschen interessieren sich für Details eines Gesetzentwurfs als für die konkreten Auswirkungen eines Gesetzes in ihrer Heimatstadt. Wem bringt die Pflegeversicherung etwas, und wer zahlt drauf? Das können Sie in Ihrer Stadt erkunden. Die längeren Ladenöffnungszeiten – wie kommt der Gemüseladen um die Ecke damit zurecht und wie der Supermarkt? Wieviele Kunden nutzen die abendlichen Öffnungszeiten? Das sollten Sie für Ihre Lokalzeitung erfragen.

Goetz Buchholz, Ratgeber Freie. Kunst und Medien. Schriftenreihe der IG Medien, Eigenverlag, Stuttgart

Themen nebenbei entdecken

Journalist sind Sie nicht nur, solange Sie geplant recherchieren. Zettel und Stift sollten Sie immer in der Tasche haben.

»Schrecklich langweilig, der Spielplatz«, klagten meine Kinder, und das Thema war entdeckt. Eine Sandkiste, ein Klettergerüst, das Schaukelgerät. Warum unterscheidet sich der neue Spielplatz in nichts von den sieben anderen in der Stadt? Voller Hoffnung waren wir ausgezogen, die Kinder und ich, und wieder diese Enttäuschung.

Der Spielplatz draußen am Wald war doch viel aufregender. Mit echter Bergrutsche, mit Wasserbrunnen und Rundum-Schaukelgerät. Und ein paar Kilometer weiter der Spielplatz am Dorf-rand: mit Krokodilschaukel, Affenturm und Kletterbäumen. Warum sind die Spielplätze am Wald und im Dorf phantasiean-regend gebaut, was treibt dagegen das städtische Bauamt, langweilige Spielplätze zu planen?, war die Recherchefrage. Die Antwort war rasch gefunden. Ab 50 000 Mark Investitionsko-sten gab es staatliche Fördermittel – für knapp über 50 000 Mark waren die Einheitsangebote großer Spielgerätefirmen zu haben. Im Bauamt der Stadt hatte man das Einheitsangebot gewählt. Im Dorf hatten Förster, Schreiner und Schüler zusammengeholfen, einen Spielplatz nach Kinderträumen zu bauen. Zu preiswert al-lerdings, so hatte die Regierung der Dorfverwaltung mitgeteilt. Weil die selbst gebauten Spielplätze jeweils nicht mehr als 20 000 Mark gekostet hatten, bekamen die Gemeinden keine Mark aus dem Topf staatlicher Fördergelder dafür. Die schönsten Spielplätze der Region ohne staatliche Fördergel-der gebaut, lautete die Überschrift zum Rechercebericht.

»Wir stricken besser als die Mädchen«, hat mein neunjähriger Sohn aus dem Handarbeitsunterricht berichtet und dazu ein zotteliges Strickwerk präsentiert. Das gibt eine prima Fotoge-schichte, hat der Kollege Fotograf vermutet: Vier Buben neben-einander auf dem Wohnzimmersofa, die ihre Strickhausaufga-ben gemeinsam erledigen. Nur ein kleines bißchen haben die vier zum Fotografen geschielt, der sie doch gebeten hatte, sich aufs Stricken zu konzentrieren.

Eine Lokal-Geschichte zunächst, die durch ein paar zusätzli-che Recherchefragen auch überregional interessant gestaltet werden kann. Zwei Anrufe waren nur nötig und ein Fax hin und her, um den Bericht auch an andere Zeitungen verkaufen zu können. Ist das Außergewöhnliche dieser Geschichte vielleicht auch besonders für andere Städte? Und – wen könnte so eine Geschichte warum interessieren?

Der Kultusminister mußte ran und die Sozialministerin. Schließ-lich ist das noch gar nicht so lange her mit dem gemeinsamen Strickunterricht von Buben und Mädchen in Bayern. Die Sozial-ministerin ist zugleich auch Frauenbeauftragte der Staatsregie-rung – die müßte eigentlich toll finden, daß Jungen stolz darauf sind, schneller zu stricken als die Mädchen. Die Recherchekalkulation ging auf, von der Frau Ministerin, respektive ihrer persönlichen Referentin, kam das entsprechende Fax. Und der Kultusminister? Dessen Referent hat eine nette Begebenheit beigesteuert vom Jungen, der sich beschwert hatte beim Minister über das Strickenmüssen. Von eben diesem Jungen stamme schließlich die pralle blaue Strickpuppe, die einen Ehrenplatz im Ministerbüro gefunden habe.

Mit diesen Ergänzungen ist der Lokalbericht zur Agentur-Geschichte geworden. Stricken wird jetzt auch Männersache hieß die Überschrift. Der Einstieg: Sie stricken schneller und sind mit größerem Eifer dabei. Neunjährige Buben aus zwei mittelfränkischen Schulen – aus Schwabach und Unterreichenbach – haben im Strickwettbewerb gegen die Mädchen gewonnen. »Daß auch Buben im angeblichen Mädchenkram gut sein können«, ist für Sozialministerin Barbara Stamm Anlaß »zur Hoffnung, daß auch Väter noch mehr Aufgaben im Haushalt und Familie übernehmen«.

epd-Foto, Hans-Rainer Fechter

Noch einmal Kinder, die das Thema der Recherche vorgegeben haben: Der Krach war programmiert, als die Mutter wieder einmal die Schultasche prüfen wollte. »Den kriegst du nicht«, rief der Sohn und rettete den Brief aus der Hand der Mutter, »mit dem kann ich viel Geld gewinnen.« Den Kettenbrief, der ihm unter der Schulbank zugesteckt worden war, wollte er nicht herausrücken. Millionen und unendlich viel Glück waren dem Jungen versprochen, wenn er den Brief zwanzigmal kopiert und an Freunde weiterreicht. Er selbst muß dafür niemanden Geld schicken, stand im Brief, die Millionen und das Glück kommen auf ihn zu, wenn er nur hilft, den Brief weiter zu verbreiten. Alles Unglück der Welt aber wird ihn treffen, wenn er den Brief nicht beachtet. Weil das Taschengeld der Achtjährigen kaum reicht für 20 Briefmarken, stecken sich Schüler den Kettenbrief unter der Bank zu, erklärt der Achtjährige. Die Magie der Briefe hatte die Kinder alle erwischt. Schon Erwachsene wissen sich oft nicht gegen die Magie von Kettenbriefen zu wehren, wie sollen das dann Kinder schaffen?

Ein paar Auskünfte zum Thema aus dem Schulamt, aus dem Kultusministerium, von Sektenbeauftragten dazu – und der Bericht, der auch überregional verkauft werden kann, ist fertig recherchiert. Den Einstieg habe ich diesmal so beschrieben, wie ich selbst auf das Thema gekommen bin.

»Den kriegst du nicht«, sagt der Achtjährige und nimmt seiner Mutter den Brief aus der Hand, »den muß ich weiterschicken.« Wenn er den Brief zwanzigmal kopiert und Mitschülern in die Hand drückt, dann wird er steinreich, glaubt der Junge. Der Kettenbrief, der dem Schüler unter der Schulbank zugesteckt wurde, ist angeblich vor Jahren von einem Missionar auf den Weg gebracht worden.

Hätte ich besser gleich mit dem Begriff Kettenbrief beginnen sollen? Ich selbst hätte dann allerdings nicht weitergelesen. Mich hat der Konflikt zwischen Sohn und Mutter mehr interessiert und der Glaube des Jungen, er werde tatsächlich steinreich. Überlegen Sie für sich, ob Sie im ersten Satz lieber gleich etwas von Kettenbriefen gelesen hätten oder den persönlich gehaltenen Einstieg interessanter finden. Für beide Einstiegsmöglichkeiten gibt es gute Gründe.

Bosnier gehen, weil Juden kommen. Unmittelbar in meiner Nachbarschaft hat mich das Thema getroffen. »Da darf man nicht drüber schreiben«, hat ein Kollege vor der Recherche gewarnt, »das Thema ist zu heiß«. Freilich – mich daran beteiligen, gegen Juden zu hetzen, das wäre auch für mich das Allerletzte. Aber hinschauen, was da in meiner Nachbarschaft passiert, das mußte ich doch. Was und wie ich dann darüber schreiben würde, könnte ich ja später noch entscheiden.

Vier Jahre lang hatten Flüchtlinge aus dem ehemaligen Jugoslawien in der Asylbewerber-Filiale gewohnt, nun sollten sie in die Massenunterkunft in der Kaserne übersiedeln, weil jüdische Emigranten aus der Sowjetunion von der Regierung angekündigt waren. Wenige Tage vor Weihnachten hatte die Kriegsflüchtlinge die Nachricht erreicht – keine Frage, in der lokalen Presse mußte darüber berichtet werden.

Eine überregionale Agenturgeschichte ist erst daraus geworden, als die neuen Bewohner drei Monate in der Unterkunft gelebt haben. Was bewegt deutsche Behörden, so ruppig mit den Flüchtlingen aus dem ehemaligen Jugoslawien umzugehen? Und wie geht es den jüdischen Emigranten, wenn sie erfahren, daß andere Flüchtlinge für sie die Wohnung räumen mußten? Das waren die Ausgangsfragen der Recherche, die sich zuletzt aber weit vom Ausgangspunkt entfernte. In der Agenturgeschichte ging es schließlich um die Überforderung jüdischer Kultusgemeinden, die Zuwanderer aus Rußland zu integrieren. Ein Marienbildnis auf dem Nachttisch eines der Zuwanderer war Auslöser der Recherche nach jüdischen Glaubenstraditionen der Zuwanderer. »Was interessiert sich der Evangelische Pressedienst dafür?«, fragte der Sprecher im Sozialministerium zurück, der Auskunft geben sollte zu Integrationsleistungen der Staatsregierung.

Sie fragen und bestimmen, was Sie fragen wollen. Lassen Sie sich bei Sachfragen von Ihrem Gegenüber nicht erklären, was Sie fragen dürfen und was nicht. Sie fragen das, was sachlich wichtig ist für Ihre Recherche. Lassen Sie sich auch nicht einschüchtern mit Sätzen wie, das gehe Sie nichts an. »Schreiben Sie das bloß nicht, daß einige der Zuwanderer gar keine Juden sind«, empfahl ein Freund, der nicht wollte, daß über Juden in Deutschland je wieder jemand schlecht reden würde.

Verschweigen hilft nicht, Verschweigen hat noch nie Frieden zwischen Menschen gebracht. Eher Mißtrauen und Abwehr. Warum nicht vom Marienbild auf dem Nachttisch schreiben? Es muß ja nicht in denunziatorischer Absicht geschehen. Ich habe den Absatz dazu im Bericht so geschrieben:

Im Paß der begehrte Stempel »jüdisch«, auf dem Nachtkästchen Bilder von Christi Himmelfahrt und Maria mit dem Kind. Was auf den ersten Blick nicht zusammenpaßt, klärt die elfjährige Susanne in der Schwabacher Unterkunft für jüdische Einwanderer auf. »Die Frau ist jüdisch«, sagt sie von der Nachbarin, »der Mann aber nicht«.

Die angebliche Terroristin in meiner ersten größeren Recherche lehnte Gespräche mit Journalisten ab. Zu bitter waren ihre Erfahrungen mit der Presse, die sie von Hamburg bis München zur Terroristin erklärt hatte. Die Mutter der jungen Frau hatte ich als Kollegin meines Mannes privat kennengelernt. Als Familienangehörige war sie mit in die Fahndung geraten. Die Mutter war bereit, mir alles, was ich wissen wollte, zu erzählen.

Um Nummern zu groß war diese Recherche damals für mich – ich war erst seit einigen Monaten bei einer Zeitschrift und hatte mein Studium noch nicht abgeschlossen. Doch weil ich einen direkten Zugang hatte zu einer wichtigen Informantin – zur Mutter –, wollte ich das Thema nicht unbearbeitet lassen. Es ging um die Geschichte der Studentin Eleonore Poensgen, die zu

Rheinische Post v. 4.8.77
Mordfall Ponto: Fahndung nach Tatverdächtigen erweitert

Haftbefehl gegen Eleonore Poensgen

Verteidigung will Alibizeugen präsentieren

FAZ v. 3.8.77 **Fahndungserfolg im Mordfall Ponto**
Festgenommene von der Witwe wiedererkannt

Unter richtigem Namen in ihrer Frankfurter Wohnung angetroffen / Der Polizei seit langem bekannt

Unrecht als angebliche Ponto-Mörderin in Isolationshaft geraten und von den Medien als Terroristin vorverurteilt worden war.

Aus Recherchefehlern lernen, das konnte ich nach dieser Geschichte. Ich hätte mich nicht abspeisen lassen dürfen vom Sprecher des Bundeskriminalamtes, von dem ich eben jene Pressemitteilung wollte, die Eleonore Poensgen als Mörderin in die Schlagzeilen der Zeitungen gebracht hatte. »Die können wir Ihnen nicht geben«, hatte der Sprecher gesagt. Ich war wütend – habe mich aber mit seiner Auskunft zufrieden gegeben. Und habe den Recherchemangel durch unzulässige Kommentierungen im Bericht auszugleichen versucht.

Presseerklärungen von Behörden sind allen Journalisten zugänglich zu machen, die sich dafür interessieren. Journalisten haben ein Recht darauf, eine Presseerklärung, die andere bekommen haben, auch einzusehen. Das wußte ich damals noch nicht und konzentrierte mich in meinem Bericht mehr auf eine allgemeine Kritik am Bundeskriminalamt – besser wäre natürlich gewesen, ich hätte zuvor hartnäckig genug recherchiert. Die Zeitungen, die den Namen der angeblichen Mörderin entsprechend der Vorlage des Bundeskriminalamtes ausgeschrieben haben, trifft nach bundesdeutscher Rechtsprechung keine Schuld. Pressemitteilungen der Polizei gelten als seriöse Quelle, die man übernehmen darf, ohne selbst nachzurecherchieren. »Werden Nachrichten einer amtlichen Pressemitteilung einer Behörde, insbesondere der Verlautbarung der Polizei entnommen, so darf die Presse regelmäßig davon ausgehen, daß deren Erkenntnisse zuverlässig und umfassend sind und eine weitere Verpflichtung zur sorgfältigen Nachprüfung nicht besteht.« Zu diesem Urteil ist das Oberlandesgericht Karlsruhe 1993 im Fall eines Tierhalters gekommen, der eine Zeitung auf Schadensersatz verklagt hatte. Die Zeitung hatte übernommen, was die Polizei zuvor nicht korrekt an die Presse gegeben hatte, und war damit im Recht.

Ein Zeitungsberg lag vor Brigitte Poensgen, der Mutter der angeblichen Terroristin. Bild und Bunte, die Welt, der Stern, die FAZ und auch die Rheinische Post – alle hatten die Tochter mit vollem Namen als Terroristin geoutet. Die Hoffnung der Mutter auf meine Recherche war groß, der Erfolg bescheiden. Doch zumindest für Mutter und Tochter ist der Hintergrundbericht in der Frauenzeitschrift *Courage* wichtig gewesen. Und für die eine oder andere Leserin, die sich wie auch ich damals nicht vorstellen konnte, daß Journalisten so einträchtig zusammen mit Polizei und Justiz gegen eine mutmaßliche Terroristin und deren Familie vorgehen konnten.

Schwer bewaffnete Beamte waren zur gleichen Zeit im Haus der Mutter in Düsseldorf erschienen, als die Tochter in Frankfurt festgenommen wurde. Belastendes Material wurde auch bei der Mutter gesucht. Und Journalisten haben in der Folge auch noch die Nachbarn, den Pfarrer, die Krankengymnastin der Mutter belagert. Einziges Rechercheziel: Wie kam die Tochter aus gutem Haus in die Terroristenszene? Was nicht ins Bild paßte, wurde zurechtgestutzt. Aus dem einfachen Elternhaus mit Garten in einem Vorort Düsseldorfs hatte die Bildzeitung damals eine `Familienvilla mit großem Park in Düsseldorf vornehmster Gegend` gezaubert.

Für *Bild* und *Bunte*, für *Spiegel* und *Stern* war die Geschichte Eleonore Poensgens gar Anlaß zu fragen, warum so viele Frauen unter den Terroristen seien. Zu selbstbewußt und zu verwöhnt seien viele Bürgerstöchter, vermuteten Journalisten. `Sind Terroristinnen offene oder geheime Feministinnen?`, fragte damals auch der *Stern*.

Zeitdruck blockiert manche Recherche. Lassen Sie sich deshalb bei allen Recherchen, die genauso gut morgen oder in zwei Wochen erst abgeschlossen sein müssen, weder von außen noch von Ihrem eigenen Ehrgeiz drängen. Freilich können Sie darauf bauen, daß sich noch mehr Informanten bei Ihnen melden, wenn Sie die anrecherchierte Geschichte in der Zeitung bringen. Doch wer garantiert Ihnen, daß die neuen Informanten ernstzunehmende Aussagen bieten? Und kann es nicht sein, daß Sie, weil Sie nicht umfassend genug recherchiert haben, bisher schon falschen Informanten aufgesessen sind? Anschuldigungen, die Sie einmal publiziert haben, können Sie nie wieder zurückrufen. Es bleibt immer etwas haften von dem, was Sie halbrichtig oder ganz falsch geschrieben haben.

Langen Atem entwickeln für große Recherchen, darum sollten Sie sich bemühen. Mehrere Monate nach ersten Informationen zum möglichen Skandalfall habe ich erst mit der Recherche über das vermeintliche Wundermittel begonnen, das ein Arzt schwerkranken Krebspatienten für mehrere tausend Mark angepriesen hatte. Die ersten Informationen waren zu vertraulich, um schon mit der Recherche loszulegen. Ich mußte warten, bis ich aus anderer Quelle etwas erfuhr zum Recherchethema. Einmal überschlafen, das ist das mindeste, was Sie von sich verlangen sollten, wenn Sie etwas sehr aufregt. Im Zorn sollten Sie nie loslegen mit der Recherche – und auf keinen Fall mit dem Schreiben.

Zwischen dem ersten Hinweis und der richtigen Recherche ist ein halbes Jahr vergangen. Eine Freundin hatte mich auf den vermuteten Skandal aufmerksam gemacht. Eine ihrer Bekannten habe 6 000 Mark für ein Kräuterwasser an einen Arzt bezahlt, ohne je eine Rechnung dafür zu sehen. Ich war interessiert an der Recherche – doch die Bekannte der Freundin wollte auf keinen Fall mit einer Journalistin reden. Mehr noch, sie war wütend über meine Freundin, es war ihr gar nicht recht, daß diese mir von dem teuren Mittel erzählt hatte.
In so einem Fall müssen Sie das Thema erst einmal ruhen lassen. Es gibt schließlich noch so viele andere Themen, über die sich zu schreiben lohnt. Sie sollten nie Privatleute, die mit Journalisten nicht sprechen wollen, zu Aussagen drängen. Ich war mir allerdings sicher, daß ich auf das Thema zurückkommen würde, falls der Handel mit dem vermeintlichen Wundermittel weiter betrieben würde. Schließlich praktizierte der Arzt, ein Urologe, in meiner Heimatstadt praktisch um die Ecke.

Der Zufall hat zurückgeführt zur Wundermittel-Recherche. Ein Anruf einer älteren Frau in ganz anderem Zusammenhang. Sie hatte ein Zimmer anbieten wollen in ihrem Haus, das für sie allein zu groß sei, das sie aber nicht verlassen könne, weil ihr Arzt das Wasser im Haus zu ihrem persönlichen Heilwasser gewandelt habe. Nun, dieser Arzt ist eben jener Urologe gewesen.

Noch am gleichen Tag habe ich die ältere Frau besucht, mit der ich sonst wohl nur telefoniert hätte. Ich habe mich im Haus umgesehen und nach dem Wunderwasser gefragt. Sie hat mir das Gerät an der Wasserleitung gezeigt, das 3000 Mark gekostet hatte, und Wunder bewirken solle. Das sei aber noch nicht alles, schwärmte die Frau, sie habe da auch noch das Wundermittel zum Einnehmen. Ja, 6000 Mark habe das gekostet. Sehr teuer zwar, aber sehr wirksam, betonte sie. Sie sei schon knapp davor gewesen, Krebs zu bekommen, habe ihr der Urologe gesagt, nun sei sie durch das Mittel geheilt. Schade nur, daß sie nie eine Rechnung bekommen könne für das Mittel, erzählte die Frau, so könne sie das Heilmittel nicht von der Steuer absetzen. Der Arzt habe ihr erklärt, das Finanzamt dürfe nichts von dem Mittel erfahren, da es auf dem deutschen Markt noch nicht zugelassen sei.

Vier Wochen lang recherchiert habe ich dann, um Baustein für Baustein alles zusammenzutragen. Von Patient zu Patientin habe ich mich durchgefragt, bei der Kassenärztlichen Vereinigung, bei der Landesärztekammer, bei der staatlichen Aufsichtsbehörde, bei Kollegen des Arztes und Arzthelferinnen, bei Pflegediensten und in einem Altenheim habe ich mich erkundigt. Ganz offensichtlich hatte der Arzt ein großes Geschick, den jeweils passenden Ton bei Patienten und Angehörigen anzuschlagen, um auch Skeptiker für das vermeintliche Wundermittel zu erwärmen. Später durchgeführten Untersuchungen zufolge hatte das 6000 Mark teure Mittel einen Wert von ca. 20 Mark. Das besondere Geschick des Arztes, auf die Not der Menschen einzugehen, habe ich in drei Absätzen zu beschreiben versucht. Die Leser sollten sich eine Vorstellung davon machen können, wie vernünftige Menschen auf den Spuk mit den Wundermitteln hereinfallen konnten:

»Was ist Ihnen das Leben Ihres Vaters wert?«, soll der Urologe die Tochter eines mittlerweile verstorbenen Krebskranken gefragt haben. »Ich habe meinen Vater leiden sehen«, sagt die junge Frau aus dem Nürnberger Land heute dazu, »da hätte ich doch wegen 6000 Mark nicht Nein sagen können.«

Ihre Nieren seien in Ordnung, hat eine 35jährige Rheumakranke im vergangenen Sommer von dem Mediziner erfahren. »Der hat gemerkt, wie enttäuscht

ich war, daß wieder keine Ursache für meine Krankheit gefunden wurde«, sagt die Patientin.
Die Enttäuschung habe der Arzt dann zu nutzen verstanden, vermutet sie weiter.
Erst als das Wundermittel, angeblich speziell für sie in einem Laboratorium in Schottland hergestellt, schon nach vier Tagen in der Praxis des Urologen zum Abholen bereit stand, sei sie aufgewacht. »Das konnte nicht mit rechten Dingen zugehen.« Die Rheumakranke aus Heilsbronn ist eine von zwei Beschwerdeführerinnen, die auf massiven Druck ihr Geld zurückbekommen haben.

Elisabeth Klaus, Carmen Thomas, H. Gerd Würzberg, Hg., Ein Herz für O-Töne.
Der Alltagsjournalismus. Verlag Bernhard-Pätzold, Stadthagen
Udo Brahnahl, Medienrecht, Westdeutscher Verlag, Opladen

Hilfsmittel der Recherche

Das eigene Archiv ersetzt manche Telefon- und Faxkosten. Wer das eigene Archiv gewissenhaft führt, spart sich aufs Ganze gesehen auch Zeit.

Wichtig ist das eigene Archiv vor allem für freie Journalisten, die nicht täglich auf ein gut sortiertes Redaktions- oder Verlags-Archiv zurückgreifen können, die jede Recherche über fremde Datennetze selbst bezahlen müssen. Was im Computer speichern, was abheften, was ablegen, was in der Ecke stapeln?
In meinem Büro gibt es mehr ungeordnetes Papier als geordnetes. Jede längere Recherche allerdings wird bei mir penibel abgeheftet, wenn nötig, sogar mit Inhaltsverzeichnis. Erfahrungsgemäß kommt man auf frühere ausführliche Recherchen immer wieder einmal zurück. Neben den klar sortierten Ordnern gibt es bei mir die Hängeregister. Von Zeit zu Zeit entscheide ich, welche Papiere aus den Hängeordnern abgeheftet werden und welche im Papierkorb landen. Neben den Hängeregistern liegen die ungeordneten Papierstapel. Erst mal sammeln, später entscheiden, ob man das Material auch braucht, nach diesem Prinzip arbeiten viele Journalisten.

Das eigene Adressbuch ist für Journalisten meist noch wichtiger als die allgemein zugänglichen Telefonbücher. Allerdings nur, wenn es sauber geführt ist, Informanten mit korrekt geschriebenem Namen, mit Funktionsbezeichnung und der Durchwahltelefonnummer notiert werden. Einige Journalisten haben sich für ein Karteikartensystem entschieden, um Ordnung halten zu können zwischen den Adressen. Andere legen sich von Zeit zu Zeit ein neues Adressbuch zu, in dem sie nur die jeweils noch gebräuchlichen Adressen festhalten. Wer ständig mit dem Computer arbeitet, kann Adressen auch hier speichern und rasch abrufen bei Bedarf.

Das Zeitungs- oder Rundfunkarchiv. Auch freie Journalisten können sich Zugang verschaffen in einem gut sortierten allgemeinen Archiv, meist sogar kostenlos. Alle größeren Zeitungen und Rundfunkeinrichtungen leisten sich ein Hausarchiv, in dem nicht nur Texte der eigenen Redaktionen gespeichert werden. Ein freundlicher Anruf bei den Kollegen im Archiv genügt meist, um zu einem Stichwort Material aus verschiedenen Publikationen zu bekommen. Freilich empfiehlt es sich da, nicht gerade eine Stunde vor Redaktionsschluß anzurufen, wenn alle beschäftigten Redakteure noch ganz schnell etwas brauchen. Mittags nach Dienstbeginn sind Archivare meist gut gelaunt und für eine kleine Plauderei am Rande zu gewinnen. Je freundlicher schreibende Journalisten zu den Kollegen im Archiv sind, desto sicherer und prompter bekommen sie das gewünschte Material. Wer sich nicht vorstellen kann, wie es aussieht in einem Archiv, wer nicht weiß, wie er dort unter welchem Stichwort was abrufen kann, vereinbart am besten einen Besuch im nächst gelegenen Zeitungs- oder Rundfunkarchiv und läßt sich dort alles erklären.

Internet-Reisen lohnen sich für freie Journalisten meist nur, wenn sie nichts oder nur wenig zahlen müssen für den Zugang zum internationalen Netz (über Universitäten oder über Bürgernetzvereine gibt es solche Angebote). Für Wissenschafts- und Wirtschaftsjournalisten ist der Zugang zu weltweit gespeicherten Daten erfolgversprechender als für Kollegen, die für die Lokal- oder Regionalausgabe einer Tageszeitung arbeiten. Doch offen sollten alle Journalisten sein für die Möglichkeiten der Recherche über das Internet. Wer recherchieren will, sollte zumindest in seinem Freundeskreis Menschen haben, die ihn auf dem laufenden halten über die Möglichkeiten der Internet-Reisen. Ohne fachkundige Anleitung einfach mal darauflossurfen, sobald man Gelegenheit dazu hat, davor warnen vor allem die Journalisten, die schwer loskommen von der Spielsucht am Computer. Wo anfangen und wo aufhören, wenn ein Hinweis spannender wirkt als der andere? Das könnte noch interessant sein, jenem Hinweis sollte man nachgehen, so denkt man leicht beim Recherchieren im Internet, und verliert dabei jedes Zeitgefühl – rasch hat man auf diese Weise viel Geld verloren.

Aus dem Internet gefischt hatte eine Kollegin den Tip vom Kindergarten aus meiner Gegend, der sich mit einem Altenheim zusammengetan hat – der Beginn einer Recherche für einen der immer wieder gefragten bunten Berichte, in denen Positives dargestellt wird. Die Kollegin hätte die Information nicht auf ihren Bildschirm kopieren müssen – ihr Thema war das schließlich nicht. Doch sie hat mir den Tip kopiert und gefaxt. Wer Tips bekommt von anderen, sollte im Gegenzug bei passender Gelegenheit selbst Tips für Recherchen weitergeben.

An das Datennetz einer Agentur sind viele Redaktionen angeschlossen – fragen Sie nach, ob und wie Sie das Netz etwa von der Nachrichtenagentur *dpa* nutzen können, wenn die Redaktion, für die Sie regelmäßig arbeiten, an das Netz der Agentur angeschlossen ist.
Sie wollen etwa für eine aktuelle Recherche zum Thema »Drogen/Drogenmißbrauch« wissen, was *dpa* dazu in den vergangenen Jahren veröffentlicht hat. Eine Vielzahl von Texten erscheint unter diesen Stichworten auf dem Bildschirm – neben Nachrichten über Gesetzentwürfe, eine Meldung über die Weihnachtsansprache des Bundespräsidenten und eine über eine Predigt der Hamburger Bischöfin, in der beide Stichwörter – Drogen und Drogenmißbrauch – vorkommen. Eine Stunde Suchen unter dem Textangebot kostet in einer Redaktion, die *dpa*-Dienste abonniert hat, 250 Mark. Wer selbst zahlen muß, wird sich genau überlegen, wieviele Beiträge er zum Thema schreiben muß, damit sich diese Ausgabe rentiert.

Der schwarz-rot-goldene Oeckl sollte immer greifbar sein, auch im Büro freier Journalisten. Von Botschaftern bis zu Bischöfen, von Abgeordneten bis zu Wohlfahrtsverbänden finden sich Telefon- und Faxnummern, Anschriften und Namen jährlich neu aufgelistet und rasch greifbar im über 1000 Seiten dicken Nachschlagewerk. Es kostet zwar rund 150 Mark, spart aber auf Dauer gesehen manche unnötige Telefonrecherche. Ich muß nicht lange nach Vornamen von Geschäftsführern fahnden, im Oeckl sind Name, Vorname und Funktion möglicher Recherchepartner genau notiert. Bei einer Recherche etwa im Bereich Gesundheitswesen kann man ganz rasch Adressen und Telefonnummern bekommen von Geschäftsführern und Vorsitzenden der Landes- und Bundesärztekammer, der Krankenkassen und der Kassenärztlichen Vereinigungen.

Interne Adressenverzeichnisse werden manchmal von netten Mitarbeitern einer Einrichtung oder Behörde weitergegeben. Greifen Sie zu, wenn Sie so ein Verzeichnis bekommen können aus einem Bereich, in dem Sie häufiger recherchieren. Der Personalstand einer evangelischen Landeskirche, der eigentlich nur unter kirchlichen Mitarbeitern verteilt wird, ist für Journalisten, die im Bereich Kirche recherchieren, von unschätzbarem Wert. Ähnliche Verzeichnisse gibt es auch in katholischen Bistümern. Es gibt auch Bücher, die Auskunft geben über Kompetenzverteilungen in Einrichtungen, Parteien und Institutionen. Fragen Sie nach solchen Büchern in Institutionen, mit denen Sie in Recherchen voraussichtlich häufiger zu tun haben werden. Wer viel mit Ministerien zu tun hat oder mit Abgeordneten, besorgt sich am besten ein internes Telefon- und Adressenverzeichnis vom Landtag und aus Ministerien.

Es gibt Pressetaschenbücher, Jahrbücher zu bestimmten Themenbereichen, es gibt Speziallexika und Handbücher, in denen Verlage und Redaktionen aufgelistet sind. Erst nach und nach entdeckt man die Handbücher, die für die eigene Arbeit wichtig sind. Ein Tip: Sehen Sie sich um in den Büros von Kollegen. Welche Nachschlagebücher haben die dort greifbar? Fragen Sie nach, lassen Sie sich Handbücher zeigen.

Das kommunale Presseamt ist für Lokaljournalisten wichtige Adresse – dort sind in der Regel alle aktuellen lokalen Nachschlagewerke aufgelistet, vom Verzeichnis aller Vereine bis zum Einwohnerverzeichnis, das nach Straßennamen sortiert ist. Auch informelle Tips über Zuständigkeiten und Machtverhältnisse sind manchmal von der kommunalen Pressestelle zu bekommen. Ein Besuch dort ist auch dann wichtig, wenn der Pressesprecher als mißlauniger Mensch bekannt ist. Wer häufiger in Ministerien und Bezirksregierungen recherchiert, sollte sich in den entsprechenden Pressestellen auch einmal vorstellen.

In der nächst gelegenen Bibliothek sollten Sie sich in jedem Fall einmal umschauen. Dort gibt es Lexika und andere Nachschlagewerke, die Sie sich vielleicht (noch) nicht selbst anschaffen können. Was Sie nicht in der Bibliothek vorfinden, können Sie auch über Fernleihe bestellen.

Herr Müller und Frau Huber sind leider noch weit verbreitet in Telefonverzeichnissen von Behörden. Das ist ärgerlich für Journalisten, die herausfinden müssen, wie Frau Huber mit Vornamen heißt. Denn in allen Zeitungen gilt: Namen werden vollständig aufgeführt, es gibt keinen Herrn Müller, sondern einen Georg und einen Friedrich Müller.
Wer mit Amtsleiter Müller gesprochen und von ihm wichtige Informationen bekommen hat, die er zitieren will, sollte nicht unbedingt am Ende des Gesprächs nach dessen Vornamen fragen. Der Amtsleiter könnte erschrecken und auf seinem Recht auf dem eigenen Wort bestehen (mehr dazu im Kapitel »Rechte und Pflichten«). Besser: die Sekretärin fragen. Oder noch unauffälliger: in der Zentrale. Ein Trick, mit dem Sie vermeiden können, daß Sie wieder mit Herrn Müller verbunden werden, sobald Sie dessen Namen auch nur erwähnen: Fragen Sie gleich nach, ob Georg der richtige Vorname sei von Herrn Müller – nein, so werden Sie jetzt vermutlich zu hören bekommen, der heißt nicht Georg, sondern Klaus.

Sich nicht an der Sekretärin vorbeimogeln, – ein Vorgespräch mit der Sekretärin, die zum Chef oder zur Chefin verbindet, kann manche zusätzliche Erkenntnis bringen. Freilich, es gibt sie auch, die bissige Sekretärin, die nichts anderes im Sinn hat, als

Journalisten abzublocken. Doch die ist die Ausnahme. Wer freundlich umgeht mit Sekretärinnen, die oft genug den Prell-bock spielen müssen zwischen Außenwelt und Chefbüro, wird nicht selten mit zusätzlichen Informationen und Extra-Sprech-zeiten im Chefbüro belohnt. Wichtig: Notieren Sie sich auch den Namen der Sekretärin im Adressbuch. Wer mit Namen ange-sprochen wird, reagiert meist gleich eine Spur freundlicher.

Kolleginnen und Kollegen fragen, wenn man etwas nicht weiß. Nach und nach lernen Sie Kollegen näher kennen und wis-sen, wem Sie vertrauen können und wem nicht. Bevor Sie ziel-los in Datenbanken und Archiven wühlen, überlegen Sie erst, ob Sie Kollegen oder Freunde haben, die sich auskennen mit Ihrem Recherchethema. Lieber einmal dumm dastehen, als unnütze Zeit für abwegige Recherchen verbrauchen. Sie müssen nicht alles wissen – deshalb sollten Sie sich trauen, andere um Hilfe zu bitten. Freilich sollten sich die Kollegen, die Ihnen helfen, auch darauf verlassen können, daß ein andermal Sie mit Rat und Tat aushelfen, wenn Sie das können.

Albrecht Nürnberger, Datenbanken und Recherche. Ein Handbuch für Journalisten und Dokumentaristen. Verlag Rommerskirchen, Remagen
Albert Oeckl, Taschenbuch des Öffentlichen Lebens, Deutschland, jährlich neu, Festland Verlag, Bonn

Grundregeln der Recherche

Bedeutsamkeit prüfen

Nicht alles, was mich interessiert, interessiert auch die Leser. Je begeisterter ich von der Idee zu einer Geschichte bin, desto gründlicher muß ich prüfen, wem außer mir diese Geschichte etwas bedeuten kann. Die Kinder jubeln, weil die Heizung kaputt ist in der Schule. Vielleicht gibt es Extra-Kälte-Ferien nach den Weihnachtsferien? Lohnt es sich, in der Lokalzeitung über die Hintergründe der defekten Heizung und der geplatzten Rohre zu berichten, nur weil die Kinder sich so sehr darüber freuen?

Die Freude der Kinder in Ehren, doch es geht hier um mehr. Irgend jemand hat den Heizungshebel in der Schule noch vor den Ferien nach oben gestellt, so daß die Heizung lahm gelegt war über die Weihnachtsferien, und alle Rohre eingefroren sind. Über das Ausmaß der Reparaturarbeiten etwas zu erfahren, über die Kosten auch und dazu über Spekulationen bezüglich verlängerter Ferien, das interessiert außer meine Kinder und mich alle anderen Schüler und Eltern, die Lehrer natürlich auch und ehemalige Schüler. Und Eltern, Lehrer und Schüler aus den anderen Schulen vermutlich auch. Und weil die Reparatur der Heizungsanlage aufwendig ist und teuer, interessieren sich dafür natürlich auch alle Bürgerinnen und Bürger, die wissen wollen, wieviel Geld die Stadt hier investieren muß. Das kleine private Interesse ist nur Anlaß, es ist nicht ausschlaggebend bei dieser Recherche von lokaler Bedeutung. Außerhalb von Schwabach ist die kaputte Heizung in der Schule allerdings nicht mehr halb so interessant. Für die Regionalseite der Zeitung genügt eine kurze Nachricht, während im Lokalteil der ausführliche Bericht angebracht ist.

Lokales wird überregional bedeutsam: Zunächst schien es so, als ob es allenfalls eine Geschichte für zwei Lokalzeitungen würde. Eine Pflegemutter aus einem Landkreis bekommt kein Geld für das Kind, das sie aus der nahe gelegenen Großstadt aufgenommen hat. Zwei Jugendämter sind beteiligt, das Amt im

Landkreis, in dem die Mutter wohnt, und das Amt in der Stadt, aus der das Kind kommt. Beide Jugendämter erklären sich für nicht zuständig. Die Pflegemutter vermutet, die beiden Ämter hätten sich untereinander abgesprochen. Seit Jahren schon leben auch fremde Kinder in ihrer Familie, immer hat sie Geld dafür bekommen vom jeweiligen Jugendamt, das ihr ein Kind vermittelt hat. Weil der kleine Markus als Neugeborener aber noch gut in eine Adoptionsfamilie zu vermitteln gewesen sei, will das Jugendamt nicht zahlen für die Pflegestelle, so vermutet die Pflegemutter, und so ist es vertraulich auch aus dem Amt zu erfahren.

Vorrecherche, um den Verdacht zu prüfen. Bevor Sie die überregionale Bedeutung des Falles überprüfen können, müssen Sie zunächst den Wahrheitsgehalt des Verdachts ermitteln, den die Pflegemutter und eine Informantin aus dem Jugendamt äußern. Die Recherche in einem weiteren Jugendamt bestätigt zunächst die Möglichkeit, daß der Verdacht begründet ist: In den meisten Jugendämtern (so ist in dem unbeteiligten Jugendamt zu erfahren) ist die Liste adoptionswilliger Ehepaare lang, das Angebot Neugeborener, die zur Adoption frei gegeben werden, dagegen gering. Die meisten potentiellen Adoptiveltern sind ausschließlich an Neugeborenen interessiert. Und einige dieser Paare entwickeln eine starke Hartnäckigkeit, sie rufen immer wieder an, sprechen immer wieder vor im Amt. Zudem ist eine Adoption für jedes Jugendamt nicht nur kostengünstiger, sie spart auch Arbeit. Pflegeeltern müssen bezahlt und in regelmäßigen Abständen betreut werden. Adoptiveltern bekommen allenfalls im ersten sogenannten Probejahr Pflegegeld, sie werden später auch kaum mehr vom Jugendamt betreut.
Das Jugendamt des Landkreises, in dem die Pflegemutter lebt, hilft schließlich dabei, den Anfangsverdacht weiter zu erhärten. Wenn die Pflegemutter lange genug vergeblich auf ihr Geld warten müsse, werde sie das Kind zurückgeben, und man könne neu verhandeln über die Möglichkeit einer Adoption, bestätigt der Leiter dieses Amtes. Die Frau sei schon öfter durch selbständiges Handeln aufgefallen, beklagt der Amtsleiter, sie sei nicht kooperativ genug gegenüber dem Jugendamt.

Das ist etwas für die Lokalzeitung, wehrt der Kollege von der Regionalredaktion schließlich das Angebot eines Berichtes zum

Thema ab. Daß sich hier zwei Jugendämter nach außen hin um die Zuständigkeit streiten – keines will zuständig sein für die Zahlungen –, daß es aber intern Absprachen gebe zwischen den Ämtern, sei mehr als nur ein Fall von lokalem Interesse, verteidige ich das Thema. Doch damit ist die überregionale Bedeutung des Falls noch nicht eindeutig erwiesen. Was zwischen den beiden fränkischen Ämtern passiert, kann auch überall sonst im Land geschehen – das erst macht den Fall überregional interessant. Das muß ich dem Kollegen erklären. Die Geschichte des kleinen Markus wird schließlich ausführlich verhandelt in den Zeitungen der Region. Die zwei Ämter, die sich zuvor intern abgesprochen haben gegen die Pflegemutter, bekämpfen sich am Ende gegeneinander.

Dranbleiben am Fall, wenn Sie es einmal geschafft haben, das lokale Thema überregional zu verkaufen. Die Leser wollen wissen, wie es weitergeht mit dem Jungen, für den kein Jugendamt verantwortlich sein will. Ich habe mich bei der ersten Darstellung des Falles damit begnügt zu beschreiben, wie die Jugendämter auf die Beschwerde von Mutter und Pflegemutter reagieren. Erst im nächsten Beitrag habe ich dann die Stellungnahme der Regierung zur Frage, welches Amt denn nun im Streitfall zuständig sei, gebracht. Zugleich habe ich im zweiten Beitrag die Stellungnahmen der beiden Jugendämter zu meinem ersten Bericht verarbeitet.

Manchmal fehlt nur ein Stein in der Recherche, und ein Bericht, der zuvor ausschließlich lokal interessant erscheint, wird auch für ein überregionales Zeitungspublikum bedeutsam. Nirgendwo gibt es so viele Bestechungsversuche wie am Rande des Bestattungsgewerbes, das bestätigen Insider aus dem Gewerbe. In einer Kleinstadt war ich am Rande einer anderen Recherche auf eine besondere, lokale Regelung gestoßen, die einem ortsansässigen Bestatter extra Verdienstmöglichkeiten zu garantieren schien. Im Rahmen eines sogenannten Notsargvertrags (ein Vertrag, der regelt, welche Bestattungsfirma sich um Verkehrsopfer und um Verstorbene kümmert, die an ansteckenden Krankheiten gelitten hatten) war nur diesem Unternehmer exklusiv das Recht zuerkannt worden, nachts Leichen in die städtische Leichenhalle zu überführen. Nur er hatte den

Schlüssel zur Leichenhalle, die nachts für die anderen geschlossen blieb. Alle anderen Unternehmer mußten Särge mit Toten, die am späten Nachmittag, abends oder nachts gestorben waren, über Nacht in Privatwohnungen stehen lassen, sie durften die Särge erst am anderen Morgen in die städtische Leichenhalle bringen. Das sei geschäftsschädigend, kritisierte ein Bestatter aus der Stadt. Viele Leute ertrügen es heute nicht mehr, Totenwache neben einem Angehörigen zu halten, erläuterte er dazu. So würde am Abend und in der Nacht fast immer nur der eine Bestatter, der den Schlüssel zur Leichenhalle hat, angerufen.

Um das Thema für eine überregionale Leserschaft interessant genug schildern zu können, mußte eine Frage vordringlich geklärt werden:

Wie sieht das in anderen Städten aus? In der Nachbarstadt hatten alle ortsansässigen Bestatter Schlüssel zu den kommunalen Leichenhallen, ein paar Orte weiter konnten sich alle Bestatter den Schlüssel zu einer Leichenhalle bei der Feuerwehr abholen. Niemand muß nun in ungezählten Städten weiterrecherchieren, welche Regelungen dort getroffen sind, damit alle Bestattungsunternehmen unter gleichen Bedingungen arbeiten können. Ein Griff zum Oeckl (Handbuch des öffentlichen Lebens) genügt, dort findet sich die Telefonnummer des Bestatterverbandes. Eine Verbandssprecherin bestätigt in meiner Recherche die Vermutung: Kommunen müssen grundsätzlich gleiche Wettbewerbsbedingungen garantieren für alle Bestatter am Ort. Nach dieser Recherche erst ist offensichtlich: Die Regelung in der Kleinstadt ist tatsächlich außergewöhnlich. Hätte ich den Bericht über die besonderen Beziehungen dieser Stadtverwaltung zum marktführenden Bestattungsunternehmen nur für die Lokalzeitung geschrieben, hätte ich benennen müssen, ob es in den benachbarten Städten ähnliche Verträge gibt. Unabdingbar ist aber die erweiterte Recherche zumindest im Rahmen des jeweiligen Bundeslandes, wenn man den Bericht auch anderen Zeitungen anbieten will.

In der Lokalzeitung mag man ein Thema nicht – dennoch, oder vielleicht auch deswegen, wird das Thema in anderen Zeitungen diskutiert. Der Kollege Fotograf hatte mich angesteckt mit seinem Spaß an einer Mitteilung, die er einem Leserbrief in der Lokalzeitung entnommen hatte: Ein junger Mann hatte sich vergeblich um das Amt des Nürnberger Christkinds beworben. Dabei, so hatte der 22jährige Stefan Thor in seinem Bewerbungsschreiben vermerkt, könne er gut Reden halten und auch gut umgehen mit Kindern und alten Menschen. Zudem habe er von Natur aus lange blonde Haare. Würde man ihn als Christkind wählen, könne sich die Stadt die Kosten für die Perücke sparen. – Ein Witzbold also, der junge Mann, der dann auch gerne mitgespielt hat bei unserer Fotogeschichte.

Keine Geschichte für Nürnberg, das war uns schon bei der Recherche klar. Schließlich wird in Nürnberg die jährliche Wahl des Christkinds mit beinahe heiligem Ernst auch mit Hilfe der Zeitungen zelebriert. Da paßt der Witzbold mit der struppig blonden Mähne nicht hinein. Entsprechend verärgert haben übrigens auch Verantwortliche des städtischen Presseamtes reagiert. Das Christkind sei in Nürnberg schon immer eine Frau gewesen, und so werde es auch bleiben, hieß es da nur. Warum ausgerechnet eine Frau das bedeutsamste männliche Kind christlicher Tradition mimen muß, wollte ich dann von Theologen wissen.

Das Vergnügen an sanft-bösen Geschichten wächst mit jedem Kilometer Abstand vom Ort des Geschehens. In Augsburg etwa hatten Kollegen offensichtlich ihren Spaß an der Bild-Geschichte mit dem jungen Mann im Christkindgewand und dem Krönchen auf dem blonden Zottelhaar. Die haben gedruckt, was in Nürnberg nie erschienen ist.

Die Bürgerinitiative gegen Kellermoder wollte keiner der Kollegen in der Lokalzeitung kennenlernen. Ich fand schon die Bezeichnung spannend und wollte wissen, warum es da in Kellern modert, und was Menschen bewegt, wegen muffiger Keller eine Bürgerinitiative zu gründen. Das Kanalsystem in der Siedlung sei nicht ausreichend, beklagte der Sprecher der Initiative. Bei Schneeschmelze oder starken Regenfällen hätten er und seine Nachbarn regelmäßig Wasser im Keller. Alle Nachbarn der Siedlung litten unter feuchten Kellern, das ergaben meine Recherchen. Nur der Bürgermeister, der auch in der Siedlung wohnte, hatte erzählt, bei ihm sei der Keller noch nie feucht gewesen. Wer hat recht? Ich muß das nicht entscheiden. Widersprüchliche Aussagen zu einem Thema kann ich dem Leser anbieten, wenn ich meine Informanten zu den widersprüchlichen Aussagen befragt habe. Die Leser können entscheiden: Haben alle in der Siedlung außer dem Bürgermeister so schlecht gebaut, daß das Wasser in ihre Keller steigt, oder übertreibt die Bürgerinitiative nur maßlos? Oder aber mag der Bürgermeister nicht vom Kellermoder reden? Steht das Wasser auch in seinem Keller, will er aber der Bürgerinitiative nicht recht geben in ihrer Kritik an der Stadtverwaltung?

Der kleine lokale Skandal kann die halbe Nation interessieren, wenn Sie die Besonderheit, das Einmalige des Skandals entdecken.

Vier Tage lang stand die Statue des nackten Mannes in der Fußgängerzone meiner kleinen Stadt. Einen Tag vor dem traditionsreichen Bürgerfest war sie verschwunden, eine nackte Frauenstatue war an ihre Stelle gerückt. Wer hatte den Mann aus der Stadt verbannt, und wo ist er jetzt? Wer hat dafür gesorgt, daß die nackte Frauenstatue an die Stelle des nackten Mannes gerückt ist? Und warum der Wechsel? Das waren die Recherchefragen.

Die Festgäste könnten sich stoßen an dem Geschlechtsteil der Männerstatue, hat der Organisator des Bürgerfestes dazu gesagt. Er hatte für den Tausch der Statuen gesorgt. »Der kleinste Penis schreckt offenbar alle, während der Busen einer Frau nicht mehr aufregend wirkt«, kommentierte der Vorsitzende des örtlichen Künstlerbundes, der sich auf den Tauschhandel eingelassen hatte.

Natürlich hat der Vorsitzende noch viel mehr gesagt, seiner Ansicht nach auch viel Bedeutenderes etwa über die Freiheit der Kunst, über die Bedeutung des Künstlers. Auch der Organisator des Bürgerfestes hatte viel mehr mitgeteilt als seine Befürchtung, Gäste könnten sich am Geschlechtsteil der Statue stoßen. Er hatte vor allem das Programm des Festes erläutert, die Frage, welche Statue nun für den Künstlerbund werben darf, dabei zur Nebensache erklärt. Journalisten können und dürfen aber selbst bestimmen, was in ihrem Beitrag Hauptsache ist, und was weniger wichtig.

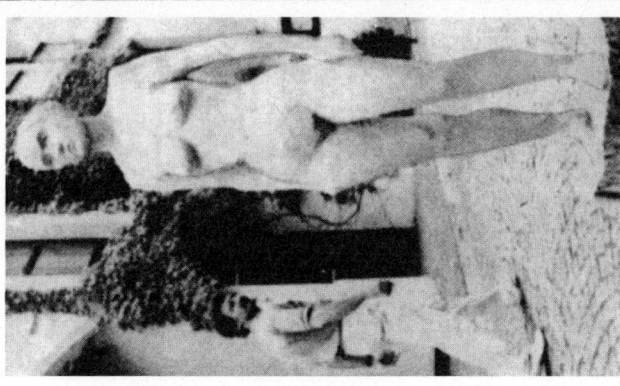

Unbeanstandet blieb die Holz-Figur einer nackten Frau aus derselben Künstlerhand.   Fotos: dpa

Bürgerfest am Wochenende in Schwabach

Nackte Statue erregt Anstoß

Torso eines unbekleideten Mannes aus der Fußgängerzone an den Stadtrand verbannt

SCHWABACH (dpa) — Die Statue eines nackten Mannes hat beim Schwabacher Bürgerfest die Gemüter erregt.

Bei dem Stein des Anstoßes handelt es sich um einen aus Autoblechen geschweißten, überlebensgroßen Torso. Anläßlich des traditionsreichen Bürgerfests am Wochenende wurde die Figur aus der Fußgängerzone in einen Hinterhof am Stadtrand verbannt. Eine ebenfalls von dem Schwabacher Künstler Clemens Heinl geschaffene Holz-Skulptur, die eine nackte Frau darstellt, durfte hingegen weiterhin unbeanstandet auf dem Platz im Zentrum für den örtlichen Künstlerbund werben.

"Corpus delicti" ist nach dem Dafürhalten des Bürgerfest-Organisators Karl-Horst Wendisch das nur wenig größer als der kleine Zeh des kopflosen Mannes ausgefallene Geschlechtsteil, das sich den Passanten ausgerechnet in Augenhöhe entgegenreckt. Um möglichem Unmut bei den Festgästen vorzubeugen, hatte Wendisch den Künstlerbund dringend gebeten, den nackten Muskelprotz zu entfernen.

"Der kleinste Penis schreckt offenbar alle, während der Busen einer Frau nicht mehr aufregend wirkt", resümierte der Vorsitzende des Künstlerbunds, Hubert Vogel.

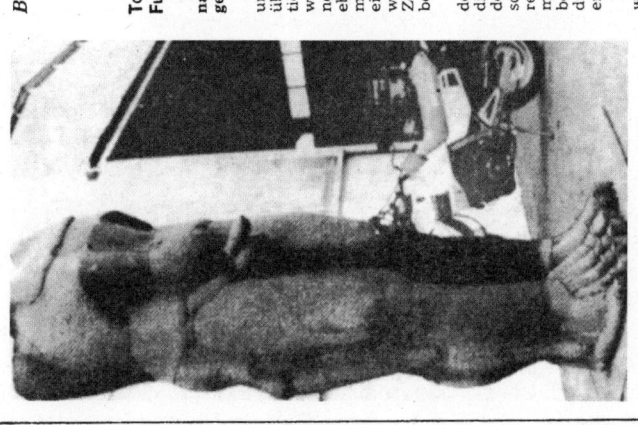

Beanstandet: Der überlebensgroße Blech-Torso eines unbekleideten Mannes.

67

Bundesweit in die Schlagzeilen geraten ist meine kleine Stadt durch die Meldung mit den passenden Fotos, die ich für *dpa* geschrieben habe. Verständlich, daß sich nicht alle in der Stadt darüber gefreut haben. Ziemlich verärgert war der Organisator des Bürgerfestes. Ich hatte ihm mit der Meldung zwar viel Medienrummel verschafft, doch alle wollten von ihm immer nur das eine wissen: Warum wurde der nackte Mann aus der Stadt verbannt? Für das Programm des Bürgerfestes interessierte sich kaum einer der Kollegen anderer Zeitungen, von Hörfunk- und Fernsehredaktionen.

Quellen prüfen

Wer von sich selbst, der eigenen Firma oder Institution berichtet, dem sollten Sie grundsätzlich mit Skepsis begegnen. Warum will der andere, daß etwas über ihn oder seine Firma in der Zeitung steht?

Welches Interesse verfolgen Informanten? Diese Frage müssen sich Journalisten immer wieder im Lauf von Recherchen stellen. Ganz besonders aber zu Beginn einer Recherche. Die Freundin, die vom teuren Wundermittel erzählt und den Arzt, der die Wundermittel vertreibt, nicht persönlich kennt, wird ihm nicht einfach nur übel wollen. Die Informantin, die glaubt, durch das Wundermittel geheilt zu sein, ist noch weiter vom Verdacht entfernt, dem Arzt mit Informationen zum Thema schaden zu wollen. Beim Arzt, der erzählt, der Urologe sei schon immer geldgierig und eingebildet gewesen, muß ich schon vorsichtiger sein in meiner Bereitschaft, Informationen zu trauen.

Konkurrenzneid ist ein häufiges Motiv für Informanten, die sich vertrauensvoll an Journalisten wenden. Wüßte ich nicht aus anderer Quelle, daß in einem Altersheim Schwestern von einem Bestatter Schmiergelder für die Vermittlung von Bestattungsaufträgen bekommen, dem früheren Mitarbeiter eines Bestatters dürfte ich das so ohne weiteres nicht glauben. Am meisten kann ich mich in der Regel auf Informanten verlassen, die kein erkennbares Interesse an einer möglichen Strafverfolgung desjenigen haben, über den sie belastende Informationen weitergeben.

Enttäuschte Liebe kann auch ein Motiv sein für Informanten. Erst hatte die Patientin überhaupt nichts sagen wollen über den Arzt, der ihr das angebliche Wundermittel organisiert hatte. Doch wenige Wochen später rief sie von sich aus an. Ein furchtbarer Choleriker sei der Arzt, erzählte sie nun, ein Lügner und ein kranker Mensch. Nach und nach ist es dann aus ihr herausgebrochen. Wie der Arzt sie betrogen habe. Wenn sie sich nach der Einnahme der teuren Medizin gesünder fühle, dürfe sie Du zu ihm sagen, so habe der Arzt ihr versprochen. Und tatsächlich sei es ihr besser gegangen. Nach Feierabend sei der Arzt dann oft zu ihr gekommen und am Wochenende, erzählt die Patientin. Ja, sie habe tatsächlich geglaubt, er habe aus Liebe gehandelt. Nun könne sie keinem Menschen mehr trauen, und den Arzt wolle sie so rasch wie möglich im Gefängnis sitzen sehen.
Die Patientin hatte noch einiges zu erzählen über die teuren Heilmethoden des Mediziners. Ich habe ihr zugehört, um mir ein Bild zu machen von der Persönlichkeit des Arztes. Ich habe aber noch andere Patienten befragt, die weniger persönlich enttäuscht waren als sie, um der Gefahr zu entgehen, mich beim Schreiben zu sehr von Gefühlen lenken zu lassen.

Auch eigene Gefühle spielen eine Rolle. Je mehr Sympathie ich bei der Recherche für einen Informanten empfinde, desto mehr muß ich mich zu Zurückhaltung mahnen. Ein Informant, dem ich eher mit Gleichgültigkeit oder gar negativen Gefühlen gegenüberstehe, ist für mich im Zweifelsfall vertrauenswürdiger als Menschen, die ich auf Anhieb sympathisch finde. Ich kann hier zumindest sicher sein, daß mich meine Gefühle nicht in eine bestimmte Rechercherichtung drängen.

Es gibt Testfragen für Informanten, mit denen ich deren Glaubwürdigkeit überprüfen kann. Aus anderer, verläßlicher Quelle etwa weiß ich etwas, was mein Informant auch wissen müßte. Dieses Wissen formuliere ich in Fragen um. Beantwortet er diese wahrheitsgemäß, muß ich mir kaum Sorgen machen um seine Glaubwürdigkeit auch bei der Beantwortung anderer Fragen.
Den Verwaltungsleiter eines Altenheims etwa frage ich nach den Stationen, von denen seinen Informationen nach ein Bestatter noch vor Angehörigen informiert wird über einen Todesfall. Ich

selbst weiß aus eigenen Recherchen, um welche Stationen es sich handelt. Der Verwaltungsleiter hatte versprochen, meinen Vorwürfen nachzugehen und die entsprechenden Telefonlisten (in vielen Einrichtungen werden Zielnummern und Zeitpunkt von Anrufen gespeichert) zu überprüfen. Die Auskunft, die der Verwaltungsleiter mir nun nach seinen eigenen Recherchen vertraulich zu geben bereit ist, stimmt mit den von mir zuvor gewonnenen Informationen überein. Ich kann also annehmen, der Verwaltungsleiter spielt kein falsches Spiel mit mir.

Hypothesen entwickeln und verwerfen

Nicht wild drauf los recherchieren, sondern mit Plan. Das sollten sich vor allem die Journalisten angewöhnen, die sich in vergangenen Recherchen schon häufiger im Dickicht der eigenen Vorurteile und der Planlosigkeit verirrt haben.

Prüfen Sie sich selbst! Sind Sie eher der Typ planloser Rechercheur, oder wagen Sie kaum einen Schritt in der Recherche, ohne die Folgen zu kalkulieren? Je unbekümmerter und planloser Sie bisher recherchiert haben, desto gewissenhafter sollten Sie sich in der nächsten Zeit um die Planung Ihrer Recherchen kümmern.

Hypothesen entwickeln, das sollten Sie tun, sobald Sie die Bedeutsamkeit eines Themas und die Glaubwürdigkeit der Informanten geprüft haben. Im Fall des selbst ernannten Wunderheilers, der Tropfen für 6 000 Mark an Krebskranke vermittelte, war die Anfangshypothese rasch entwickelt: Da nutzt ein Arzt die Verzweiflung seiner Patienten aus, um sich persönlich zu bereichern. – Im nächsten Schritt sollten Sie prüfen, ob Ihre Hypothese zutrifft, ob sie nur zum Teil stimmt oder ganz falsch ist.

Je mehr Sie angerührt sind von einer Geschichte, von ersten Rechercheergebnissen auch, desto mehr sollten Sie nach dem Prinzip der *Von-Außen-Nach-Innen-Recherche* verfahren. Also in der Geschichte vom Arzt, der mit teuren, möglicherweise wirkungslosen Mitteln Schwerkranke bedient, Fachleute befragen, die nichts mit dem Arzt oder mit dessen Patienten zu tun haben.

Im Fall der Pflegemutter, die kein Geld bekam für das jüngste Pflegekind, war die Recherche in einem anderen, unbeteiligten Jugendamt wichtig, damit ich mich nicht verirrte in den Wut-Gefühlen einer Frau, die sich von einer Behörde ungerecht behandelt fühlte.

Von außen nach innen recherchieren, das sollten Sie nach Möglichkeit bei allen konfliktbeladenen Themen. Lassen Sie sich nicht jagen von der eigenen Lust, einen Skandal aufzuspüren. Die Tatsache, daß eine Rehabilitations-Klinik Mitarbeiterinnen aus anderen Kliniken mit Geldversprechungen abwirbt, die neuen Mitarbeiterinnen dann aber mit langen Zeitverträgen bindet, ist noch kein Hinweis auf eine irgendwie bösartig agierende Sekte, wie mehrere Informanten zu wissen glauben. Fragen Sie in anderen Kliniken nach – möglichst bei Fachleuten, denen Sie persönlich trauen –, ob es tatsächlich so außergewöhnlich ist, Mitarbeiter abzuwerben und sie mit langen Zeitverträgen zu binden. Bitte legen Sie nicht gleich los mit der Recherche, ohne zu prüfen, ob das, was Ihnen als Ungeheuerlichkeit geschildert wird, tatsächlich nicht geheuer ist.

Sich verunsichern lassen durch Rechercheergebnisse, das gehört weiter zum Alltag guter Rechercheure. Sie müssen die Bereitschaft entwickeln, Eingangshypothesen zu verändern oder ganz umzustoßen. Der Arzt, der die teuren Wundermittel seinen Patienten angedient hatte, schien persönlich nichts vom Umsatz zu haben, das ergaben meine Recherchen im Umfeld des Mediziners. Seit er die Wundermedizin vermittelte, ging es ihm finanziell eher noch schlechter als bisher. Er konnte Rechnungen nicht mehr bezahlen, Arzthelferinnen wurden entlassen.

Enttäuscht, daß die Hypothese nicht stimmt? Gestehen Sie sich dieses Gefühl der Enttäuschung zu, aber hängen Sie dem Gefühl nicht zu sehr nach. Von zehn Patienten wußte ich doch schon, daß sie je 6000 Mark gezahlt haben für die Fläschchen Kräuterelexier – knapp 60000 Mark reicher hätte der Arzt also sein müssen, wenn es stimmte, was ein Apotheker überprüft hatte: Das Mittel war ein billiger Pflanzenextrakt. Warum war dann der Arzt in Zahlungsschwierigkeiten geraten?
Weil ich zunächst so sicher war, der Arzt, bei dem die Patienten

das Mittel bestellt und auch abgeholt hatten, wolle sich selbst bereichern, habe ich gar nicht nachgefragt, wem die Patienten die 6000 Mark bezahlt haben. Nur wenige hatten bar bezahlt in der Praxis, die meisten, so habe ich erfahren, haben das Geld auf das Privatkonto einer Geschäftsfrau im Hessischen überwiesen. Eine sektenähnliche Gruppierung im Hintergrund hat kassiert, der Arzt hat nur die kaufwilligen Opfer vermittelt.

Ist die Hypothese noch plausibel? Das muß ich mich während der Recherche immer wieder fragen. Bei einer meiner Bestattungsrecherchen hatte ich mich lange festgebissen auf die besondere Beziehung der Stadtverwaltung zu einem Bestatter. Daß da Beziehungen des Bestatters zu einem Wohlfahrtsverband vermutlich noch viel förderlicher waren für das Geschäft, hatte ich lange nicht erkannt. Die Tatsache, daß nur dieser eine Unternehmer nachts den Schlüssel zur Leichenhalle hatte, schien mir alleine bedeutsam für den Hintergrund der Bestattungsaffäre. Doch erst die nach und nach entdeckten Beziehungen des Unternehmers zu dem Wohlfahrtsverband, der exklusiv Rettungsdienste organisierte in der Stadt, brachten Licht in die Geschichte. Weit bedeutsamer für die Monopolstellung des Unternehmens in der Stadt als seine guten Beziehungen zur Stadtverwaltung waren seine Beziehungen zu dem Wohlfahrtsverband. Der Bestatter selbst war im Ehrenamt Rettungsdienstmitarbeiter für den Verband.

Michael Haller, Recherchieren, Verlag UVK Medien/Ölschläger, Konstanz

Einen Rechercheplan aufstellen

Ein Blatt Papier genügt, um einen Rechercheplan aufzustellen. Listen Sie zunächst ruhig planlos alle möglichen Recherchepartner (Namen/Funktionen) auf. Fassen Sie dabei Ihre Recherche so weit wie möglich. Und beschränken Sie sich erst in einem zweiten Schritt auf den Mindestumfang Ihrer Recherche. Im Rechercheplan bezüglich der teuren Wunderheilmethode notiere ich auf dem Blatt alle denkbaren Recherchepartner und markiere dann die Einrichtungen und Personen, die ich in jedem Fall befragen muß:

- den Arzt selbst*
- andere Ärzte, auch Naturheilmediziner*
- ärztliche Standesorganisationen
- Verbände/Vereine aus dem Bereich der Naturheilmedizin
- Krankenkassen
- Patienten (mindestens drei, damit ich keinem Einzelfall nachspüre, unterschiedliche Informationen auch vergleichen kann)*
- Pflegedienste
- Apotheker
- Gesundheitsamt
- juristische Sachverständige*
- Arzthelferinnen, auch aus benachbarten Arztpraxen*
- Ärzte in benachbarten Krankenhäusern

Mit Sternchen sind die Recherchepartner markiert, die ich in jedem Fall befragen werde.

Immer wieder auf den Plan schauen, prüfen, wie viele der anfangs als wichtig erschienenen Recherchepartner schon befragt wurden. Das bewahrt einen davor, sich in eine bestimmte Richtung zu verlieren. Während der Recherche sollten Sie dann immer wieder den Kurs korrigieren, mit neuen Ergebnissen die alten Hypothesen auf ihre Bedeutung überprüfen und, wenn nötig, korrigieren.

Viel zu früh etwa war ich bereit, das angebliche Wundermittel für Humbug zu halten. Erst spät in der Recherche habe ich bei Naturheilgruppen nachgefragt. In keiner dieser Organisationen war irgendwas von einem Wundermittel bekannt, das 6000 Mark kostet, in einem schottischen Geheimlabor hergestellt wird und gegen Krebs und Rheuma gleichermaßen helfen soll. Nach diesen Informationen erst konnte ich einigermaßen sicher davon ausgehen, daß es sich bei der Vermittlung der Wunderfläschchen zumindest um den Versuch eines Betrugs handeln mußte.

Rechercheplan ergänzen bei neuen Informationen. Neue Informanten befragen, deren Bedeutung Sie zu Beginn der Recherche vielleicht noch gar nicht erfassen konnten. Vieles in meiner Wundermittel-Recherche deutete auf eine Sekte im Hintergrund, einige Rechercheergebnisse ließen Scientology dahinter vermuten. Ich nahm Sektenbeauftragte neu auf in meinen

Rechercheplan und änderte meine Hypothese in Richtung Scientology.

Das falsche Recherchefieber, hier hatte es mich erwischt. Zwei sektenerfahrene Berater waren sich sicher, in den Fachausdrücken rings um die Wundermittel Begriffe entdeckt zu haben, die direkt Scientology zuzuschreiben seien. Da war vor allem der Begriff der Engramm-Löschung – Engramme sind für Scientologen negative Einbildungen der Seele, die gelöscht werden können –, eine ausführliche Beschreibung so einer Engramm-Löschung war mir während der Recherche in die Hände gefallen. In der Beschreibung des Wundermittels waren noch weitere Begriffe aus der Sprachwelt der Scientologen verwendet worden.

Stunden habe ich nun – ohne Ergebnis – damit zugebracht, die Leute im Hintergrund des Urologen oder ihn selbst auf Geheimlisten der Scientologen zu suchen. Doch die Scientologen haben vermutlich nichts verdient am schwunghaften Handel mit dem als Medizin verbrämten Kräuterschnaps. Eine Baghwan-Untergruppe hatte sich den Arzt als Opfer ausgesucht, über den sie Patienten abkassierte, das habe ich erst sehr spät herausbekommen. Vermutlich deshalb so spät, weil ich zu versessen darauf war, die Scientologen hinter dem Arzneimittelbetrug zu entdecken.

Ohne leichtes Fieber geht nichts bei größeren Recherchen. Etwas aufgeregt muß man sein, um dranbleiben zu können an einem Fall. Doch darf das leichte Fieber nicht zum Fieberwahn werden, der den Blick verstellt für Realitäten. Den idealen Typ eines Rechercheurs kann es nicht geben. Er müßte aufgeregt und entspannt sein, empfindsam und abgebrüht, er müßte Gefühle anderer Menschen nachempfinden können und zugleich ausschließlich sachlich orientiert sein.

Lassen Sie sich nur von niemandem einreden, Sie seien kein guter Rechercheur, nur weil Sie vielleicht langsamer sind als andere, weil sie mit mehr Bedacht vorgehen. Nutzen Sie Ihre vermeintliche Schwäche als Stärke. Gerade weil Sie nicht so forsch auftreten, reden zart besaitete Menschen vielleicht leichter und lieber mit Ihnen als mit Ihren coolen Kollegen.

Die Gegenseite zu Wort kommen lassen

Wer von Anfang an eine oder mehrere andere Seiten auf dem Rechercheplan vermerkt hat, ist am ehesten gegen die Gefahr gefeit, sich Informationen immer nur aus einer Richtung zu besorgen.

Die Gegenseite frühzeitig einbeziehen. Wer leicht Gefahr läuft, sich von einer Seite vereinnahmen zu lassen, sollte nicht erst am Ende einer Recherche die Gegenseite befragen. Denn das Gespräch mit der Gegenseite wird um so schwerer, je mehr man herausgefunden hat.
Der Arzt mit dem Wundermittel hat zunächst auflegen wollen, als ich ihn endlich am Telefon erreicht hatte. »Nein, ich spreche nicht mit Ihnen, ich darf keine Werbung machen für mich«, hat er zweimal wiederholt. Jetzt auflegen, wäre das Dümmste, was Sie tun können. Viel besser ist es, so lange weiterzufragen, bis das Gegenüber von sich aus tatsächlich das Gespräch abbricht.

Dazu hat er nichts sagen wollen, so wird häufig in Zeitungsberichten die Gegenseite zitiert. Meist ist dieser Aussage eine Drohung vorausgegangen. »Wenn Sie nichts sagen wollen, dann muß ich das so schreiben.« Sowohl die Drohung ist gelogen, als auch die Aussage im Text. Wer sagt denn, daß Sie etwas schreiben »müssen«? Und wer sagt, daß der andere nichts sagen »will«, wenn er nicht auf Ihre Fragen antwortet? Vielleicht würde er schon wollen, vielleicht darf er nur nicht?
Wenn Sie schon meinen, ohne Drohgebärde nicht weiter zu kommen in Ihrer Recherche, dann drohen Sie bitte korrekt: »Wenn Sie nichts sagen, dann schreibe ich das so.« Ob der andere nichts sagen will, ob er nichts sagen kann oder darf, das werden Sie mit Ihrer Drohung nicht herausfinden. `Dazu hat er nichts gesagt,` das wäre, wenn nötig, die korrekte Formulierung.

Die Mitleidsmasche steht neben der Drohgebärde, sie beruhigt vielleicht das Gewissen der Rechercheure, hilft aber den Lesern nicht weiter. Da finden es Journalisten traurig, daß ein Behördenvertreter aus Datenschutzgründen nichts sagen darf, sie hätten es dieser Gegenseite gegönnt, daß sie auch zu Wort

kommt im Bericht. `Die Verantwortlichen im Jugendamt aber müssen sich aus Datenschutzgründen über den Fall in Schweigen hüllen,` schreibt eine Journalistin, nachdem sie 80 Zeilen lang den Fall nur aus der Sicht der Kritiker des Jugendamts dargestellt hat. Sparen Sie sich das falsche Mitleid, das hier geschraubt und gedrechselt zur Sprache kommt – `müssen sich in Schweigen hüllen.` Verwenden Sie stattdessen alle Kunst des Fragens darauf, daß Ihr Gegenüber tatsächlich etwas sagt zu den Vorwürfen, die im Bericht ausgeführt werden.

Zumindest allgemein können sich Behördenvertreter zu einer Problemlage äußern, die hinter dem konkreten Fall liegt. Geben Sie sich bitte nie leichtfertig mit der Antwort, `dazu sage ich nichts,` zufrieden, das sind Sie allen Beteiligten und den Lesern schuldig. Abstrahieren Sie den Fall ins Allgemeine, fragen Sie nach der grundsätzlichen Haltung zu einem ähnlichen Fall – und Sie bekommen in der Regel eine Antwort auch vom hartnäckigsten Schweiger im Amt.

Informantennetz aufbauen und schützen

Sie kommen neu in eine Stadt, wollen recherchieren und wissen nicht, an wen Sie sich mit welcher Frage wenden können. Da bleibt Ihnen oft zunächst nichts anderes übrig, als Menschen zu fragen, die Sie schon kennen, und Kollegen, die Ihnen vertrauenswürdig erscheinen.

Auf Freunde zurückgreifen, die mit Sachverstand raten bei der Recherche, das muß man am Anfang journalistischen Arbeitens. Doch schon mit der ersten Recherche sollte man beginnen, das eigene Informantennetz auch in der fremden Stadt aufzubauen, das unabhängig von persönlichen Freundschaften Hilfe bei Recherchen bietet. Freilich verwischen sich mit der Zeit die Grenzen. Informanten werden zu Freunden, und alte Freundschaften lösen sich auf.

Einen Anwalt zu kennen oder eine Anwältin, ist immer gut für Journalisten. Doch achten Sie bitte darauf, Freunde nicht auszubeuten. Einen kleinen Wink in einer kniffligen Recherche gibt

Ihnen die befreundete Anwältin bestimmt. Doch verfallen Sie bitte nie in den unter Journalisten weit verbreiteten Wahn, Ihre jeweilige Recherche sei das Wichtigste in der Welt.
»Heute nichts vom Wundermittel«, hat mein Mann gefleht, wenn ich zu oft Zwischenergebnisse aus der Recherche berichten wollte. Bevor Sie die Anwältin um Hilfe bitten, versetzen Sie sich bitte gedanklich kurz in deren Lage. Die wichtigste Frage: Hat sie gerade jetzt Zeit für Sie? Bringt es auch ihr irgendwas, wenn sie ihren juristischen Sachverstand in Ihre Recherche einbringt? Interessiert sich die Freundin zumindest für das Recherchethema?

Sie dürfen und sollen Informanten schützen, wenn die nicht genannt werden wollen in Ihrem Bericht. Das Zeugnisverweigerungsrecht ist eines der wichtigsten Rechte der Journalisten – fast gleichwertig mit dem Beichtgeheimnis der Pfarrer und Priester und der Schweigepflicht der Ärzte und Anwälte. Mehr dazu finden Sie im Kapitel Rechte und Pflichten. An dieser Stelle nur so viel: Wer Informanten sorgsam schützt, wer nicht leichtfertig Quellen preisgibt, die er nicht nennen muß, baut sich am sichersten ein Netz von Informanten auf, das ihm auch bei weiteren Recherchen hilft.

Informanten während der Recherche schützen, nicht erst beim Schreiben an den Informantenschutz denken. Viel zu leichtfertig geben Journalisten manchmal Namen von Informanten während der Recherche preis. »Im Bericht habe ich den Namen meines Informanten doch nicht genannt«, damit können Sie sich nicht herausreden, wenn Sie während der Recherche munter über Informanten geplaudert haben.

Die Herkunft heikler Informationen geschickt verschleiern – auch und gerade während der Recherche, darauf achten verantwortungsbewußte Journalisten.
Habe ich etwa im Fall des vermeintlichen Wunderdoktors vertrauliche(!) Informationen nur von einem Patienten, sollte ich mich noch nicht auf ein möglicherweise konfrontatives Gespräch mit dem Arzt einlassen. Zu schnell würde der erkennen können, woher meine Informationen stammen – und der Informant wäre dem Arzt gegenüber preisgegeben, ohne daß ich

auch nur einmal dessen Namen genannt hätte. Ich muß also mit mindestens drei verschiedenen Patienten, die das teure Mittel über den Arzt bezogen haben, sprechen. Einmal, um die Bedeutung einer Aussage zur Methode des Arztes, das angebliche Wundermittel anzupreisen, einschätzen zu können, zum anderen, um dem Arzt gegenüber die Herkunft meiner Informationen verschleiern zu können.

Vertraulichkeit zusichern, das bedeutet, in der Recherche bewußt falsche Fährten zu legen. Sie müssen zuvor überlegen, wie Sie reagieren, wenn Sie mit der tatsächlichen Quelle Ihrer Informationen konfrontiert werden. Daran denken Journalisten oft zu spät. »Das können Sie doch nur von dem XY haben«, hält Ihnen da jemand vor.
Da darf es einfach nicht passieren, daß Sie sich räuspern müssen oder rot werden. Jetzt nur den Kopf zu schütteln oder zu sagen, »dazu muß ich Ihnen keine Auskunft geben«, oder, »das spielt hier keine Rolle«, genügt nicht, um den Informanten zu schützen. Freilich ist es Ihr gutes Recht, solche Gegenfragen unbeantwortet zu lassen. Doch dem, der Ihnen Vertrauliches gesagt hat, hilft das nicht, wenn in seiner Behörde oder Firma nach der undichten Stelle gefahndet wird. Sie hätten sich zumindest gedanklich eine Ersatzquelle zurechtlegen müssen, auf die sie im Konfliktfall verweisen könnten.

Ein Beispiel aus der Praxis – leicht verändert nur so weit, daß auch jetzt noch die Anonymität der Informanten in einer ähnlich gelagerten Geschichte, die ich einmal recherchiert habe, gewahrt bleiben kann.
Eine Praktikantin in der Verwaltung einer Dorfgemeinschaft ist durch Zufall an ein vertrauliches Schreiben geraten; an ein persönliches Schreiben des Chefs einer Bauunternehmung an den Bürgermeister. Der Termin für eine Baumfällaktion auf einem Baugrund im Dorfzentrum wurde bestätigt, am kommenden Montag um 6 Uhr morgens würden die Bäume gefällt. Ganz aufgeregt kommt die Praktikantin mit der Kopie des Schreibens, die sie illegal angefertigt hat, in die Redaktion. »Alles weitere wie besprochen«, steht da noch unter der Terminbestätigung und »herzliche Grüße auch an Ihre liebe Frau«. Die Praktikantin kann sich nicht länger aufhalten in der Redaktion, sie muß zurück in

das Rathaus. »Sie müssen was machen in der Zeitung«, fleht sie nur noch, »die Bäume dürfen nicht fallen.«
Die Praktikantin, so sagen wir hier einmal, kommt aus Kreisen des Bundes Naturschutz, kennt sich aus mit der kommunalen Baumschutzverordnung, weiß, daß die hochgewachsenen Linden auf dem fraglichen Baugrund nach örtlichem Recht auf keinen Fall gefällt werden dürfen. Doch den Bauunternehmer störten die Linden schon seit langem, das ist bekannt im Dorf. Nur halb so viele Wohnungen könnte er auf dem Grund bauen, wenn die Bäume blieben.

Einen kühlen Kopf behalten, das müssen Sie, auch wenn die Zeit drängt. Es ist Freitag, 11 Uhr, nur bis 12 Uhr mittags können Sie jemanden erreichen in der Verwaltung. Quellenprüfung? Kein Problem hier, Sie haben ja das Schreiben. Und die Praktikantin ist Ihnen persönlich bekannt. Prüfung der Bedeutsamkeit? Die Geschichte ist auf jeden Fall von lokalem Interesse. Der Verdacht, daß es vom Rathaus aus Neben-Absprachen gibt auch in anderen Fällen, ist nicht von der Hand zu weisen. Erst vor kurzem war doch einem anderen Unternehmer ein Neubau genehmigt worden auf einem Grund, auf dem er zuvor illegal ein Wohngebäude abgerissen hatte. Hat es da auch Nebenabreden gegeben? Nein, jetzt nicht über Vergangenes sinnieren. Darauf kann man später zurückkommen.

Quelle klar, Bedeutsamkeit klar, doch der Schutz der Informantin ein Problem. Das Schreiben an den Bürgermeister war nur für wenige Minuten, in denen die Sekretärin aus dem Zimmer gegangen war, auf dem Schreibtisch im Vorzimmer gelegen. Die Praktikantin hatte es entdeckt und dazu auch noch fotokopiert. Wer anders als die Praktikantin kann Journalisten von dem Schreiben berichtet haben? Ich muß also, will ich die Informantin schützen, nach einer glaubwürdigen Ersatzquelle suchen.

Keine Ersatzquelle zu finden – zumindest im Rathaus nicht. Die Sekretärin ist über jeden Vorwurf erhaben. Die dient dem Bürgermeister seit vielen Jahren. Und er selbst wird auch kaum etwas weitergeben von seinen Nebenabreden. Was ist mit der Firma des Bauunternehmers? Kaum vorstellbar, daß dort eine

Sekretärin das Schreiben fotokopiert und an die Presse weitergibt. Doch für die Recherche muß ich eher in Richtung Firma gehen, auf jeden Fall die Fährte weit weg vom Rathaus legen, um die Praktikantin nicht zu gefährden.

Vielleicht plaudern Bauarbeiter? Bauarbeiter, die jetzt schon mit Vorarbeiten auf dem Baugrund beschäftigt sind, arbeiten auf jeden Fall auch bis mittags. Die müßten doch am Freitag schon etwas wissen über einen Sondereinsatz am Montag um sechs Uhr morgens. Doch die Bauarbeiter scheinen nicht so recht zum Plaudern aufgelegt. »Die Bäume stören schon«, ist gerade mal einem zu entlocken, man könne mit den großen Maschinen gar nicht recht vorwärtskommen auf der Baustelle. Einer bestätigt schließlich, was ich schon weiß: »Ja am Montag müssen wir schon um sechs Uhr hier anrücken.« Er wisse aber auch nicht warum.

Bis Montag warten? Und dann am frühen Morgen mit dem Fotoapparat zur Baustelle? Ungern. Es ist 11.45 Uhr – jetzt lieber rasch noch im Rathaus anrufen. Mit der Ersatzquelle im Hintergrund nach dem Plan für Montagmorgen fragen. Die kurzfristig erwogene Idee, am Montagmorgen mit dem Fotoapparat auf der Baustelle zu erscheinen, ist schon verworfen. Denn wie sollte ich jemandem erklären können, warum ich um 6 Uhr morgens mit Fotoapparat dort spazieren gehe? Die Praktikantin würde ich damit gewiß gefährden. Zudem würde dann mindestens ein Baum gefällt werden, denn so lange müßte ich schon warten, um auch beweisen zu können, daß da jemand Bäume fällen will.

Ersatzinformanten gefunden. Die Bauarbeiter werden dazu erklärt – im Plural, ohne Namensnennung und ohne wörtliches Zitat. Zum Schutz der Informantin mußte die undichte Stelle aus dem Rathaus in die Firma des Bauunternehmers verlagert werden. Und dort auf eine möglichst große Gruppe von Menschen, aus der einzelne nicht leicht herausgegriffen werden können.

Die Gegenseite zu Wort kommen lassen, auch dann, wenn Ihnen klar ist, daß die Aussage – wie im vorliegenden Fall – nicht der Wahrheit entsprechen kann. Jetzt dürfen Sie sich nicht abwimmeln lassen von der Sekretärin im Rathaus, bestehen Sie auf einem Gesprächstermin mit Nachdruck, verlangen Sie, falls das Gespräch gar nicht mehr möglich sein sollte, ein Gespräch mit einem autorisierten Vertreter des Verwaltungschefs.

Bevor Sie dann dem Bürgermeister oder seinem Vertreter Ihre Sachfragen stellen, sprechen Sie bitte deutlich die (vermeintliche) Quelle Ihrer Informationen an. Nur so können Sie die echte Informantin schützen. Von Bauarbeitern hätten Sie erfahren, daß am Montagmorgen auf der Baustelle die störenden Bäume gefällt werden sollen. Noch bevor Ihr Gegenüber Luft holen kann, sollten Sie anmerken, daß Sie erfahren haben, die Fällaktion sei »mit dem Rathaus ganz oben« abgesprochen worden. Ob denn da die Baumschutzverordnung nicht greife?, werden Sie vielleicht noch zu fragen versuchen. Und schon saust das Donnerwetter auf Sie hernieder. »Eine ungeheuerliche Unterstellung«, wird Ihr Gegenüber entgegnen und in einer erregten Tonart fortfahren. Sie können aber sicher sein, er wird umgehend die geplante Aktion absagen.

Ihr Bericht erscheint trotzdem. Mit den in indirekter Rede notierten Aussagen der anonym bleibenden Bauarbeiter, mit Aussagen von Anwohnern, die es sehr bedauern würden, wenn die Bäume nun fallen müßten, und mit der Entgegnung des Bürgermeisters. Mein Bericht damals ist nicht sehr umfangreich ausgefallen. Doch das Foto zum Text, das Foto von den mächtigen Linden auf dem Baugelände, kam groß raus in der Zeitung.

Ist so ein Bericht fair den Ersatzinformanten gegenüber? Nein, denn schließlich sind die bestimmt vom Chef zitiert und eingehend befragt worden. Doch weil ja tatsächlich keiner der Bauarbeiter etwas verraten hattte, ist ganz sicher unter den Arbeitern kein Schuldiger ausgemacht worden. Wer Ersatzinformanten einführt in der Recherche und im anschließenden Bericht, muß immer abwägen zwischen dem Zweck und den Mitteln.

Ersatzquellen einsetzen, ist nie fair der Gruppe der Ersatzinformanten gegenüber. Darum achten Sie bitte darauf, die Gruppe der Ersatzinformanten so groß wie möglich zu wählen, wenn Sie keinen Ersatzinformanten finden, der tatsächlich etwas sagt. Wer einen auch noch so kleinen Skandal aufdecken will, kann nicht nur edel vorgehen bei der Recherche. Der Schutz von Informanten hat Vorrang vor dem Schutz der Gruppe der Ersatzinformanten, aus der natürlich nie jemand namentlich benannt werden darf. Hätten im Rathaus mehr Menschen als nur der Chef, dessen Sekretärin und die Praktikantin Kenntnis gehabt von dem Schreiben, hätte ich natürlich als Ersatzquelle genannt: aus dem Rathaus war zu erfahren.

»Informierten Kreisen« das zuschreiben, was Sie aus mindestens zwei oder besser drei voneinander unabhängigen Quellen vertraulich erfahren haben, das ist ihr gutes Recht. Bevor Sie aber ganz allgemein von informierten Kreisen schreiben, überlegen Sie bitte genau, ob sie den Kreis ihrer anonym bleibenden Informanten nicht etwas genauer benennen können. Eine Sekretärin etwa und eine Pressesprecherin aus dem Innenministerium bestätigen Ihnen vertraulich, was Sie aus dem Ausländeramt einer Kommune ebenfalls vertraulich erfahren haben: Eine Abschiebung wird nicht zum geplanten Termin stattfinden. Hier ist es sinnvoll, die ranghöchste Behörde zu zitieren: Aus dem Innenministerium war zu erfahren, daß XY nicht zum geplanten Termin abgeschoben werden soll. Nun sollten Sie dazu mit dem Leiter des kommunalen Ausländeramtes so lange verhandeln, bis Sie zumindest einen Teil der nur mit vager Quellenangabe belegten Aussage von ihm bestätigt bekommen. Vielleicht läßt er sich auf folgende Aussage ein, mit der Sie Ihre vage Quellenangabe stützen können: Gesprächsweise habe er es auch aus dem Innenministerium erfahren, daß XY vorerst nicht abgeschoben werden soll, sagt dazu der Leiter des Ausländeramtes.

Rechte und Pflichten

Die Rechte der anderen

Bevor Sie mit einer Recherche beginnen, sollten Sie darüber nachdenken, wie den Menschen zumute ist, die von Ihnen in Ihre Recherche hineingezogen werden. Kaum jemand von Ihren Recherchepartnern hat vermutlich mit Ihrem Anruf oder Ihrem Besuch gerechnet. Sie platzen mit Ihren Fragen in die Welt anderer Menschen hinein.

Sie müssen sich vorstellen zu Beginn eines Recherchegesprächs: Sie müssen Ihren Nachnamen nennen und sagen, für welche Zeitung, Agentur oder Rundfunkredaktion Sie recherchieren, und worum es in Ihrer Recherche gehen soll.
Bei sogenannten Blitzumfragen mancher Hörfunk- und Fernsehsender hat sich die Unsitte eingebürgert, daß man Fremden einfach ein Mikrofon vor den Mund hält und eine Frage stellt, ohne zu sagen, woher man kommt und was man will. Die Spontaneität der Befragten soll so eingefangen werden. Lassen Sie die Finger von dieser Überrumpelungstaktik, wenn Sie für Zeitungen recherchieren. Nennen Sie immer zunächst Ihren Namen, Ihre Zeitung und das Recherchethema (Ausnahme: verdeckte Recherche).
Freilich müssen Sie nicht mit Ihrer Hypothese herausrücken, dem Bestatter also nicht sagen, daß Sie dessen besondere Beziehungen zu einem Rettungszweckverband in Zusammenhang sehen mit dessen geschäftlichem Erfolg. Es genügt, wenn Sie hier lapidar sagen: »Es geht um das Thema Bestattungen.« Gibt sich Ihr Gegenüber mit dieser Auskunft zufrieden, müssen Sie nicht mehr zu Ihrem Thema erklären.

Und wer frei arbeitet? In der Regel wird ein Recherchepartner mehr wissen wollen vom Ziel Ihrer Recherche, als daß Sie Ihren Bericht irgendwelchen Zeitungen anbieten wollen. Sie haben bei aller Freiheit doch auch sicher eine bestimmte Zeitung im Kopf, der Sie Ihre Geschichte verkaufen wollen. Das sollten Sie auch so benennen. Etwa so: »Ich arbeite als freie Journalistin vorwiegend für die Zeitung X, ich plane einen Bericht zum Thema Y, den ich der Zeitung X anbieten will.« Größtmögliche Offenheit von Anfang an kommt am Ende auch Ihnen in Ihrer Recherche zugute. Wer sich von Ihnen offen und fair behandelt weiß, wird eher mehr als weniger antworten.

Beiträge weiterverkaufen auch an andere Zeitungen, an Zeitungen, die Sie nicht genannt haben bei der Vorstellung zum Recherchegespräch? Dafür können Sie sich natürlich auch nach Abschluß Ihrer Recherche noch entscheiden, auch noch, nachdem der Text bereits in einer Zeitung erschienen ist. Doch teilen sie das bitte zumindest den Recherchepartnern mit, die wörtlich und vielleicht ausführlich zitiert werden. Das Einverständnis Ihrer Partner sollten Sie in jedem Fall einholen, wenn Sie Ihren Beitrag einer Zeitung mit ganz anderem Leserkreis und ganz anderer Zielrichtung als der ersten, von der Ihr Gegenüber weiß, anbieten.

Vergeßlichkeit gilt nicht als Entschuldigungsgrund, wenn Ihr Recherchepartner erst, nachdem der Beitrag in der anderen Zeitung erschienen ist, von Ihren Verhandlungen erfährt. Die Nonne jedenfalls hatte recht, als sie sich beschwerte am Telefon. Ich hatte ein Porträt über sie und ihr Kloster mit ihrem Einverständnis für eine Lokalzeitung geschrieben. Und das Porträt später zusammen mit Fotos von ihr auch *Publik forum*, einer eher links-katholisch orientierten Zeitung, angeboten. Ich hatte vergessen – oder vergessen wollen, denn vielleicht hätte sie abgelehnt –, die Nonne um ihr Einverständnis zu bitten. Sie hatte nach der zweiten Veröffentlichung Ärger bekommen mit der Kirchenhierarchie. Einem Bischof hatte es nämlich gar nicht gefallen, daß sich die Nonne so offen »in so einem Blatt« geäußert hat.

Die Zeitung zählt, nicht so sehr der Name der Autorin. Bei Lesern ebenso wie bei Menschen, die in einer Zeitung zitiert und beschrieben werden. Wer für eine Agentur arbeitet, erklärt deshalb Leuten, die bisher kaum Umgang hatten mit Journalisten, wie die Agentur arbeitet und wer die Agenturberichte nachdrucken darf. Wer für eine Zeitung arbeitet, die medienunerfahrene Menschen nicht kennen, erläutert zumindest in groben Zügen, welchen Charakter die Zeitung hat. Noch fairer ist es, wenn Sie ein Probeexemplar mitbringen.

Wer vermutlich nur drei von zwanzig befragten Menschen zitieren wird, erläutert das den Gesprächspartnern fairerweise auch zu Beginn des Gesprächs. Viele Leute blättern sonst tagelang in der Zeitung, um den Bericht zu finden, in dem ihr Name erwähnt wird.

Erfahrene Recherchepartner, Menschen, die immer wieder von Journalisten befragt werden, die in ihrer beruflichen Funktion auch für ihr Amt oder ihre Dienststelle sprechen können, müssen Sie während eines Recherchegesprächs nicht immer wieder darauf hinweisen, daß das, was sie sagen, auch gedruckt werden kann.

Sie müssen das auch dann nicht tun, wenn Sie eher am Rande einer Veranstaltung mit einer medienerfahrenen Person reden. »Ich habe ja nicht gewußt, daß Sie ein Interview mit mir führen«, so hat sich ein Jurist einmal beschwert, weil ich das, was er mir am Rande einer Tagung gesagt hatte, auch in meinem Bericht verarbeitet hatte. Ich war erkennbar als Journalistin Gast der Tagung gewesen, war stundenlang auf der eigens eingerichteten Pressebank gesessen. Hier müssen Sie kein Pardon kennen, jedenfalls dann nicht, wenn Sie keine Vertraulichkeit vereinbart haben.

Mit Menschen ohne Medienerfahrung müssen Sie ganz anders umgehen. Die müssen Sie, wenn Sie fair recherchieren, eher wiederholt im Laufe eines Gespräches darauf aufmerksam machen, daß ein Bericht in der Zeitung für sie auch negative Folgen haben kann. Diesen Menschen sollten Sie vielleicht sogar von sich aus anbieten, das Gespräch vertraulich zu behandeln – auf jeden Fall dann, wenn Sie merken, da redet sich einer um Kopf und Kragen.

Auch am Telefon müssen Sie medienerfahrenen Menschen nicht ausdrücklich erklären, daß Sie aufschreiben, was zu hören ist. »Ich habe ja nicht gewußt, daß Sie das alles mitschreiben«, so hat sich ein Beamter beschwert über einen Bericht, den ich im Anschluß an eine telefonische Recherche geschrieben hatte. Doch ich hatte mir nichts vorzuwerfen, ich hatte ihm meinen Namen genannt und ihm gesagt, für wen ich schreibe, auch das Thema hatte ich klar umrissen. Der Mensch hätte wissen müssen, daß ich nicht einfach nur so mit ihm plaudere. Die korrekte Wiedergabe seiner Zitate hat er nicht angezweifelt, er hatte nur eben ganz offensichtlich während des Telefongesprächs vergessen, daß er da mit einer Journalistin nicht nur plaudert, sondern verwertbare Zitate liefert.

Vertraulichkeit vereinbart, das bindet – menschlich gesehen zumindest. Haben Sie Ihrem Gegenüber Vertraulichkeit zugesichert, so sollten Sie sich auch im eigenen Interesse daran halten. Zumindest dieser eine Recherchepartner wird Ihnen nie mehr etwas anvertrauen, wenn er sein Vertrauen einmal zu Unrecht in Sie gesetzt hat. Sie können allerdings über den Grad und das Ausmaß der Vertraulichkeit mit ihrem Recherchepartner verhandeln. Das ist gute journalistische Tradition. Oft lassen sich Informanten davon überzeugen, daß sie zumindest zu einem Teil der Informationen mit ihrem Namen stehen können. Oder sie sind damit einverstanden, daß Sie die gesamten Informationen nutzen dürfen, dafür nur Ersatzinformanten suchen müssen.

Ein Verhandlungsbeispiel: In der Recherche zum Thema Bestattungen in der Kleinstadt, in der ich aus vertraulichen Quellen erfahren hatte, daß Schwestern in einem Altenheim Geld genommen haben sollen für die Vermittlung von Bestattungsaufträgen, hatte ich das Gespräch gesucht mit dem Verwaltungsleiter des Altenheims. Ich war daran interessiert, eine offizielle Quelle zu zitieren, die zumindest einen Teil meiner Recherchen bestätigt.
Der Verwaltungsleiter hatte zunächst nicht glauben wollen (nicht glauben dürfen?), was ich ihm – auch meinerseits vertraulich, ohne einen Namen zu nennen – berichtete. Eigene Recherchen haben den Mitarbeiter dann verunsichert. Kontrollen der Telefonlisten der vergangenen Monate haben ihm gezeigt: von drei Stationszimmern aus war unmittelbar nach einem Todesfall die (bereits eingespeicherte!) Zielnummer des marktführenden Bestatters eingegeben worden, noch bevor Angehörige telefonisch verständigt worden waren. Es lag auf der Hand, daß dadurch der Bestatter auch bereits vor den Angehörigen im Al-

tenheim war und dort, wie meine Recherchen ergeben hatten, in gespielter Zufälligkeit – »ich bin gerade im Haus, kann ich Ihnen helfen?« – den Angehörigen seine Dienste anbot.

»Das müssen Sie vertraulich behandeln«, hat nun der Verwaltungsleiter zunächst verlangt. Mein Argument, das er nicht von der Hand weisen konnte: Ich würde ohnedies in nächster Zeit das schreiben, was ich zuvor schon selbst recherchiert hatte. Ich würde auch schreiben, daß er versprochen hatte, den Vorwürfen nachzugehen. Und nun könne ich doch nicht lügen und schreiben, seine Nachforschungen hätten nichts ergeben. Sollte ich schreiben, daß er nun nichts sagt über das Ergebnis seiner Recherchen? Dann könnten sich die Leser ohnedies denken, daß an den Vorwürfen etwas wahr sein müsse.

Eine zähe Stunde lang haben wir verhandelt, er ist ein Stück auf mich zugegangen, ich ein Stück auf ihn – der Kompromiß am Ende: Ich durfte den Namen des Verwaltungsleiters nennen, dazu schreiben, daß er zunächst nicht glauben konnte, daß Mitarbeiterinnen eines Altenheimes so etwas tun. Seine Nachforschungen jedoch hätten ergeben, daß von einigen (die Zahl mußte unbestimmt bleiben) Stationszimmern aus in zeitlichem Zusammenhang mit einem Todesfall bei dem betreffenden Bestatter angerufen worden sei.

Lange hatte ich um die Formulierung in unmittelbarem zeitlichen Zusammenhang mit einem Todesfall oder die Formulierung unmittelbar nach einem Todesfall zu kämpfen versucht – doch vergeblich, ich habe mich, um wenigstens etwas zitieren zu können, auf die etwas verwaschene Formulierung im zeitlichen Zusammenhang eingelassen. Mir kam es auch darauf an, die unter schweren Bedingungen entwickelte Vertrauensbasis zu dem Verwaltungsleiter nicht zu zerstören. Freilich hätte ich alles aufschreiben können, was ich von dem Mann erfahren hatte. Doch damit hätte ich nicht nur das Vertrauen dieses Mannes verletzt, es hätte sich vermutlich auch rasch herumgesprochen, wie ich in diesem einen Fall das Vertrauen eines Mannes zu brechen bereit bin. Und dieser schlechte Ruf hätte manche sonst offene Tür für mich verschlossen.

Kollegen von Boulevardzeitungen haben es oft schwerer, Menschen zum Reden zu bringen, die Angst haben vor der

Presse. Der Ruf, diese Kollegen hätten keinen Respekt vor der Privatsphäre anderer Menschen, eilt ihnen – manchmal zu Unrecht – voraus. Viel leichter ist es dagegen, über eine als seriös eingeschätzte Abonnements-Zeitung das Vertrauen fremder Menschen zu gewinnen.

Juristisch ist ein Vertrauensbruch kaum angreifbar – wie sollte mir jemand nachweisen können, daß im Vier-Augen-Gespräch Vertraulichkeit vereinbart worden war? Für Journalisten, die fair recherchieren wollen, ist ein bewußt kalkulierter Vertrauensbruch allerdings höchstens dann akzeptabel, wenn es darum geht, einen größeren Skandal aufzudecken, den sie mit ausschließlich fairen Gesprächsmethoden nicht aufdecken können.

Sie müssen sorgfältig recherchieren, das bedeutet, sich nicht nur auf einen Informanten zu verlassen, sondern auf mindestens zwei oder drei. Je schwerer die Vorwürfe gegen eine Firma, eine Behörde oder eine Privatperson sind, desto mehr Informanten sollten Sie befragen. Informanten möglichst, die unabhängig voneinander Aussagen machen können. Sie müssen alle erreichbaren Quellen ausschöpfen, um den Wahrheitsgehalt von Behauptungen zu überprüfen. Sie sollten auch bei Vorwürfen von Informanten, die Sie nicht namentlich nennen dürfen, immer nach Personen suchen, die zumindest einen Teil der Vorwürfe bestätigen. Mitarbeiterinnen des Altenheims, die mir von Telefongesprächen ihrer Kolleginnen mit dem Bestattungsunternehmen berichtet hatten, hätte ich niemals nennen dürfen im Bericht. Deren Informationen mußte ich vertraulich behandeln – sie würden schließlich ihren Job riskieren. Doch der Verwaltungsleiter durfte mir Auskunft geben.

Was Sie nie tun dürfen: Vorwürfe anonym benennen, die Sie nicht sorgfältig geprüft haben, und den Angeschuldigten dann dazu nur dementieren lassen. Schließlich muß man davon ausgehen, daß immer etwas hängen bleibt von den veröffentlichten Anschuldigungen, auch wenn Betroffene heftig dementieren. »Es widerspricht journalistischem Anstand, unbegründete Beschuldigungen, insbesondere ehrverletzender Natur, zu veröffentlichen«, heißt es dazu im Pressekodex des Deutschen Presserats.

Auch wenn Sie Namen nennen, wenn Sie die Anschuldigungen nicht anonym zitieren, müssen Sie damit rechnen, daß Sie oder Ihre Redaktion haftbar gemacht werden, wenn Ihnen ein Gericht unterstellen kann, Sie hätten nicht sorgfältig genug recherchiert. »Bereits das Verbreiten dessen, was ein Dritter geäußert hat, ist rechtlich als eigene Äußerung des Erklärenden zu werten, wenn es an einer eigenen und ernsthaften Distanzierung des Erklärenden fehlt«, so hat der Bundesgerichtshof 1997 im Revisionsfall eines Arztes geurteilt, den ein Fernsehsender als skandalösen Operateur vorgestellt hatte.

Dem Arzt hatte das Magazin *Stern-TV* von *RTL* Operationsfehler unterstellt und sich dabei nur auf Aussagen von Ober- und Assistenzärzten verlassen. Da ein »Mindestbestand an Beweisen« nicht gesammelt worden sei, hätte der Beitrag nicht gesendet werden dürfen, urteilte der Bundesgerichtshof. Der ärztliche Klinikdirektor, der die Vorwürfe gegen den Arzt nicht für begründet hielt, ist im Fernsehbeitrag nicht zu Wort gekommen.

Ein rufschädigender Beitrag könne zwar auch dann gedruckt oder gesendet werden, wenn er sich später als falsch erweist, urteilte das Gericht. Doch die Journalisten müßten »nach Kräften auszuschalten suchen«, daß sie etwas Falsches verbreiten. Der Klinikdirektor hätte deswegen in der Sendung zu Wort kommen müssen und es hätte auch erwähnt werden müssen, daß der Arzt selbst ein Verfahren gegen sich bei der Ärztekammer angestrengt hatte, damit die Vorwürfe gegen ihn dort geprüft würden.

An den Presserat in Bonn können sich auch Menschen wenden, die nicht unmittelbar betroffen sind von einer Publikation. Jedenfalls aber die, die sich schlecht behandelt fühlen. »Jedermann ist berechtigt, sich beim Deutschen Presserat über Veröffentlichungen oder Vorgänge in der deutschen Presse zu beschweren«, heißt es im Paragraph 1 der Beschwerdeordnung des Deutschen Presserats. In 16 Grundsätzen, die der »Wahrung der Berufsethik« dienen, aber »keine rechtlichen Haftungsgründe« darstellen, hat der Presserat im Pressekodex festgelegt, wie verantwortungsbewußte Journalisten zu arbeiten haben. Neben dem »obersten Gebot der Presse, der Achtung vor der Wahrheit«, ist in den Grundsätzen vor allem festgelegt, wie »unangemessene sensationelle Darstellungen« vermieden

werden sollen, und wie die Presse »das Privatleben und die Intimsphäre des Menschen« achten soll.
Wer sich an den Presserat wenden will, kann das schriftlich oder telefonisch tun: Deutscher Presserat, Gerhard-von-Are-Straße 8, 53111 Bonn, Telefon 0228/985720, Telefax 0228/9857299.

Die reine Hintergrundinformation, die Journalisten vertraulich von Informanten bekommen, darf nicht in einem journalistischen Beitrag veröffentlicht werden. So fordert es jedenfalls der Deutsche Presserat im Paragraph 5 der Publizistischen Grundsätze. Anders allerdings sieht es aus, wenn Journalisten dieselbe Information oder einen Teil davon zu einem späteren Zeitpunkt aus anderer Quelle bekommen. Mit neuer Quelle können die alten, zunächst vertraulichen Informationen zitiert werden. Vertrauliche Hintergrundinformationen helfen, das eigene, meist zunächst verworrene Bild vom Recherchethema zu ordnen, sie helfen meist auch, Umwege bei der Recherche zu meiden, sie sparen also Zeit. Im Fall der Wundermittel-Recherche hätte die frühzeitige vertrauliche Information über die tatsächlich hinter dem Arzt stehende Gruppierung verhindert, daß ich länger in Richtung Scientology recherchiert hätte.

Unverlangt überlassenes Material für eine Recherche kann niemand nachträglich nur deshalb in Rechnung stellen, weil ihm nicht gefällt, was Sie aus dem Material gemacht haben. Einen selbst gedrehten Videofilm hatte mir ein Informant geschickt. Im Verlauf der Recherche forderte dieser Mann immer dringender von mir, ich solle einen Menschen, den er als Bösewicht ausgemacht hatte, auch als Bösewicht outen. Mein Bericht entsprach schließlich nicht seinen Erwartungen, darum wollte er nachträglich das Material in Rechnung stellen.
Unverlangt übersandtes Material sollten Sie zurücksenden – zumindest dann, wenn Rückporto beigelegt ist –, aber zahlen müssen Sie nicht dafür. Freilich dürfen Sie unverlangt übersandte Beiträge nicht einfach nachdrucken, ohne ein Honorar dafür zu zahlen.

Aussage steht gegen Aussage, wenn nach einem Recherchegespräch und einer entsprechenden Veröffentlichung der Recherchepartner die verwendeten Zitate anzweifelt. Manche

Journalisten lassen am Telefon heimlich ein Band mitlaufen, um ganz sicher zu gehen, daß sie kein Wort falsch verstehen. Das verbietet allerdings das Strafrecht, zudem würde das Band im Konfliktfall auch nichts helfen – Bandaufnahmen gelten vor deutschen Gerichten nicht als Beweis. Mitschneiden darf ich ein direkt oder am Telefon geführtes Gespräch nur, wenn ich zuvor bei meinem Recherchepartner die Erlaubnis dafür eingeholt habe.

Der erlaubte Mitschnitt eines Gesprächs bringt oft nicht viel. Erstens wird mein Gegenüber vielleicht während des ganzen Gesprächs daran denken, daß das Band mitläuft, darum viel kontrollierter und vorsichtiger reden. Zweitens habe ich nach dem Gespräch die Mühe damit, das Band abzuhören und das herauszusuchen, was ich für meinen Beitrag brauche. Mehrarbeit also bei möglicherweise geringerem Ertrag. Das lohnt sich nicht für Journalisten, die für Zeitungen schreiben, also nur Zitate, aber keine klingenden O-Töne brauchen.

Öffentliche Sitzungen von Gemeinderat, Stadtrat und Kreistag dürfen Sie mitschneiden. Nur der Vorsitzende kann dieses Recht der Journalisten etwa mit dem Hinweis, der Mitschnitt behindere die unbefangene Diskussion, beschränken. Hat der Vorsitzende nicht dagegen protestiert, daß Sie den Sitzungsverlauf auf Band aufnehmen, dürfen Sie Ihre Bandaufzeichnungen auch verwenden. Wenn Sie zum erstenmal über eine öffentliche Sitzung berichten müssen, kann Ihnen so ein Mitschnitt sehr helfen. Zu leicht passiert es auch erfahrenen Journalisten, daß sie am Ende einer mehrstündigen Sitzung nicht mehr konzentriert zuhören, nicht mehr korrekt notieren. Es schleichen sich falsche Zitate in einen Bericht, die man korrigieren könnte, wenn man mitgeschnitten hätte.

Richtigstellung unrichtiger Aussagen – darum müssen sich Redaktionen von sich aus kümmern, sobald sie davon erfahren, daß Behauptungen in einem bereits gedruckten oder gesendeten Beitrag falsch gewesen sind. »Richtigstellen ist Sache der Redaktion«, so heißt es in den Richtlinien zum 3. Grundsatz des Pressekodex. Die Redaktion »kann sich der Pflicht zur Richtigstellung nicht durch Anregung und Veröffentlichung eines

Leserbriefes entziehen«, urteilt der Presserat. Für die Leser müsse in der Richtigstellung erkennbar sein, »daß die vorangegangene Meldung ganz oder zum Teil unrichtig war«. In der Richtigstellung nimmt die Redaktion darum Bezug auf die vorangegangene Falschmeldung. »Der wahre Sachverhalt wird geschildert, auch dann, wenn der Irrtum bereits in anderer Weise in der Öffentlichkeit eingestanden worden ist«, so heißt es dazu in den Erläuterungen des Presserates.

Das Recht auf Gegendarstellung steht jedem Betroffenen frei – unabhängig vom Wahrheitsgehalt. Viel häufiger als Richtigstellungen sind darum nach manchen kritischen Berichten Gegendarstellungen in Zeitungen zu finden. Es muß ja nicht einmal wahr sein, was in der Gegendarstellung behauptet wird. Voraussetzung für den Abdruck einer Gegendarstellung ist, daß der Verfasser unmittelbar von dem beanstandeten Bericht betroffen ist, daß er sich auf tatsächliche Angaben bezieht, nicht auf Wertungen, und daß die äußere Form der Gegendarstellung den Anforderungen an eine Gegendarstellung entspricht. So muß die Gegendarstellung jeweils eine einzelne Darstellung aus dem Beitrag benennen und unmittelbar darauf die (aus der Sicht des Betroffenen) richtige Darstellung anbieten. Die Gegendarstellung muß zusätzlich persönlich unterschrieben sein, es genügt nicht, wenn der Jurist einer Firma oder Behörde die Gegendarstellung im Namen eines Betroffenen schreibt.
`Unwahr ist, ...`, so beginnt eine korrekte Gegendarstellung, und dann folgt die Wiederholung des betreffenden Abschnitts aus dem beanstandeten Bericht. `Richtig dagegen ist, ...`, so geht es weiter in der Gegendarstellung, und es folgt die eigene Darstellung des Sachverhalts. Dann kann es weitergehen mit dem nächsten `Unwahr ist, ...`, und dem pasenden `Richtig dagegen ist, ...` Am Ende dann die Unterschrift nicht vergessen.

Der wahre Sachverhalt wird von Lesern oft hinter einer Gegendarstellung vermutet. Dazu verleitet schon die formale Form, die etwas sehr Korrektes an sich hat, das für viele Menschen Glaubwürdigkeit signalisiert. Die Wörter `richtig` und `unwahr` tun zudem ihre Wirkung. Wer sich viel Mühe gegeben hat bei seiner Recherche, kann sich schon mal ärgern über dieses Recht auf

Gegendarstellung. Da tröstet dann auch der kleine Zusatz wenig, den Redaktionen oft unter eine Gegendarstellung setzen: Nach dem entsprechenden Paragraphen des jeweiligen Pressegesetzes (im Recht auf eine Gegendarstellung unterscheiden sich die Pressegesetze der Länder nur unwesentlich – nur das Saarland verbietet den redaktionellen Kommentar) sind wir zum Abdruck der Gegendarstellung ohne Rücksicht auf deren Wahrheitsgehalt verpflichtet. Die Redaktion bleibt bei ihrer Darstellung.

Leserbriefe sind oft wirksamer, sie haben für Betroffene ohne einschlägige Kenntnisse auch den Vorteil, daß sie sich beim Schreiben des Briefes an keine festgelegte Form halten müssen. Wer einen Leserbrief an die Redaktion schreibt und dabei versucht, möglichst sachlich auf falsche Behauptungen in einem Beitrag einzugehen, hat gute Chancen, daß der Brief auch gedruckt und gelesen wird, ohne daß zuvor die Rechtsabteilung der Zeitung prüft, ob die Kritik auch formvollendet formuliert worden ist.

Die Unterlassung, die Forderung eines Betroffenen, eine Tatsachenbehauptung künftig zu unterlassen, ist die nächst schärfere Form, mit der sich Menschen, die sich zu Unrecht angegriffen fühlen durch eine Veröffentlichung, wehren können. Ob die Redaktion auf diese Forderung eingeht, hängt entscheidend von der Verläßlichkeit des Rechercheurs ab. Und manchmal auch stark vom Streitwert einer möglichen Unterlassungsklage. Wer sich in persönlicher und geschäftlicher Hinsicht geschädigt fühlt durch nicht sorgfältig recherchierte Vorwürfe, kann auch verlangen, daß diese Vorwürfe widerrufen werden. Dieses Recht wird er in der Regal aber erst vor Gericht erstreiten müssen. Dort kann er auch vorrechnen, welchen Schaden er erlitten hat durch die ehrverletzende und geschäftsschädigende Darstellung in der Zeitung, und versuchen, Schadenersatz zu bekommen.

Weitere rechtliche Schritte behalten sich Rechtsabteilungen von Behörden oder Firmen gern vor. Erschrecken Sie nicht zu sehr, wenn in Ihrer Redaktion ein Brief mit dieser oder einer ähnlichen Formulierung eintrifft. In aller Regel bleibt es bei der Drohgebärde – außer Sie haben nicht sorgfältig genug recherchiert.

In vielen Rechtsabteilungen baut man darauf, daß die veröffentlichte Gegendarstellung ausreicht und ihre Wirkung nicht verfehlt.

Ein Prozeß gegen Journalisten, die sorgfältig recherchiert haben, ist nicht so leicht zu gewinnen. Am Ende eines solchen Prozesses steht meist Aussage gegen Aussage. Der Richter wird einen Vergleich empfehlen, der ja auch die Firma oder Behörde einiges kostet. Mutwillig das Geld für so einen zu erwartenden Vergleich verschleudern, das wird kaum eine Rechtsabteilung planen. Legen Sie also den Brief mit der Androhung weiterer rechtlicher Schritte zu ihren Akten, wenn Sie sicher sind, daß Sie sorgfältig recherchiert haben.

Mit einer Klage rechnen sollten Sie immer dann, wenn Sie Geschäftsinteressen anderer empfindlich treffen. Der Geschäftsmann, dem vorgeworfen wird, über Bestechungen an Aufträge zu kommen, wird vielleicht nicht gegen Sie klagen wollen. Zumindest dann nicht, wenn er tatsächlich Bestechungsgelder zahlt. Doch vermutlich wird er von seinem Berufsverband zu so einer Klage gedrängt. Kalkulieren Sie also bei Recherchen, die wirtschaftliche Interessen betreffen, sehr gut, wer aus dem Kreis Ihrer Informanten vor Gericht zu seiner Aussage stehen wird und wer nicht.

Ein Zeitungsbericht kann eingreifen in das Leben von Menschen, so sehr manchmal, daß Betroffene nie mehr im Leben etwas mit Journalisten zu tun haben wollen. Mit dieser Verantwortung gehen Journalisten oft zu leichtfertig um. Manches ist vom Gesetz her nicht verboten und dennoch unfair gegenüber Betroffenen. So hat die Nonne, deren Porträt ich ohne ihr Wissen einer zweiten Zeitung verkauft hatte, »nur« einen Rüffel bekommen aus der Kirchenhierarchie, weil ich zu achtlos mit ihren Interessen umgegangen bin. Die Mitarbeiterin eines Jugendamtes hat noch schlimmer dafür gebüßt, daß sie mit einer Sachaussage zitiert worden ist in einem Bericht, der Emotionen geweckt hatte. Tage- und nächtelang ist die Jugendamtsmitarbeiterin über ihren privaten Telefonanschluß beschimpft und belästigt worden, weil aufgebrachte Bürgerinnen und Bürger nicht einverstanden waren mit einer Entscheidung, die im Amt getroffen worden war. Dabei hatte sich diese Mitarbeiterin nur vor eine andere gestellt, sie hatte deren Entscheidung verteidigt, ein Kleinkind, das zur Adoption freigegeben war, von der bisherigen Pflegemutter und leiblichen Großmutter weg mit Hilfe der Polizei zu unbekannten Adoptiveltern bringen zu lassen.

Den Namen der Mitarbeiterin würde ich heute nicht mehr nennen, doch auf den Bericht zum Thema würde ich nicht verzichten. Je mehr ein Berichtsthema an Gefühle rührt, desto mehr müssen Journalisten Menschen schützen, die in die Schußlinie des Volkszorns geraten können. Um den Konflikt zwischen Jugendamt und Pflegemutter zu schildern, hätte es genügt, `eine Sprecherin des Amtes` zu zitieren. Denn von unbekannten Anrufern am Telefon beschimpft zu werden, das hat niemand verdient.

Namen nicht unnötig preisgeben, auf keinen Fall Namen von Menschen, gegen die ermittelt wird. Das Im-Zweifel-für-den-Angeklagten, das vor Gericht gilt, sollte auch für Journalisten Gültigkeit haben. `Eleonore Poensgen von Ponto-Witwe überführt` – mit dieser Schlagzeile hatte die unschuldig Inhaftierte noch Jahre zu kämpfen. Wo sie auch hinkam –, ihr Ruf als Terroristin war ihr schon vorausgeeilt.

Bevor die Staatsanwaltschaft ermittelte im Fall des Urologen, der mit vermeintlichen Wundermitteln handelte, wollte ich den Mann mit vollem Namen nennen im Bericht. Ich hatte mit ihm gesprochen, hatte wörtliche Zitate von ihm. Doch weil noch vor der Veröffentlichung des Berichts die Staatsanwaltschaft gegen den Arzt ermittelte, machte ich den Mann in der zweiten, schließlich gedruckten Fassung zu einem `Urologen aus dem Nürnberger Raum`. Die Geschäftsfrau im Hintergrund, die nach meinen Recherchen zusammen mit einem Helfer den Heilmittelhandel initiiert hatte, nannte ich in diesem Bericht allerdings mit vollem Namen. Gegen sie wurde damals noch nicht ermittelt, es schien auch nicht einmal so, als ob sie in den Kreis der Verdächtigen geraten würde – ich mußte sie also nicht besonders schützen. Bei dem Urologen übte ich dagegen eine besondere Zurückhaltung. Ich verzichtete auch auf die übliche Art, den Namen eines Menschen in der Zeitung anzudeuten, ohne dessen Identität preiszugeben, also den Vornamen zu nennen und den Nachnamen nur mit dem Anfangsbuchstaben zu erwähnen. Aus gutem Grund. Der Vorname ist zu markant und über den ersten Buchstaben des Nachnamens hätte jeder im Telefonbuch von Nürnberg und Umgebung den Urologen identifizieren können.

Mit meinem Versuch der Rücksichtnahme gegenüber dem damals noch als unbescholten geltenden Mann, der erst zwei Jahre später wegen Betrugs zu viereinhalb Jahren Haft verurteilt worden ist, habe ich allerdings nicht verhindern können, daß andere Journalisten weniger Skrupel hatten. Die Kollegen einer Boulevardzeitung, die den *epd*-Bericht übernahmen, nannten den Vornamen des Arztes und die Kleinstadt, in der er praktizierte. Deutlicher hätte niemand den einzigen Urologen am Ort bekannt machen können.

Kanzler Helmut K. ist erkennbar, der Anwalt Heinrich B. vielleicht auch. Den Urologen jedenfalls haben durch den veränderten Agentur-Bericht alle erkannt in der kleinen Stadt. Da hätte die Zeitung auch so offen sein können und den vollen Namen ausschreiben. In den Richtlinien des Deutschen Presserates (Ziffer 8,1) heißt es dazu: »Die Nennung der Namen und die Abbildung von Tätern oder Opfern in der Berichterstattung über Unglücksfälle, Straftaten, Ermittlungsverfahren sind generell nicht gerechtfertigt.«

Grenzfall: Die Täter präsentieren sich selbst. Strahlend und dem Anschein nach ihrer Sache ganz sicher haben sich zu Prozeßbeginn der Urologe und die Geschäftsleute, die über ihn Patienten abkassiert haben, den Fotografen und Kameraleuten präsentiert. Scheinheilig ist es dann aber, neben solchen Fotos im Berichtstext und in der Bildunterschrift den Nachnamen der Angeklagten abzukürzen.

Vorsicht bei erfundenen Namen. In einem Bericht über »Gewalt im Kindergarten« hatte ein Kollege bewußt darauf verzichtet, die Kinder nach Namen zu fragen, er hat im Text später alle Namen der Kinder erfunden und das auch eigens erwähnt. Hätte er nun ahnen können, daß der besonders brutal agierende

Klaus im wirklichen Leben auch Klaus heißt? Die Eltern des Jungen haben sich zurecht beschwert darüber, daß ausgerechnet die Identität ihres Kindes preisgegeben worden sei.

Sippenhaft ist nicht erlaubt, aber weit verbreitet. Sie sollten daran denken bei Ihrem nächsten kritischen Bericht über Menschen, deren Politik oder Handlungen Sie nicht akzeptieren können. Sie decken den vermuteten Skandal des Ausländeramtes auf, und morgen wird der Sohn des Chefs des Ausländeramtes von Klassenkameraden gehänselt. Konzentrieren Sie sich darum darauf, so sachlich wie möglich über Konfliktthemen zu berichten. Wenn Sie jedoch ein Mensch sind, der sich leicht von Skrupeln beeindrucken läßt, denken Sie daran, daß übermorgen ein anderer gehänselt wird auf dem Schulhof. Sie werden Sippenhaft nicht verhindern können. Nichts tun und nichts schreiben, davon wird die Welt auch nicht besser.

Sich in die Lage dessen versetzen, über den man schreibt. Das allein kann dabei helfen, den richtigen, den sachlich angemessenen Ton zu finden. Muß ich einen Menschen, der im Auftrag einer Sekte von Abhängigen Geld kassiert, auch noch persönlich bloßstellen, indem ich ihn zitiere mit Sätzen wie »Ich lasse mich von niemandem aufhalten, ich werkle munter weiter, ich mache die Menschheit glücklich« und »Alle suchen nach dem Stein des Weisen, ich habe ihn gefunden«? Ich habe auf die Zitate verzichtet, stattdessen der sachlichen Schilderung der wirtschaftlichen Zusammenhänge mehr Platz eingeräumt.
Freilich, die Zitate hätten die Abhängigkeit von der Sekte erkennbar machen können. Doch der Mann, um den es da ging, war verheiratet und hatte ein Kind.

Mit Blick auf die Frau und das Kind habe ich auf die Zitate verzichtet. Die Frau des Sekten-Abhängigen hatte eine eigene Praxis in der Stadt. Sie hatte allein durch das Gerede in ihrer Umgebung genug zu leiden gehabt. Zeitweilig, so haben Freunde der Frau berichtet, seien auch in ihrer Praxis weniger Patienten gewesen, vermutlich, weil viele glaubten, die Frau sei automatisch Komplizin des Ehemanns. Das Kind der beiden hatte besonders zu leiden. Es liebte den Vater und wurde immer wieder damit konfrontiert, daß andere den Vater für verrückt und verbrecherisch hielten.

Wenn Sie wörtlich zitieren, dann immer nur korrekt, das sind Sie dem Recherchepartner schuldig. Am besten markieren Sie beim Mitschreiben schon alle korrekt wörtlich mitgeschriebenen Satzteile mit Gänsefüßchen, dann laufen Sie später nicht Gefahr, ungefähr richtige Zitate mit wörtlich mitgeschriebenen Zitaten zu mixen.

»Ich will den Bericht erst lesen, bevor er veröffentlicht wird«, das fordern manche Recherchepartner. Darauf sollten Sie nicht eingehen. Weil Ihr Partner allerdings auf dem Recht am eigenen Wort bestehen kann, laufen Sie bei cleveren Partnern Gefahr, am Ende eines Gesprächs gar nichts zitieren zu dürfen. Hier empfiehlt es sich, einen Kompromiß auszuhandeln. Entweder anbieten, am Ende des Gesprächs Aussagen, die Sie bringen wollen, vorzulesen. Oder, wenn er damit nicht zufrieden ist, ihm diese Sätze zufaxen – aber nur diese! Nennen Sie dann gleich einen bestimmten Zeitraum (ein paar Stunden genügen in der Regel), in dem sich der andere melden möge, wenn er glaubt, falsch zitiert worden zu sein. Diese Vereinbarung benennen Sie sicherheitshalber auch auf dem Fax.
Protestiert er gegen ein Zitat, macht er vielleicht geltend, das habe er Ihnen nur vertraulich mitgeteilt, sollten Sie die Relevanz dieses Zitats in Ihrer Recherche, Ihren Kontostand und die Bereitschaft Ihrer Redaktion überprüfen, den möglicherweise nächsten Konflikt gemeinsam mit Ihnen durchzustehen.

Im Konfliktfall ist es in jedem Fall günstig für Sie, wenn ein Zeuge Ihr Telefongespräch mitangehört hat. Sie brauchen sich dann nicht allzu sehr davor fürchten, daß Sie – im Falle eines Falles – alleine dastehen vor Gericht. Der Zeuge, der Ihr Telefongespräch mitangehört hat, wird im Streitfall vor Gericht ja bestätigen können, was er mitbekommen hat vom Rechercheinterview.
Wenn Sie einem Recherchepartner direkt gegenüber sitzen, der später vielleicht anzweifeln könnte, Ihnen das, was Sie mitgeschrieben haben, je gesagt zu haben, hilft Ihnen bei schwierigen Recherchen auch einmal der Fotograf oder die Fotografin, die

zusammen mit Ihnen den Termin wahrgenommen hat. Beim Vier-Augen-Gespräch sollten Sie sich darum bemühen, so korrekt wie möglich mitzuschreiben. Mit Ihrer Mitschrift, in der wörtliche Zitate immer deutlich in Gänsefüßchen angeführt sein sollten, können Sie im Konfliktfall auch ein Gericht von Ihrer sorgfältigen Recherche überzeugen.

Auch gutwilligen Recherchepartnern nie den ganzen Bericht vorab zu lesen geben. Das verdirbt die guten Sitten. Immer mehr Gesprächspartner kämen schließlich auf die Idee, Berichte vorab lesen zu wollen, die Unabhängigkeit der Berichterstattung könnte darüber in Gefahr geraten. Ganz selten nämlich stimmt die eigene Sicht der Dinge mit der Sicht von außen, etwa durch Journalisten, überein. Ein Gesprächspartner möchte viel lieber mit einem anderen Zitat zitiert werden, als Sie es für sinnvoll halten. Doch genau das könnte Ihrem Rechercheziel widersprechen.

Ausnahme: das gedruckte Interview. Hier ist es guter Brauch, daß die Interviewpartner den gesamten Text zuvor zu lesen bekommen. »Ein Interview ist journalistisch korrekt, wenn der Betroffene die endgültige Fassung autorisiert hat«, so heißt es in den Richtlinien des Deutschen Presserates. Doch auch hier gibt es die Ausnahme von der Ausnahme.

Kurzinterviews etwa, die am Telefon geführt werden, legt kaum noch jemand dem Interviewpartner vor der Drucklegung vor. Wer nur drei Fragen stellt und drei Antworten bekommt, an den Fragen und Antworten nichts Wesentliches ändert, muß das Interview nicht zur Autorisierung vorlegen – es sei denn, der Interviewpartner besteht darauf.
Viele Lokalausgaben von Tageszeitungen leben von dieser Form des Kurzinterviews. Die Redakteure dort könnten es sich schon aus zeitlichen Gründen nicht erlauben, das Recht am eigenen Wort ihrer Interviewpartner allzu extensiv auszulegen. Vorsicht allerdings vor jeder sinnentstellenden Kürzung oder Änderung der Fragen und Antworten auch im Kurzinterview. Sie müssen darauf achten, »daß der Interviewte als Miturheber gegen Entstellungen oder Beeinträchtigungen, die seine berechtigten geistigen oder persönlichen Interessen gefährden, ge-

schützt ist«, »heißt es dazu in den Richtlinien des Presserates (Ziffer 2,4).

Das Recht am eigenen Wort kann der Recherchepartner auch nach einem direkt oder am Telefon geführten Gespräch geltend machen. Ihr Recherchepartner kann am Ende eines Gesprächs oder auch noch wenige Stunden später darum bitten, daß seine Informationen vertraulich behandelt werden. Er kann auch erklären, er habe sich von Ihnen unter Druck gesetzt gefühlt und unter diesem Druck unrichtige Aussagen gemacht. Für Sie als fairen Rechercheur bedeutet das: Sie zitieren zumindest die Aussagen nicht, die der Recherchepartner als unrichtig, bzw. absolut vertraulich bezeichnet.

Das Recht am eigenen Bild bedeutet: Bildjournalisten und Journalisten, die, wie es im Lokalen üblich ist, zugleich fotografieren und schreiben für die Zeitung, müssen Menschen, die weder berühmt noch bekannt sind, um ihr Einverständnis bitten für ein Zeitungsfoto. Personen der Zeitgeschichte müssen nicht eigens gefragt werden, wenn sie an einem allgemein zugänglichen Ort fotografiert werden. Auch relative Personen der Zeitgeschichte müssen dort, wo sie bekannt sind und eine in der Öffentlichkeit wirksame Funktion ausüben, nicht eigens um ihr Einverständnis für ein Foto gebeten werden. Relative Personen der Zeitgeschichte sind für die Lokalzeitung etwa Bürgermeister, Stadträte, Vorsitzende größerer Vereine.

Nach dem Fototermin hat eine Stadtratskandidatin, die kurzfristig und im Zorn von der Kandidatur zurückgetreten war, ihr Einverständnis mit der Veröffentlichung eines Fotos, auf dem auch sie als Kandidatin abgebildet war, zurückgezogen. Sie war im Recht. Die Fotografin der Lokalzeitung hatte, weil sie noch mehrere Termine wahrnehmen mußte an dem Abend, das Foto von den Kandidatinnen und Kandidaten gemacht, noch bevor diese offiziell nominiert waren. Hundertmal habe sie es schon so gemacht, erzählt sie später, als sie erfährt: Diesmal ist es schief gegangen. Weil sie nicht einverstanden war mit einem aussichtslosen Listenplatz, hatte die Kandidatin im Verlauf der Nominierungsversammlung sowohl ihre Kandidatur als auch ihre Parteimitgliedschaft aufgekündigt. Nun war die Frau bisher nirgendwo öffentlich aufgetreten. Kein Journalist hätte aus ihr eine relative Person der Zeitgeschichte machen können. Sie drohte der Zeitung vage »mit rechtlichen Schritten«, wenn das Gruppenfoto, auf dem auch sie abgebildet war, gedruckt würde.

Notlösung: Weil die Kandidatin ziemlich am Rand saß bei der Aufnahme zum Gruppenfoto, wurde das Foto so beschnitten, daß sie nicht mehr im Bild war. Der Bildschnitt traf allerdings auch zwei Kandidaten der Partei, die enttäuscht darüber waren, daß sie in der Zeitung nicht zu sehen waren. Doch das Recht auf das eigene Bild geht nicht so weit, daß die beiden Kandidaten hätten verlangen können, daß sie mit auf dem Foto der Kandidaten ihrer Partei zu sehen sind.

Der Balken über den Augen hätte nicht viel gebracht. Er hätte möglicherweise sogar die Neugier der Zeitungsleser erst richtig geschürt. Nur eine Kandidatin mit dem Augenbalken, alle anderen sind direkt zu erkennen – wer hätte sich da nicht dafür interessiert, die Ex-Kandidatin zu enttarnen? Mehrfach haben Gerichte entschieden, daß der Balken nicht ausreicht, um die Privatsphäre eines Menschen zu schützen, wenn ein Mensch über die Gesichtszüge oder die Körpergestalt trotz Augenbalken erkennbar ist. Was überhaupt nicht geht: einen Menschen mit Augenbalken abbilden und ihn im Begleittext mit Namen nennen.

Den Mann in der Mitte negativ abbilden, die Männer um ihn herum positiv und erkennbar, für diese Lösung hat sich *Die Zeit* entschieden im Fall eines Pfarrers, der sich an Schülern vergriffen hatte. Der Angeklagte selbst sollte nur im Umriß erkennbar sein – für Menschen, die ihn ohnedies kennen. Doch das fromme Umfeld sollte zu sehen sein, der schwarze Talar der Herrenriege, die neben dem einst hochgeachteten Kollegen in der Kirche versammelt.

Nicht nachgeben mußte ein Kollege, dem der Hausmeister einer Schule einen Film abnehmen wollte, nur weil der Fotojournalist eine Person vor dem Schulhaus fotografiert hatte. Auch die »rechtlichen Schritte«, die der Schulleiter unternehmen wollte, falls das Foto publiziert würde, waren leere Drohgebärde.

Öffentlich zugängliche Straßen und Plätze sind auch für Foto-journalisten freies Arbeitsgebiet – nur eingeschränkt durch das Recht von Personen an ihrem Bild. Die abgebildete Person hatte aber ihr ausdrückliches Einverständnis gegeben –, ihr war der weitere Schulbesuch untersagt worden. Vor dem Schulhaus durfte der Fotograf beliebig viele Fotos machen. Anders wäre es gewesen, hätte er die ehemalige Schülerin im Schulhaus foto-grafiert. Hier greift das Hausrecht der Verantwortlichen, hier hätte der Schulleiter, bzw. der Hausmeister, das Fotografieren verbieten können, weil die Schülerin kein Recht mehr hatte, im Schulhaus zu sein.

Das Hausrecht ist eine der schärfsten Grenzen jeder Recher-che. Weil es das Hausrecht gibt, werden in den Medien sehr viel mehr Behördenskandale als etwa Firmenskandale aufgedeckt. Behörden sind auskunftspflichtig, private Firmen nicht. Zu den regulären Öffnungszeiten von Behörden haben Journalisten dort wie andere Menschen auch Zutritt, Firmengelände dürfen sie nur betreten, wenn ihnen das der Hausmeister oder ein an-derer berechtigter Firmenvertreter erlaubt. Das hält viele Jour-nalisten davon ab, im Umfeld von privatem Kapital zu recher-chieren.

Für Privatleute ist das Hausrecht Schutz vor allzu aufdringli-chen Schnüfflern unter den Journalisten. Am Hausrecht vorbei recherchieren ist nur dort fair, wo öffentliches Interesse in Kon-flikt gerät mit dem Schutz der persönlichen Interessen. Um her-auszubekommen, ob das Geld für angebliche Wundermittel, die ein Arzt für teures Geld an Patienten weitergibt, den Arzt reicher gemacht hat, muß ich in der Privatsphäre des Arztes recher-chieren. Ich betrete auch die Praxis des Arztes, höre mich im Wartezimmer um, ohne selbst Patientin zu sein. Ich muß aller-dings riskieren, daß ich hinausgeworfen werde – bis dahin halte ich Augen und Ohren offen.
Wichtig für Journalisten ist hier immer die selbstkritische Frage: Was treibt mich zu dieser Recherche, aus welchem Grund über-schreite ich Grenzen zur Privatsphäre anderer Menschen? Im achten Grundsatz des Deutschen Presserates heißt es: »Die Presse achtet das Privatleben und die Intimsphäre des Men-schen. Berührt jedoch das private Verhalten eines Menschen

öffentliche Interessen, so kann es auch in der Presse erörtert werden.«

Was jemand privat mitteilt, geht mich als Journalistin nur dann etwas an, wenn die Öffentlichkeit in größerem Ausmaß betroffen ist von dieser Mitteilung. Ich habe auszugsweise aus einem privaten Schreiben des Geschäftsmannes im Hintergrund des Wundermittelskandals berichtet, um für die Leser erkennbar zu machen, was hinter den Kulissen des blühenden Heilmittel-Handels getrieben wird. **Die drei Absätze zum Hintergrund des Wundermittel-Handels:** Von ihrer Bürogemeinschaft in Feldatal aus sollen Irmgard G. und Walter K. Kunden aus dem ganzen Bundesgebiet mit sektenähnlichen Methoden geworben haben. Der Urologe aus dem Nürnberger Raum sei eher Opfer als Täter, meinen deshalb Kenner der Geschäftsverbindungen.

Die Angst vor drohenden Umweltkatastrophen, vor verseuchtem Wasser und vergifteter Luft standen im Mittelpunkt vieler Verkaufsgespräche in Feldatal. Vorwiegend ältere Leute haben dann übersteuerte Wasserfiltergeräte (Stückpreis: 3000 Mark) bezogen, Bademittel, Körperöle und Tabletten und das angebliche Wundermittel SEN (Solitron Engramm Neutralisation), das »negative Einbildungen der Seele« (Engramme) neutralisieren soll. Über den Urologen aus dem Nürnberger Raum sind Irmgard G. und Walter K. erstmals in größerem Maßstab auch an männliche Kunden gekommen.

Der 47jährige Geschäftsmann aus Feldatal pflegt Beziehungen zu Osho-Zentren (früher Baghwan) in Deutschland und der Schweiz. Er hat in Briefen an »seine lieben Freunde« und in persönlichen Gesprächen wiederholt auf seine Erfahrungen in Poona, dem einstigen Zentrum Bagwhans, verwiesen. Die »lieben Freunde« forderte er zudem auf, Geld für eine Menschheits-Rettungsstation beizubringen. Im Gegenzug werde er, so versicherte der Geschäftsmann, über seine Feldataler Beratungsge-

sellschaft Varioplan vorerst »bis zu 600 000 Mark
als Einnahmen abwickeln«. Offensichtlich wußten
die Anhänger, was sie tun sollten; Walter K.
hatte nur in Klammern von der »neuen Einnahme-
Quellen-Erschließung« geschrieben.

Deutscher Presserat, Publizistische Grundsätze (Pressekodex), Eigenverlag, Bonn
Beifuß, Evers, Rauch u. a., Bildjournalismus, List-Verlag, München

Die eigenen Rechte

Behörden müssen Auskunft geben, wenn Journalisten in Vertre-
tung der Allgemeinheit Fragen stellen.

Auskunftspflicht der Behörden – die Pflicht der Behörden,
Auskunft zu geben auf Fragen von Journalisten, ist für Rechercheure eines der wichtigsten Rechte. Der Auskunftsanspruch
der Journalisten ist in allen Landespressegesetzen ausdrücklich
festgelegt. Der Anspruch kann nur gegenüber Behörden geltend
gemacht werden und gegenüber Vereinen, Verbänden, gegenüber einer GmbH oder Aktiengesellschaft, die öffentliche Aufgaben übertragen bekommen haben wie zum Beispiel der Tech-
nische Überwachungsverein (TÜV), ein Elektrizitätswerk oder
eine Straßenreinigungs-GmbH. Kirchen dagegen, die Steuer-
gelder für Ihre Arbeit bekommen, sind nur zur Auskunft verpflichtet, soweit es um Fragen der Verwendung von Steuergel-
dern geht.

Die Auskunftspflicht endet dort, wo die Funktionsfähigkeit der
Verwaltung beeinträchtigt ist, wichtige Rechtsgüter der Allgemeinheit verletzt werden oder schutzwürdige Interessen einzelner verletzt würden. Am häufigsten stoßen Journalisten auf
Grenzen der Auskunftsbereitschaft von Behörden, wenn dort
geltend gemacht wird, daß
– schwebende Verfahren verhindert oder gefährdet werden
 können,
– es um Themen geht, die in der Behörde zur Geheimsache erklärt worden sind,
– schutzwürdige Interessen einzelner verletzt werden können.

Auskunftspflichtig sind in der Regel der Behördenleiter, dessen Stellvertreter oder der Pressesprecher.

Nicht abwimmeln lassen, wenn Ihnen ein Pressesprecher oder Behördenleiter sagt, dazu dürfe er keine Auskunft geben. Lassen Sie sich zumindest genau erklären, warum er keine Auskunft geben darf. Bleiben Sie hartnäckig, wenn Sie sicher sind, daß Sie Ihre Fragen nicht aus privater Neugier entwickelt haben, sondern im Auftrag, die Öffentlichkeit über Angelegenheiten von allgemeinem Interesse zu informieren.

Das schwebende Verfahren wird gerne benannt, wenn Vertreter von Behörden keine Auskunft geben wollen. Lassen Sie sich genau erklären, um welches Verfahren es sich in Ihrem Recherchefall handelt, und wie lange voraussichtlich das Verfahren noch in der Schwebe sein wird.
»Dazu sagen wir Ihnen nichts«, diese Auskunft aus dem bayerischen Innenministerium habe ich so nicht akzeptiert. Ich war Einzelfällen erfolgloser Abschiebungen nachgegangen und wollte nun wissen, wieviele abgelehnte Asylbewerber bisher aus Bayern ins Flugzeug gesetzt und im ehemaligen Heimatland nicht aufgenommen worden sind. Vor Abschluß des sogenannten Rücknahmeabkommens zwischen Vietnam und Deutschland sind zumindest aus Bayern abgelehnte vietnamesische Asylbewerber versuchsweise abgeschoben, in Vietnam aber nicht aufgenommen worden. Das war mein Recherchethema, ich habe entsprechend nachgefragt. Erst der Hinweis aus dem Innenministerium, daß man mir deswegen Zahlen nicht nennen werde, weil das »schwebende Verfahren« weiterer, nach deutschem Recht legaler Abschiebungen nach Vietnam gefährdet sein könne durch die Veröffentlichung der Zahlen, hat mich von weiteren Nachfragen abgehalten. So wichtig, daß ich mich an der Pressestelle vorbei etwa an andere Mitarbeiter des Ministeriums gewandt hätte, um doch noch Zahlen zu erfahren, waren diese Daten nicht für meinen Beitrag.

Ihre Geschichte bleibt in jedem Fall. Das, was Sie selbst recherchiert haben, müssen Sie sich nicht deshalb nehmen lassen, weil ein Vertreter einer Behörde glaubt, Sie würden mit der Veröffentlichung Ihrer Rechercheergebnisse ein »schwebendes

Verfahren« behindern. Es liegt in Ihrer Verantwortung zu entscheiden, ob die Information der Öffentlichkeit wichtiger ist als die Befürchtung des Behördenvertreters.

Bei den vergeblichen Probeabschiebungen habe ich mich gegen den Rat aus dem Innenministerium für die Veröffentlichung meiner Informationen entschieden. Erstens hatte es sich unter Vietnamesen längst herumgesprochen, daß einzelne abgelehnte Asylbewerber ins Flugzeug gesetzt worden waren, aber nie in der ehemaligen Heimat angekommen sind. Und zweitens schien mir die Information der Öffentlichkeit über das in meinen Augen zweifelhafte Abschiebeverfahren wichtig genug, um zu riskieren, daß das schwebende Verfahren weiterer Probeabschiebungen gestört wird.

Um Geheimsachen zu entdecken, brauchen Journalisten Informanten. Und um dann über Themen, die von einer Behörde zur Geheimsache deklariert worden sind, berichten zu können, müssen sich Journalisten etwas einfallen lassen zum Thema Informantenschutz. In jeder Stadt, in jedem Landkreis gibt es ständig Themen, die nach dem Wunsch von Behördenvertretern nicht in die Öffentlichkeit gelangen sollen. Da soll etwa ein Grundstücksverkauf möglichst ungestört über die Bühne gehen. Also legt die Verwaltung die Entscheidung über den Verkauf der Fläche auf den nicht-öffentlichen Teil der Stadtratssitzung, d.h. Stadträte dürfen vor der Sitzung niemandem Informationen geben zum Thema, sie dürfen auch nach der Sitzung nichts über die Diskussion im Stadtrat berichten. Man muß nicht übertrieben mißtrauisch sein, um Verwaltungen zuzutrauen, vorwiegend im Eigeninteresse – möglichst wenig Arbeit, möglichst keinen Ärger – zu handeln, wenn sie Themen, die in der Öffentlichkeit kontrovers diskutiert werden, zu Geheimsachen erklären.

Schutzwürdige Interessen von Personen oder Personengruppen stehen kaum im Vordergrund, wenn eine Stadtverwaltung verhindert, daß vor dem Beschluß über den Grundstücksverkauf öffentlich darüber gesprochen wird. Der Datenschutz steht in der Regel hinter den schutzwürdigen Interessen, die Behörden davon abhalten können, auf Journalistenfragen zu antworten.

Wenn Sie von der Mitarbeiterin im Jugendamt wissen wollen, warum eine bestimmte Pflegemutter nicht bezahlt wird für die Arbeit mit einem Kind, das sie mit Wissen des Jugendamtes aufgenommen hat, werden Sie keine Antwort bekommen. Auch wenn die Mitarbeiterin den Ablehnungsbescheid an die Pflegemutter selbst geschrieben hat, wenn sie darin Gründe genannt hat für die Entscheidung des Amtes, darf sie dennoch nicht aus dem Brief zitieren. Die Vertreterin des Jugendamtes würde damit gegen das schutzwürdige Interesse der Pflegemutter verstoßen. Sie hingegen dürfen in der Zeitung aus dem Brief zitieren, wenn die Pflegemutter Ihnen eine Kopie des Schreibens überläßt. Kommen Sie auf anderem Weg an das Schreiben und zitieren daraus, ohne das Einverständnis der Betroffenen zu haben, verstoßen Sie allerdings auch gegen das schutzwürdige Interesse einer Privatperson.

Beim Einwohnermeldeamt erfahren Sie die Anschrift einer Person. Sie können sogar noch weitere persönliche Daten dort erfragen, wenn Sie glaubhaft machen können, daß ein öffentliches Interesse an diesen Informationen besteht. So können Sie herausbekommen, wann jemand geboren ist, welche Namen er früher einmal hatte, wen er wann geheiratet hat.

Beim Amtsgericht können Sie sich im *Güterrechtsregister* darüber informieren, ob Eheleute im gesetzlichen Güterstand leben. Der Güterstand der Eheleute kann, er muß aber nicht im Güterrechtsregister eingetragen sein. Natürlich gilt auch hier, daß Sie erläutern können müssen, warum Sie im öffentlichen Informationsinteresse nach Daten fragen. Sind Sie nur privat interessiert an solchen Informationen, dürfen Sie Ihren Status als Journalist nicht mißbrauchen. Dem *Handelsregister* entnehmen Sie legal Grunddaten über Firmen, etwa über eine GmbH oder eine Aktiengesellschaft, Sie erfahren hier, wer Inhaber der Firma ist und wer sonst noch beteiligt ist an einer Firma. Im *Vereinsregister* sind alle rechtsfähigen Vereine eingetragen, Vereine also mit dem Zusatz e. V. für »eingetragener Verein«.
Im Grundbuch können Sie sehen, wer wann welches Grundstück gekauft hat, ob es bestimmte Auflagen gibt (etwa durch eine Nachlaßverwaltung) oder Erwerbsverbote aufgrund einstweiliger Verfügungen. Wenn Sie Einblick nehmen wollen in Aus-

züge aus dem Grundbuch, müssen Sie auch hier darlegen können, daß Sie im berechtigten öffentlichen Interesse recherchieren. Versuchen Sie das in jedem Fall mit viel Freundlichkeit – der Anspruch auf Informationen aus dem Amt hilft Ihnen nicht viel, wenn der Amtsleiter Sie nicht mag und Ihre Recherchegründe nicht anerkennt. Bis Sie sich in der nächst höheren Instanz beschweren und – auch nur vielleicht – dort auf offene Ohren treffen, vergeht wertvolle Recherchezeit.

Im Archiv Ihrer Gemeinde, des Landkreises oder Landes können Sie auch recherchieren, wenn Sie historische Zusammenhänge journalistisch beschreiben wollen. Sind Sie freier Journalist und studieren Sie zugleich noch? Dann können Sie sich in vielen Archiven Gebühren sparen, wenn Sie aus wissenschaftlichem Interesse die Recherche beginnen. Niemand kann Ihnen eine Betrugsabsicht unterstellen, wenn Sie nach der wissenschaftlichen Recherche das Material auch noch als Journalist auswerten.

Zunächst im Pressereferat einer Behörde anrufen und später erst, wenn Sie von dort keine befriedigende Antwort erhalten haben, in der zuständigen Abteilung? Das kann sinnvoll sein, wenn Sie dann noch auf einen auskunftsfreudigen Mitarbeiter treffen.
Eher aber scheint der umgekehrte Weg erfolgversprechend: Zuerst sich die nötigen Informationen aus einer Abteilung besorgen, die man dann, in eindeutige Fragen umgewandelt, dem Pressereferat vorlegt.
Ich höre etwa von einem Informanten aus dem Wasserwirtschaftsamt, daß man dort bereits seit 1980 wußte, wie stark das Grundwasser in der Umgebung einer Sondermüllanlage verunreinigt ist. Fragen Sie nun nicht allgemein im Pressereferat des Wasserwirtschaftsamtes nach, ob das Grundwasser verunreinigt sei. Nennen Sie die Giftstoffe, von denen Sie zuvor erfahren haben, und fragen Sie nach, ob es zutrifft, daß die Behörde seit 1980 davon Kenntnis hat, daß diese Giftstoffe im Grundwasser sind.

Sie dürfen schweigen, wenn man Sie vor Gericht fragt, woher Sie Ihre Informationen haben. Die deutsche Strafprozeßordnung gesteht Journalisten zu, das Zeugnis über die Herkunft von Informationen zu verweigern. Das Recht zu schweigen sollte für Sie immer da zur Schweigepflicht werden, wo Sie Vertraulichkeit zugesichert haben.

Achten Sie zu Ihrer und Ihrer Informanten Sicherheit allerdings immer darauf, bei ihrem Recherchematerial Quellen, die nicht erkennbar werden sollen, unkenntlich zu machen. Schneiden Sie, wenn Sie über Fax vertrauliche Informationen bekommen, grundsätzlich die Faxkennung oben auf den Blättern ab. Zu oft schon sind solche vertrauliche Informationen im Zuge anderer Ermittlungen enttarnt worden.

Vermutlich weil wir in der Zeitschrift *Courage* wiederholt kritisch über Terroristenprozesse berichtet hatten, ist unsere Redaktion selbst einmal durchsucht worden. Der Anlaß der Hausdurchsuchung erschien uns eher unbedeutend: Eine Redakteurin hatte auf einen Brief an eine Inhaftierte aus dem Kreis der angeklagten Terroristen statt einer amtlich zugelassenen Briefmarke eine Marke der Gefangenenhilfsorganisation *Rote Hilfe* geklebt. Unsere Redaktion war dadurch in den Kreis der Ermittlungen wegen illegaler Unterstützung von Terroristen geraten. Jedes Blatt Papier wurde bei der Durchsuchung gedreht und gewendet, und manche Unterlagen, die aus unserer Sicht nichts mit Terrorismus zu tun hatten, wurden beschlagnahmt.

Geheime Dokumente gesondert aufbewahren. Dokumente, an die Sie durch Informanten gekommen sind, denen Sie Vertraulichkeit zugesichert haben, sollten Sie weder in der Redaktion noch in Ihrem Büro aufbewahren. Überlegen Sie selbst, wo diese Dokumente so sicher gelagert werden können, daß Sie Ihre Informanten auch dann schützen, wenn Ihre Redaktion oder Sie selbst einmal in polizeiliche Ermittlungen geraten sollten.

Eidesstattliche Erklärungen Ihrer Informanten können Ihnen vor Gericht Entlastung bieten. Immer dort, wo Informanten schwere Anschuldigungen gegen einen Dritten vorbringen, ist es sinnvoll, um entsprechende eidesstaatliche Erklärungen zu bitten. Hätte der Arzt etwa, über dessen Wundermittel-Umsatz ich berichtet habe, gegen mich geklagt, hätte ich eine der eidesstattlichen Erklärungen von Patienten und Angehörigen vorlegen können, Bestätigungen der im Bericht namentlich nicht ausgewiesenen Aussagen. Wer eidesstattliche Erklärungen gesammelt hat, muß sich nicht fürchten davor, daß Zeugen umfallen können vor Gericht.

Je brisanter die Informationen, desto wichtiger sind schriftliche Belege für Sie. Böser Wille muß nicht dahinterstecken, wenn Informanten Monate oder gar Jahre später nicht mehr genau wissen, was sie Ihnen erzählt haben. Die Kopie eines Überweisungsbelegs etwa einer Patientin, die für das Wundermittel ohne Rechnung 6 000 Mark bezahlt hat, habe ich zu meinen Rechercheunterlagen genommen. Auch die Kopie des Briefes eines Patienten, der sich beim Arzt über das teure Mittel beschwert hat. Fragen kostet nichts, fragen Sie also immer nach, wenn Informanten in Unterlagen blättern, ob Sie sich von den Papieren eine Kopie machen dürfen. Vor Gericht kann so ein Beleg entscheidend sein.

Vor Gericht genügt es nicht, wenn Sie angeben, Sie hätten die Summe auf dem Überweisungsbeleg gelesen, wenn die Patientin sich nicht mehr erinnern kann, je Geld bezahlt zu haben für das Wundermittel.

Nicht ganz legal, aber sehr nützlich für die weitere Recherche war es, mich umzusehen im Büro eines Mannes, den ich hier nicht näher bezeichnen möchte. Der Mann war aus dem Zimmer gegangen, um sich Kopien zu machen von Unterlagen, die ich ihm überlassen hatte. Er hatte im Gespräch zuvor in einem Ordner geblättert mit Unterlagen genau zu meiner Recherche, mir aber nichts davon zeigen wollen. Ich nutzte die Zeit, die er brauchte, um Kopien anzufertigen, und blätterte ein wenig im Ordner. Und während er mir anschließend auf nicht ganz so wichtige Fragen antwortete, schrieb ich auf, was ich zuvor gelesen hatte.

Schauen Sie sich um im Raum, manchmal entdecken Sie dabei etwas, was Ihnen weiterhilft in der Recherche. So haben Stadträte eine Stunde lang heftig debattiert über Sinn und Unsinn von Fernsehapparaten in den Zimmern des neuen Krankenhauses. Ein Beschluß über die Anschaffung wurde am Ende vertagt. Ein Journalist hatte während der Sitzung des städtischen Krankenhausausschusses die ausgelegten Servietten studiert. »Gute Besserung« hatte die Krankenhausverwaltung auf die Vorderseite drucken lassen, auf der Rückseite stand: »Wir bitten Sie um Verständnis für den Baustellenlärm. Die Baumaßnahme führen wir im Interesse unserer Patienten durch. Alle Patientenzimmer werden künftig mit eigener Naßzelle ausgestattet sein, in jedem Zimmer wird es ein Telefon und einen Fernsehapparat geben.« Die Verwaltung hatte also längst über den Punkt entschieden, über den sie nun die gewählten Vertreter der Stadt hat diskutieren lassen.

Der Journalist kann über die Debatte berichten und dazu zitieren, was auf der Serviette steht. Mehr Recherche ist nicht nötig für einen kritischen Bericht. Will der Journalist dazu noch fair sein, fragt er den Verwaltungsleiter, wer den Druck der Servietten zu welchem Zeitpunkt veranlaßt, und wer den Text verfaßt hat – und warum die Stadträte überhaupt noch über die Anschaffung von Fernsehgeräten diskutiert haben.

Versetzt mitschreiben, das sollten Sie trainieren, wenn Sie vor einem Menschen sitzen, der Ihnen gegenüber etwas sagt, was er vielleicht nicht erzählen würde, wenn er wüßte, Sie schreiben das alles auf.

Die Mitarbeiterin im Jugendamt erzählt Ihnen vielleicht, wie schlimm es doch manche Pflegemütter trieben, daß es ihnen nur ums Geld gehe. Sie hören das, notieren das aber erst fünf Minuten später, wenn die Mitarbeiterin etwa auf eine allgemeine Frage Antworten gibt, die Ihnen nicht so wichtig erscheinen. So vermeiden Sie, daß Ihr Gegenüber den Kopf schüttelt und ausdrücklich verlangt, daß Sie das nun aber nicht mitschreiben. Fair ist dieses Versetzt-Mitschreiben allerdings nur im Umgang mit Medien-Profis, mit Menschen, die Bescheid wissen über ihr Recht am eigenen Wort.

Fair ist diese Methode auch dann, wenn jemand einen Gefühlsausbruch erleidet, und Sie nicht in dem Augenblick, in dem jemand schluchzt, schreiben wollen.

Anrufen dürfen Sie jeden. Wer recherchiert, ist frei bei der Auswahl möglicher Recherchepartner. Sie müssen nur damit rechnen, daß manche Menschen nicht mit Ihnen sprechen wollen. Sie dürfen Menschen in deren Wohnung besuchen, wenn die sich nicht gegen Ihren Besuch verwahren. Und Sie dürfen so neugierig schauen und fragen, wie Sie wollen – so lange sich Ihr Gegenüber nicht gegen Ihre Neugier verwahrt.

Fragetechniken

Wenn im folgenden von Interview die Rede ist, geht es um das Interview als Frageform (Recherche-Interview), nicht als Darstellungsform. Zwischen streng geführtem Interview, in der Sie den Gesprächsfaden in der Hand behalten, und dem Gespräch im Plauderton gibt es in der Recherche viele Formen der Kommunikation.

Je mehr Sie schon wissen vom Recherchethema, desto eher werden Sie sich für die strenge Form des Interviews entscheiden. Sie werden Ihre Fragen sehr genau vorbereiten, den Ablauf der Fragen so planen, daß Sie mit dem geringsten Zeitaufwand zum umfangreichsten Rechercheergebnis kommen.

Häufiger als das reine Interview nutzen Sie in der Recherche die Form des Gesprächs. Sie wissen noch nicht genau, was der andere Ihnen alles zu sagen hat und locken ihn durch geschickte Vorgaben zum Reden.

Interview oder Gespräch – bevor Sie zum Telefonhörer greifen, sollten Sie für sich selbst geklärt haben, was Sie wissen wollen vom anderen. Brauchen Sie erste Informationen zu einem Thema, oder wissen Sie schon fast alles und brauchen nur Aussagen zu Detailfragen? Wer ganz am Anfang steht in der Recherche, wird darauf achten, daß der andere von sich aus viel erzählt. Er wird dabei auch bereit sein, die Fäden einmal aus der Hand zu geben. Er wird, um möglichst viel zu erfahren, eher wie ein braver Schüler dasitzen und aufnehmen, was vom anderen kommt.

Freilich wird er sich für so ein Gespräch nicht einen Gesprächspartner aussuchen, der unmittelbar betroffen ist von einem späteren RechercheberEricht. Ist es üblich, daß Bestatter Geld zahlen für die Vermittlung eines Auftrags? Diese Frage stellt niemand dem Bestatter, der besonders häufig und viel für die Auftragsvermittlung gezahlt haben soll. Man bittet einen Bestatter, den man möglichst gut kennt, um ein entsprechendes vertrauliches Hintergrundgespräch.

Ein Recherche-Interview kann ich erst führen, wenn ich genügend Informationen habe, die ich auch in knappe, klare Fragen umformulieren kann.

Vom Vorsitzenden des Wohlfahrtsverbandes, der im Rettungsdienst auch einen Bestatter einsetzt, will ich Einzelfragen beantwortet haben. Ich will Antworten auf Fragen, die von anderer Seite schon beantwortet sind. Hier muß ich mich nicht einlassen auf Hintergrundschilderungen, die mein Gegenüber mir vielleicht deswegen anbietet, um mich abzulenken vom Recherchethema. Ich habe klare Fragen vorbereitet, behalte beim Telefongespräch die Fäden in der Hand, bestehe darauf, daß meine Fragen auch beantwortet werden.

Viele Zwischenformen gibt es zwischen dem gut vorbereiteten Recherche-Interview und dem informierenden Gespräch. Von einem Gesprächspartner will ich etwa zwei Fragen genau beantwortet wissen, weiter aber auch grundsätzliche Informationen zu einem Thema bekommen. Was will ich – und: Kann mein Gegenüber überhaupt Antwort geben auf die Fragen, die mich interessieren? Diese beiden Fragen müssen in jedem Fall beantwortet sein, bevor man zum Telefonhörer greift oder einen Gesprächspartner direkt aufsucht. Man spart sich und dem anderen dadurch viel Zeit.

Blockade am Telefon: Beinahe hätte ich den Telefonhörer entnervt aus der Hand gelegt, weil ich annahm, mein Gegenüber, der Leiter eines Gesundheitsamtes, wolle mir einfach keine Auskunft geben. Doch ich hatte ihm schlicht die falsche Frage gestellt, eine Frage, die zu beantworten nicht in seiner Kompetenz lag. Ich wollte von ihm wissen, ob es legal sei, von Angehörigen zu verlangen, eine Nacht neben einem Sarg zu verbringen. In immer neuen Variationen hatte ich zu dieser Frage angesetzt, und immer kam die Antwort: »Dazu kann ich nichts sagen.«

Ich kann nun empört sein und annehmen, der Chef des Gesundheitsamtes wolle da etwas vertuschen. Besser aber ist es, mir nicht allzu lange dessen mögliche Hintergedanken auszumalen, sondern ihm die richtige, in seine Kompetenz fallende Frage zu stellen. Ich mußte ihn nach seiner medizinischen Kompetenz befragen, nicht nach seiner juristischen: Ist es medizinisch zu verantworten, von Angehörigen zu verlangen, eine Nacht neben einem Sarg zu verbringen?

Auf diese Frage habe ich dann die Antwort des Mediziners bekommen, die im Widerspruch stand zur Auskunft aus der Rechtsabteilung der Stadt. Der Rechtsreferent hatte die Weigerung der Verwaltung, allen ansässigen Bestattern Schlüssel zur städtischen Leichenhalle auszuhändigen, mit dem Argument verteidigt, Bestatter bräuchten nachts überhaupt keinen Zugang zur Leichenhalle. Selbstverständlich könne man es von Angehörigen verlangen, daß sie neben einem Sarg nächtigen, so hatte der Jurist im Gegensatz zum Mediziner argumentiert. Gewiß hätte mir der Chef des Gesundheitsamtes auch helfen können, als ich ihm die falsche Frage gestellt hatte. Er hätte mir erklären können, warum er meine Frage nicht beantwortet, welche Fragen er stattdessen vielleicht beantworten würde.

Hilfe sollten Sie nicht erwarten von Recherchepartnern, vor allem nicht von Menschen, die Sie nicht persönlich kennen und darum nicht einschätzen können. Warum sollte der Mann im Gesundheitsamt mir denn helfen?

Sein Name wird, wenn ich ihn zitiere, im Zusammenhang mit einer Geschichte in der Zeitung stehen, die nicht so hübsch zu lesen ist. Das war ihm sicher sehr rasch klar. Besser für das Image des Mannes ist es natürlich, er darf über die Presse zu Schutzimpfungen gegen eine neue Grippewelle aufrufen oder warnen vor dem Fuchsbandwurm.

Was will der andere, was soll er wollen, wem ist er wie verpflichtet, mit welcher Arbeit vielleicht gerade befaßt? Versetzen Sie sich gedanklich zumindest kurz in dessen Lage – Sie ersparen ihm und sich unnötige Gesprächsminuten. Nennen Sie am Telefon Ihren Namen und den Ihrer Zeitung oder Agentur – und fragen Sie erst nach, ob Ihr Gegenüber gerade Zeit hat für ein Gespräch von drei oder fünf oder zehn Minuten (seien Sie einigermaßen redlich bei der Angabe der voraussichtlichen Gesprächsdauer), bevor Sie Ihr Thema nennen. Oft ist die Gesprächsbereitschaft eines Menschen, der sich und seine Arbeit auf diese Weise ernst genommen fühlt, eine oder zwei Stunden später viel größer. Ich habe jedenfalls aufgehört, mich darüber zu ärgern, wenn ich nach so einer Anfrage vertröstet werde auf später.

Lassen Sie sich aber für Ihren Anruf einen möglichst genauen Zeitpunkt nennen, zu dem Sie dann auch pünktlich anrufen sollten. Wer dann noch einmal etwa von der Sekretärin auf einen dritten Termin verwiesen wird, sollte für sich das Beste daraus machen – darauf bauen, daß der andere ein zumindest leichtes Schuldgefühl entwickelt und darum um so offener spricht.

Höflichkeit und gute Manieren gehören zum Handwerkszeug der Journalisten. Wer gleich aufbraust, wenn etwas nicht nach seinem Willen geht, sollte Gleichmut trainieren – zumindest im Beruf. Die klobigen Schuhe des Kollegen, der beim Termin im Kinderzentrum als einziger die Schuhe anbehalten hat, sind mir unangenehm in Erinnerung geblieben. Die Leiterin hatte alle Journalisten gebeten, auf Strümpfen das Kinderzentrum zu betreten, weil hier Zweijährige auf dem Boden krabbeln. »Wir sind vom Fernsehen«, hat der Kollege erwidert, »wir haben noch bei keinem Termin die Schuhe ausgezogen« – und ist mit schmutzigen Schuhen über den Spielteppich gelatscht.

Lieber Grau in Grau als im pinkfarbenen Pulli sollten Sie zu einem Termin mit unbekannten Gesprächspartnern gehen. Je auffälliger Sie sich kleiden und zurechtmachen, desto mehr spielen Sie sich in den Vordergrund. Genau das aber widerspricht der optimalen Recherchesituation. Schließlich geht es auch im Beitrag, den Sie später verfassen, nicht um Sie, sondern um die Menschen, die mit Ihnen gesprochen haben. Die sollen zur Geltung kommen, deren Aussagen sind wichtig.

Verkleiden soll sich aber niemand –, wer graue Klamotten haßt, soll sich nicht grau tarnen wollen. Wenn Sie nur daran denken, daß es im Recherchegespräch vorrangig darauf ankommt, was Ihr Gegenüber sagt, finden Sie schon das Passende im Kleiderschrank. Zurückhaltung auch in der äußeren Erscheinung ist wichtig für eine gelungene Recherche.

Ebenso kommt es aber darauf an, daß Sie sich wohl fühlen in Ihrer Haut. Lassen Sie die hübschen Schuhe im Schrank, wenn die Sie drücken. Schrecklich, wenn man vom Rechercheziel abgelenkt wird, weil es einen irgendwo zwickt.

Sich auskennen im Büro des Recherchepartners, das hilft auch bei der nächsten Telefonrecherche. Wer sich in die Lage eines anderen versetzen will, kann dies leichter tun, wenn er räumliche Vorstellungen von der Umgebung des anderen hat. Wer häufiger mit Gesprächspartnern aus einer Behörde zu tun hat, macht zumindest einmal einen Termin dort aus, recherchiert nicht immer nur am Telefon.

Ich stelle mir dann mein Gegenüber in dessen Büro vor, sehe den Mitarbeiter des Innenministers etwa am Schreibtisch mit den unendlichen Aktenstapeln sitzen. Hinter ihm die oberbayerische Alpenlandschaft, in Gold gerahmt, vor ihm das Poster von Amnesty. Mit der Erinnerung an die Bilder wächst die Erinnerung an einen Menschen, der nicht unter landläufigen Klischeebildern von Bürokraten einzuordnen ist.

Und in den Fragen, die ich jetzt entwickle, bleibt etwas von der Offenheit, die nötig ist für jede Recherche. Freilich werden Sie vorab kalkulieren, was der andere Ihnen sagen wird. Doch lassen Sie jedem Gesprächspartner Raum, auch etwas anderes zu sagen, als das, was Sie von ihm erwarten. Recherche muß immer mehr sein, als den anderen dazu zu drängen, die eigenen Vorurteile zu bestätigen.

Ganz in Schwarz das Büro eines Ästheten in einer anderen Behörde. Schwarze Lamellen vor den Fenstern bremsen das Sonnenlicht, stattdessen künstliche Beleuchtung mit zahlreichen Lämpchen. Der schwarze Schreibtisch ist so gebaut, daß kein Mensch dem Mann zu nahe kommen kann. Ich sehe ihn so vor mir und mühe mich gedanklich, die Barriere zu ihm diesmal am Telefon rascher zu überwinden. Ich muß mich ja nicht wohl fühlen in so einem Büro, sage ich mir noch, ich muß nur lernen, den anderen in seiner Welt zu lassen – und dabei das von ihm fordern, was wichtig ist für mein Rechercheziel.

Selbsterkenntnis gehört zur guten Recherche. Ich muß dafür nicht unbedingt Selbsterfahrungskurse besuchen. Ich sollte nur mein eigenes Verhalten, meine Reaktionen auf andere immer neu kritisch betrachten. Warum reagiere ich allergisch auf einen bestimmten Mann in der Behörde? In welchen Situationen reagiere ich souverän, wann und warum verliere ich meine Beherrschung? Nie ist schließlich einfach nur der andere schuld daran, wenn ich mich aufrege. Immer ist da etwas in meiner Biografie, in mir, das mich in bestimmten Zusammenhängen aus der Fassung geraten läßt.

Richtig rot angelaufen bin ich in der Versammlung, in der mich ein Podiumsteilnehmer plötzlich vor allen anderen zu maßregeln versuchte. Ich wollte cool bleiben, habe aber doch innerlich gekocht, als der Mann mit dem Finger auf mich zeigte und laut erklärte: »Bei uns ist die Welt noch in Ordnung, da hört die Frau noch auf das, was der Mann sagt.«

Ein ziemlich einfältiger Satz. Ich habe später gar nicht begreifen können, warum mich der Satz so aus der Fassung gebracht hat. Vermutlich, so habe ich mir das im Hinblick auf künftige, ähnliche Situationen erklärt, war es das Von-oben-Herabsprechen, er auf dem Podium, der plötzlich aus seiner Rolle springt, und ich, brav schreibend, da unten, was mich so aufgeregt hat. Geärgert hat mich sicherlich auch, daß mir nicht sofort etwas Passendes eingefallen ist, etwas, womit ich kurz aus meiner Rolle fallen konnte, ohne eine billige Retourkutsche zu produzieren.

Na, Mädchen, neu in der Redaktion? – Über so eine Reaktion männlicher Recherchepartner ärgern sich oft junge Kolleginnen. Wie soll ich mich verhalten, fragen Volontärinnen, wenn mir ein Mann so kommt? Wer sich stark genug fühlt, spielt den Ball kurz und deftig zurück. Lächelt vielleicht und fragt: »Darf man zu Ihnen erst kommen, wenn man über 40 ist?« Aber bitte kein Selbstbewußtsein markieren, wenn Sie sich in dem Moment nur klein und gedemütigt fühlen. Dann bitten Sie Ihr Gegenüber lieber, Sie beim Namen zu nennen, bestimmen durch eine möglichst sachorientierte Fragetechnik den Ton der weiteren Unterhaltung.

Auch Männer leiden, wenn sie sich nicht ernst genommen fühlen. Die Anrede »junger Mann« wird von Volontären jedenfalls selten als Schmeichelei empfunden. Versuchen Sie, in Ihrer Haut zu bleiben. Wenn Sie 25 Jahre alt sind und wie 18 wirken, nutzen Sie Ihren Vorteil: den Vorteil, daß Ihnen andere kaum etwas zutrauen. Sie bekommen Ihren Gesprächstermin vielleicht erst später als der 40jährige Kollege. Aber weil viele denken, Sie seien noch unbedarft, wird man mit Ihnen eher offener reden als mit dem älteren Kollegen.

Trimmen Sie sich nur nicht künstlich auf älter und gediegen. Nichts hindert den Erfolg eines Recherchegesprächs mehr als Ihre Beschäftigung mit sich selber. Je mehr Sie sich mühen, einem gewünschten Bild zu entsprechen, desto mehr Aufmerksamkeit geht Ihnen verloren für die anderen.

Der Splitter im Auge des anderen fällt um so mehr auf, je mächtiger der Balken auf das eigene Auge drückt, sagt die Bibel. Psychologisch gesprochen: Mich regt womöglich beim anderen das auf, was ich an mir nicht ertragen kann. »Sie predigen öffentlich Wasser und trinken heimlich Wein«, so kritisiert Heinrich Heine Moralisten, die Moral vor allem für andere schaffen. Robert Gernhard setzt unter eine Zeichnung von Herren mit Elchsköpfen:»Die größten Kritiker der Elche/waren früher selber welche.«

Die größten Moralisten unter den Journalisten sind womöglich ebenso heimlich amoralisch wie die falschen Prediger – oder wären es zumindest gern. Wer immer nur über die Armen schreiben will, fürchtet sich vielleicht vor der Verführung durch Macht und Geld. Seien Sie kritisch sich selbst gegenüber: Um welche Themen haben Sie bisher einen Bogen gemacht, gibt es Lieblingsthemen, von denen Sie nicht loskommen?

Gönnen Sie sich die anderen Themen – und gönnen Sie das vor allem Ihren Leserinnen und Lesern. Nach der Recherche über den Heilmittel-Skandal habe ich für mich die bunte Geschichte vom Pfarrmann am Herd gebraucht. Nur nicht gleich den nächsten Skandal aufdecken – gönnen Sie sich Atempausen. Wer neben Skandalgeschichten nicht auch Lust verspürt auf kleine, ganz und gar nicht skandalöse Geschichten aus dem Alltag, muß sich fragen lassen, was ihn treibt, immer neu nach Skandalen zu jagen. Nach der Recherche über die Sekte im Hintergrund der Heilmittel-Affäre habe ich die Geschichte von den Strickbuben geschrieben. Das Sanfte neben dem Harten, das Gute neben dem Bösen, und oft genug trifft man alles miteinander vermengt.

Eine Frau und ein Mann – das ist eine andere Ausgangslage für ein Recherchegespräch, als wenn sich Frauen oder Männer jeweils untereinander unterhalten. Das hat nichts mit der Klischeevorstellung von einer heilen Frauen- oder einer heilen Männerwelt zu tun. Macht ist nur immer noch ungleich verteilt in der Gesellschaft. Meist sitzen Männer in Chefsesseln, und im Vorzimmer wacht eine Frau über den Herrn. Erfahrungstatsache ist, daß männliche Journalisten, die höflich und zuvorkommend auftreten, oft leichter von der Chefsekretärin einen Termin bekommen als nette und höfliche Journalistinnen. Doch beim Chef selbst hat es die Journalistin dann oft leichter.

Sieht sie nett aus, plaudert sie anregend, ist sie charmant, ist auch er zum Plaudern geneigt – das alte Spiel ist lange nicht ausgespielt. Männer, die einem anderen Mann gegenüber vielleicht sehr zurückhaltend reagieren, plaudern einer Frau gegenüber viel offener. Journalistinnen können sich beklagen über das alte Spiel – oder besser: das Beste daraus machen. Die Spielregeln kennen und sie nutzen für ein ertragreiches Recherchegespräch. Schließlich ist es ja nicht viel anders, wenn Frauen recherchierende Männer taxieren. Nur sprechen Frauen vielleicht nicht ganz so offen über dieses Spiel. Und sind nicht ganz so oft in der Position, daß sie es einen Mann spüren lassen können, wenn er ihnen nicht charmant, hübsch oder klug genug erscheint.

Columbo oder die kluge Alleswisserin – ich kann als Journalistin viele Rollen spielen, ich muß nur sicher sein, daß die Rollen auch zu mir passen. Jemand, der sehr knapp und konzentriert zu sprechen gewohnt ist, wird nicht leicht Columbo mimen können. Man muß schon auch sonst im Leben etwas schusselig sein, um überzeugend in die Rolle des Kommissars im Schlabber-Mantel schlüpfen zu können. In der Rolle des Kommissars, der mit der Masche der allerletzten Frage regelmäßig alles herausbekommt. Columbos Gegenüber fühlen sich zunehmend sicherer, je länger sie mit ihm reden. Er wirkt so tapsig, scheint nicht durchzublicken. Das schafft Sicherheit, wenn nicht gar Überheblichkeit auf der anderen Seite. Wenn Columbo sich dann schon verabschiedet hat, aber noch einmal seinen Kopf zur Tür hereinsteckt, und seine »allerletzte Frage« vorbringt, wollen alle den vermeintlichen Trottel nur endlich loswerden – und verraten dabei meist das entscheidende Detail, das Columbo noch fehlt in der Recherche.

Die coolen Typen sind nicht die besten Rechercheure. Wer Behördenvertretern gegenüber forsch und zielstrebig auftreten kann, und damit Erfolg hat bei der Recherche, ist oft nicht sensibel genug für Menschen, die viel zu sagen haben, aber nur reden, wenn man sie nicht bedrängt. Das zeigt sich immer wieder bei Recherche-Trainings.

Wer rasch und zielstrebig die nötigen Auskünfte aus der Behörde bekommt, ist oft zu forsch im Auftreten Menschen gegenüber, die nicht wissen, warum da plötzlich ein Journalist in ihre gute Stube platzt.

Den Typ Rechercheur, der immer und überall gut drauf ist und alles, was wichtig ist, erfährt, gibt es nicht im richtigen Leben. Das sollten sich die Ängstlichen, die Zögerlichen vor Augen führen, die sich fürchten vor konfrontativen Gesprächen. Oft sind es die zarten Typen, die Menschen zum Reden bringen, die zunächst nicht reden wollten.

Selbst durch Schweigen können Journalisten manchmal Auskünfte bekommen, die durch direkte Fragen vielleicht nicht herauszulocken sind. Sitzenbleiben und schweigen – und darauf hoffen, daß dem anderen das Schweigen unangenehm wird, das kann sinnvoll sein mitten in einem Recherchegespräch. Schweigen kann auch da Sinn machen, wo Ihr Gegenüber Intimes preisgegeben hat, wo er von Verletzungen gesprochen hat, viel offener vielleicht, als er zunächst vorhatte. Wer jetzt losplappert, vielleicht vorschnell Verständnis signalisiert, hat für jedes weitere Gespräch gute Chancen verspielt.

Den anderen verblüffen, ihn aber nicht unnötig vor den Kopf stoßen, das kann weiterhelfen bei der Recherche. Mal ganz harmlos fragen, dann möglichst unvermittelt eine heikle Frage stellen, um ihn dann erneut auf vermeintlich sicheres Terrain zu führen, das bringt Recherchepartner zum Reden, die eigentlich gar nichts sagen wollten. Wichtig ist dann natürlich, daß Sie gelernt haben, versetzt mitzuschreiben. Daß Sie den Füller aus der Hand legen, wenn die Antwort auf die heikle Frage kommt, und erst wieder schreiben, wenn sich der andere in Sicherheit wiegt.

So dumm wie möglich fragen, aber bitte nicht dümmer tun, als Sie dumm sein können. Wenn Sie Chemie studiert haben und vor dem Vertreter des Umweltministeriums so tun, als ob Sie gar nichts verstünden von der Zusammensetzung chemischer Verbindungen, verraten Sie Ihre Fachkenntnis besonders leicht dann, wenn Sie das Gefühl haben, Ihr Gegenüber erzählt Quatsch. Spätestens jetzt durchschaut Ihr Gegenüber Ihre Dummheits-Strategie und reagiert je nach Temperament und Brisanz des Recherchethemas ungehalten bis empört.

Überlegen Sie vor jedem noch so kleinen Rollenspiel, wie sicher Sie Ihre Rolle beherrschen. Nonverbal, mit Gesten, Stirnrunzeln, vielleicht sogar mit Kopfschütteln werden Sie dem anderen zeigen, daß Sie verstehen, was er sagt. Da nützt es dann nichts, wenn Sie verbal weiter die dummen Fragen stellen. Ihr Gegenüber hat längst bemerkt, daß Sie viel dümmer tun, als Sie sind. Und Sie bekommen viel weniger heraus, als wenn Sie offen zu erkennen gegeben hätten, daß Sie etwas vom Fach verstehen.

Glaubwürdigkeit auch selbst vermitteln, darum sollten Sie sich bemühen, wenn Sie von anderen glaubwürdige Aussagen bekommen wollen. Manche Recherchetaktik entfernt sich sehr weit von einer glaubwürdigen Gesprächssituation. Überlegen Sie immer gut, bevor Sie Ihrem Gegenüber eine Fangfrage stellen, bevor Sie ihn etwas fragen, was Sie selbst eigentlich schon wissen, ob Sie nicht auch glaubwürdiger weiterkommen in der Recherche.

Nicht sehr glaubwürdig, aber für mein Rechercheziel nützlich, war meine Frage an einen Bestatter. Ob er im Rettungsdienst engagiert sei, habe ich den Mann gefragt, der mit Sicherheit schon darüber informiert war, daß ich mich für Zusammenhänge zwischen seinem Engagement im Wohlfahrtsverband und seinen Geschäftserfolgen interessiere. Eine sehr dumme Frage, zugegeben. Schließlich wußte ich, daß er ehrenamtlich im Rettungsdienst tätig ist. Doch ich bin davon ausgegangen, daß er etwas zu verbergen hatte, daß ich also ganz einfache Fragen stellen mußte, die er mit Ja oder Nein beantworten kann, um überhaupt eine Antwort von ihm zu bekommen. Daß er im Rettungsdienst engagiert sei, hat er mir schließlich auch bestätigt. »Rettungsdienstfahrten ist das einzige Hobby, das ich mir leisten kann«, hat er geantwortet. Zu weitergehenden Fragen hat er jede Auskunft verweigert.

Sie können Referenzen anbieten, wenn Sie eine vertrauensvolle Gesprächsbasis schaffen wollen. Recherchepartnern, die bisher noch nicht mit Ihnen zu tun hatten, können Sie vor einem Gesprächstermin sagen, bei wem sie sich über Sie und Ihre Recherchemethoden erkundigen können. Sie können auch Kopien früherer Rechercheberichte anbieten – meist lehnt Ihr Gegenüber das dankend ab, nein, das sei doch nicht nötig. Nötig war das Angebot aber sicherlich, um das Mißtrauen abzubauen, das vor allem Menschen empfinden, die mit Journalisten einmal schlechte Erfahrungen gemacht haben.

Kritik um die Ecke einbringen, das dürfen Sie auch als fair recherchierender Journalist. Sie dürfen sich selbst zurückhalten mit Ihrer Kritik, sich in einer Frage etwa auf andere Kritiker berufen.

Den Leiter eines Bauamtes können Sie mit der Kritik mancher Bauunternehmer konfrontieren, etwa so: »Es gibt Unternehmer in der Stadt, die Ihnen vorwerfen, Sie würden öffentliche Aufträge manchen Firmen auch ohne Ausschreibung zuschanzen. Was sagen Sie zu diesem Vorwurf?« Selbst wenn Sie mit eigenen Recherchen den Vorwurf der Unternehmer bestätigen können, ist es nicht sinnvoll, den Leiter des Bauamtes direkt mit der Kritik zu überfallen. Die Konfrontation im Gespräch wäre nur hinderlich für den weiteren Gesprächsverlauf. Zudem geht es ja in Ihrer Recherche auch nicht darum, was Sie als Person dem Amtsleiter vorwerfen, sondern was andere, auch Ihre Leser, dem Mann zur Last legen.

Fragen stellen, die kritische Leser stellen würden. Das ist wichtig in jedem Recherchegespräch. Je bedrängender Sie dadurch auf Ihren Recherchepartner wirken könnten, desto deutlicher sollten Sie ihm gegenüber erläutern, warum Sie so fragen. »Ich glaube Ihnen ja, daß Sie Ihre Selbsterfahrungsgruppe ganz toll finden«, so habe ich einem Mann mitgeteilt, der unbedingt wollte, daß ich mit so großen Worten wie »Selbstfindung« und »befreiende Gefühle« seine Gruppe beschreibe. Ich habe mich bei dem Mann dafür entschuldigt, daß ich ihm all die Fragen stellen werde, die ganz mißtrauische Leser stellen würden. Und habe dann endlich mehr herausbekommen über das Tolle der Selbsterfahrungsgruppe und das weniger Erfreuliche.

»Journalisten schreiben alles falsch«, mit solch allgemeiner Kritik brauchen Sie sich nicht abwimmeln zu lassen. Fragen Sie nach, worauf Ihr Gegenüber seine negative Haltung gründet. Oft gibt es da eine Geschichte aus der Vergangenheit, über die jemand sich geärgert hat. Sie können den Ärger nicht ungeschehen machen. Doch, indem Sie den anderen von seinem Ärger erzählen lassen, ist schon ein Stück Eis geschmolzen zwischen Ihnen beiden.

Da schreit einer am Telefon, beschimpft Sie wild, läßt Sie nicht zu Wort kommen. Früher bin ich furchtbar erschrocken, wenn ich aus für mich heiterem Himmel angeschrieen wurde. Inzwischen habe ich mir angewöhnt, so ruhig wie möglich zurückzuspiegeln, was mir da gerade widerfährt. »Warum schreien Sie mich an?«, frage ich, »ich habe Ihnen doch nichts getan.«

Fragen auf einem Papier notiert, zumindest Stichwörter, die den Kern einer Frage markieren, helfen, wenn Sie im Recherchegespräch durch eine unerwartete Reaktion Ihres Gegenübers aus dem Konzept zu geraten drohen.
Ein prima Thema für Journalisten sei das, ein gefundenes Fressen, sich um Bestechungen im Bestattungsgewerbe zu kümmern, so hatte mich die Mitarbeiterin eines Bestatterverbandes gleich zu Beginn des Gesprächs angeraunzt. Ich war erschrocken und verunsichert zugleich. Vielleicht hatte die Frau ja recht? Aber jetzt nicht länger nachdenken darüber – das mußte ich später tun –, jetzt den Zettel mit den Fragen hernehmen und mit möglichst fester Stimme die Fragen stellen, die ich unbedingt stellen wollte.

Vom Konzept abweichen kann nur, wer sich ein Konzept gemacht hat. Wer Fragen nicht vorbereitet vor einem Recherchegespräch, stiehlt sich und anderen Zeit und Chancen. Viel zu oft lassen sich Recherchepartner das gefallen. Einen halben Tag lang sei eine Journalistin im Haus gewesen, hat die Leiterin eines Frauenhauses erzählt, und immer wieder sei der Journalistin etwas eingefallen, was sie noch fragen wollte. Weil Recherchepartner oft daran interessiert sind, daß etwas über sie und ihre Arbeit in der Zeitung steht, protestieren sie nicht gegen so eine schlampige Recherche.

Dies noch und das noch und noch etwas – das ist nicht mit Columbo-Taktik zu verwechseln. Columbo weiß genau, was er wissen will. Er nutzt nur sein Wissen über die Wirkung seiner Erscheinung aus: klein, etwas krumm und kurzsichtig – kein Mensch traut ihm scharfsichtige Recherchen zu.

Andere halten Sie für dumm? Nutzen Sie das aus, wehren Sie sich nicht zu sehr dagegen. Am Anfang habe ich mich darüber geärgert, wenn mir ein Gesprächspartner vermittelt hat, er halte mich für eine fromme Tussy, die »für irgendein« Kirchenblatt schreibt. »Ach, der evangelische Pressedienst«, so kommt es mitunter gedehnt von einem Gegenüber, und ich weiß, er stellt sich jetzt eine Frau vor mit Knoten, Kostüm und breiten Schuhen. Soll er mich für bieder halten und, wenn er will, auch für dumm, soll er sich wundern darüber, warum sich die fromme Tussy für einen Skandal interessiert. Ich komme weiter in meinen Recherchen, wenn ich mich nicht selbst unter Druck setze, dem anderen beweisen zu wollen, daß ich so dumm nicht bin, wie er vermutet. Vielleicht merkt er das ja während des Gespräches. Und wenn nicht? Soll er überheblich bleiben, Hauptsache, ich erfahre, was ich wissen will.

Andere halten Sie für klug? Auch gut. Jetzt sollten Sie sich nur nicht dadurch blamieren, daß Sie sich nicht gut genug vorbereitet haben auf das Recherchegespräch. Wer für klug oder schlau gehalten wird, vor dem haben andere Respekt, manchmal sogar Angst, und sagen vielleicht deswegen mehr, als sie verraten wollten.

Je weniger man mit sich selbst beschäftigt ist, je weniger man während eines Gesprächs darüber nachdenkt, ob man auch gut wirkt auf den anderen, desto mehr erfährt man vom anderen. Man ist dann frei, sich auf den anderen einzulassen, man konzentriert sich dann auf das, was er sagt, wie er es sagt, und auch darauf, wann er warum nicht antwortet auf eine Frage.

Zehn Minuten Seelenmassage verlangt ein Mitarbeiter eines Ministeriums, bevor ich irgendeine vernünftige sachliche Auskunft erwarten kann von ihm. Ich habe mich daran gewöhnt, mir erst anhören zu müssen, daß der Sohn des Mitarbeiters ungerecht behandelt worden ist von einem Mathematiklehrer, daß seine Frau noch zu den Frauen gehört, die sich selbst um die Kinder kümmern, bis ich dazu komme, meine Fragen zu stellen. Ich hatte es mehrfach schroffer versucht, ans Ziel zu kommen – schließlich ist es mein Geld, das er da vertelefoniert –, doch das Ergebnis meiner Schroffheit war Verhinderungstaktik auf seiner Seite. Mal war er in einer Sitzung, mal auf Dienstreise – nie habe ich ihn erreichen können, während ich doch dringend seine Auskunft brauchte.

Der rechtliche Anspruch auf Auskunft der Behörde bringt mir in solchen Fällen nicht viel. Ich würde, reagierte ich widerborstiger, nur auf die Presseabteilung des Ministeriums verwiesen. Und dort bekäme ich in der Regel eine nicht halb so klare Information wie vom Referatsleiter selbst. Ich muß diesen Mann ja nicht lieben, denke ich mir. Bevor ich dort anrufe, schlucke ich tief und warte dann auf die neuesten Geschichten vom wahren Familienglück.

»Soll ich das alles schreiben?«, so hat eine Journalistin den Chef eines Ausländeramtes gefragt, der sich darüber beklagt hat, seine Schwiegermutter werde angepöbelt auf der Straße, nur weil er Abschiebungen veranlassen müsse. »Ganz schön frech, die junge Frau«, so hat sich der Mann später bei einem Kollegen beschwert. Doch er hat nicht weiter geklagt, sondern auf die Fragen der Journalistin geantwortet. Brav zuhören oder frech zurückfragen – beides kann sinnvoll sein in der Recherche.

Fragen, ohne Fragen zu stellen, diese Methode kann wichtig werden bei Recherchen zu heiklen Themen, bei denen man Menschen begegnet, die sich vielleicht schämen, über das zu sprechen, was sie erlebt oder getan haben. Haben Sie Schulden? Oder: Wie hoch sind denn Ihre Schulden? Das hätte ich schlecht fragen können bei einer Recherche unter Alleinerziehenden. Ich wollte wissen, wie viele der von mir Befragten unter dem Druck von Schulden leiden. »Ich habe mit einer Frau gesprochen, die nicht loskommt von 8000 Mark Schulden aus der Zeit ihrer Arbeitslosigkeit«, so habe ich einer neuen Gesprächspartnerin erzählt. Die hat gelacht und abgewunken. »Was, nur

8000? Ich habe 30 000 Mark Schulden!« Ich hatte die gewünschte Auskunft, ohne eine Frage gestellt zu haben.

Etwas von sich selbst erzählen, kann sinnvoll sein im Recherchegespräch – aber bitte immer nur so kurz wie möglich. Sie können erzählen, wie sehr Sie sich vor dem Zahnarzt fürchten, wenn Sie wissen wollen, ob andere sich auch fürchten vor dem Zahnarzt. Sie können andere verlocken zu Aussagen über Bürgermeisterkandidaten, indem Sie provozieren durch eigene Beobachtungen. Aber bitte drängen Sie andere weder in die eigene Richtung noch in die entgegengesetzte. Sobald der andere einmal ins Reden gekommen ist, halten Sie sich zurück. Peinlich die Selbstdarstellung eines Journalisten, der statt Fragen zu stellen, seine eigenen Einschätzungen zur Lage der Nation und der Stadt im besonderen kund tun muß.

Manchmal müssen Sie öfter kommen, um auch nur irgendwas zu erfahren von einem verängstigten Recherchepartner. Eine Informantin aus dem persönlichen Umfeld des Arztes, der mit teuren angeblichen Wundermitteln handelte, war zunächst zu keinem Gespräch bereit. Erst durch meine Hartnäckigkeit – ich habe mich immer wieder bei ihr gemeldet mit neuen, eigenen Rechercheergebnissen – hat sie sich Zug um Zug aus der Reserve locken lassen. Sie hat bestätigt, was ich recherchiert hatte, oder auch einmal deutlich Zweifel geäußert an der Glaubwürdigkeit einer Informantin.

Auch ein Kopfnicken einer informierten Person kann eine entscheidende Hilfe sein in einer Recherche. »Ich darf Ihnen nichts sagen«, so hat mir zunächst ein Arzt geantwortet, von dem ich wissen wollte, warum dessen Kollege und langjähriger Freund mit teuren Wundermitteln handelte. Er sei übrigens nicht mehr mit dem Kollegen befreundet, dieser habe ihm die Freundschaft aufgekündigt, habe ich von dem Mann erfahren. Am Tonfall der Antwort hörte ich heraus, daß mein Gegenüber vielleicht doch gern reden würde, daß er aber mißtrauisch war. Möglicherweise befürchtete er, ich würde nur eine reißerische Story bringen wollen über den Handel mit dem vermeintlichen Wundermittel.
Ich habe weiterrecherchiert und nach einigen Tagen wieder nachgefragt bei dem Arzt. Ich habe ihm von meinen Recher-

cheergebnissen berichtet und ihn gefragt, ob das, was ich herausgefunden hatte, auch seinen Informationen nach stimmen könne. Mein Gegenüber hat genickt und gesagt, er könne das, was ich selbst herausgefunden habe, bestätigen. Noch einige Male habe ich mit dem Arzt gesprochen, ihn immer wieder gebeten, meine Rechercheergebnisse kritisch zu prüfen. Mit dieser Hartnäckigkeit habe ich den Mann schließlich doch noch zum Reden gebracht. Er hat mir bestätigt, was ich vermutet hatte: Dadurch, daß ich mich nicht von seinem anfänglichen Schweigen beeindrucken habe lassen, daß ich weiterrecherchiert habe, hat er sich von der Ernsthaftigkeit der Recherche überzeugen lassen. Er hat am Ende von sich aus Tips gegeben, wo und wie ich weiterrecherchieren könne.

Mehreren Leuten die gleiche Frage stellen, das bringt Ordnung in Ihre Recherche, das bringt Ordnung auch später in den Text. So findet es der Gesundheitsamtschef aus medizinischen Gründen nicht zulässig, von Angehörigen zu erwarten, daß sie neben einem Verstorbenen schlafen. Der Leiter des Rechtsamtes geht dagegen davon aus, man könne das den Angehörigen selbstverständlich zumuten. Die Leiterin einer Sozialstation erklärt dazu: Vor 50 oder 100 Jahren sei die Totenwache in Privathäusern noch selbstverständlich gewesen, heute aber seien viele Menschen nicht mehr in der Lage, eine Nacht neben einem Verstorbenen zuzubringen. Die Leser können sich dann, wenn verschiedene Einschätzungen zu einer Frage oder einem Fragenkomplex nebeneinandergestellt werden, am leichtesten ihr eigenes Bild machen.

Am Datenschutz vorbei recherchieren, das können Sie, wenn Sie zwischen konkretem Fall und abstrakten Fragen abwechseln. »Keine Auskunft« dürfe sie zu dem Fall geben, so hat die Mitarbeiterin des Jugendamtes zurecht geantwortet, als ich sie fragte, warum die Pflegemutter des kleinen Markus kein Geld bekommt für das Pflegekind.
Auch wenn Sie wissen, gleich hören Sie etwas vom Datenschutz, benennen Sie bitte trotzdem den aktuellen Fall, der Anlaß Ihrer Recherche ist, wenn Sie in einem Amt eine Auskunft haben wollen. Sie müssen nicht unbedingt Namen nennen, doch die Fallsituation beschreiben, damit Ihr Gegenüber auch weiß,

warum Sie zu ihm kommen. Irgendwann im Verlauf des Recherchegesprächs müssen Sie ja doch herausrücken mit dem besonderen Thema. Haben Sie nun zuvor fünf oder zehn Minuten nur allgemein gefragt, fühlt sich Ihr Recherchepartner von Ihnen verschaukelt.

Erst den Fall benennen und dann allgemeine Fragen stellen, die Sie aus dem Fall entwickelt haben, um immer wieder im Verlauf des Recherchegesprächs in die Nähe des Falls zu kommen, so recherchieren Sie am geschicktesten am Datenschutz vorbei.

Von der Pflegemutter des kleinen Markus wußte ich, man hielt sie ihrer Einschätzung nach mit knapp 40 Jahren für zu alt, um ein Neugeborenes in Pflege zu nehmen. Zudem sei ihr im Jugendamt gesagt worden, sie habe schon zu viele Kinder im Haus, um noch ein Pflegekind betreuen zu können. Ich frage im Jugendamt, nachdem ich mich über den Datenschutz habe belehren lassen, nach Auswahlkriterien für Pflegeeltern. »Wie findet denn das Amt Pflegeeltern und nach welchen Kriterien wählt es diese Eltern aus?« Es folgt ein längerer Vortrag über das Kindeswohl.

Die nächste Frage: »Spielt das Alter der Pflegeeltern eine Rolle?« Die Mitarbeiterin im Jugendamt, die während des Gesprächs nie ganz vergißt, was Anlaß meiner Fragen ist, antwortet genau passend auf den Fall der Pflegemutter des kleinen Markus. An Frauen über 35 gebe sie grundsätzlich keine Neugeborenen. Diese allgemeine Antwort ist auch eine Antwort auf die Frage, die sie aus Datenschutzgründen nicht beantwortet hat, auf die Frage, ob die Pflegemutter von Markus mit 39 Jahren zu alt sei für den Säugling.

»Suchen Sie eher nach Familien mit mehreren Kindern oder nach Familien mit nur ein bis zwei Kindern?«, so frage ich weiter. Eine Entweder-Oder-Frage, die eigentlich niemand empfiehlt für ein gutes Interview. Doch in einer besonderen Recherchesituation dürfen Sie ruhig einmal umständlich fragen, wenn es dem Rechercheziel dient. Ich wollte mit der Frage eher beiläufig, nicht allzu provokativ an die fünf Kinder erinnern, die außer Markus in der Pflegefamilie leben. »Für mich ist bei fünf Kindern Schluß«, hat die Mitarbeiterin prompt geantwortet und dazu erwähnt, daß sie persönlich Pflegefamilien mit nur einem oder zwei Kindern bevorzugt.

Der Wechsel vom Konkreten zum Allgemeinen hilft fast immer über den Datenschutz hinweg. Auf allgemeine Fragen müssen Behördenvertreter Auskunft geben, zum konkreten Fall dürfen Sie das in der Regel nicht.
Abstrahieren Sle Ihren Fall also ähnlich wie den Fall des kleinen Markus und stellen Sie Behördenvertretern die entsprechenden Fragen, nachdem Sie offen benannt haben, welcher Fall Sie warum interessiert. Sie bekommen fast immer die Auskünfte, die Sie dann in Ihrem Beitrag an passender Stelle einbauen können. Nur sehr mißtrauische Amtspersonen weichen bei dieser Fragetechnik aus, blocken jede Frage ab, die in die Richtung des konkreten Falls geht.

Provokation und Bescheidenheit – beides hat seine Berechtigung in der Recherche. Ich nehme mich zurück, stelle eine Weile nur noch Fragen, die mein Gegenüber ins Erklären geraten lassen, wenn ich merke, daß ich mit der Provokation nicht weiterkomme.
Er dürfe nicht mit Journalisten reden, hat der Arzt gesagt, von dem ich wissen wollte, auf welche Weise die Wundermittel wirken, die er unter Patienten anpreist. Ich frage noch einmal nach dem Wundermittel, die Antwort wird schon gereizter. Ich müsse doch wissen, daß er keine Werbung für sich machen dürfe, nein, er könne mit mir nicht sprechen. »Erklären Sie mir bitte nur, was die Abkürzung SEN bedeutet«, habe ich dann gebeten. SEN, der Name des Wundermittels, sei eine Abkürzung für Solitron Engramm Neutralisation, das wisse ich schon. Engramme, das seien die negativen Einbildungen der Seele, die vermutlich neutralisiert werden sollten. »Aber was heißt Solitron?«, wollte ich wissen. Der Arzt kam ins Erklären – sprach vom Phantasienamen »Solitron«, der nichts besonderes bedeute, bestätigte aber, daß negative Einbildungen der Seele neutralisiert werden müßten.
Jetzt müssen Sie dranbleiben, einfach weiterfragen, nur keine Pause aufkommen lassen, in der sich Ihr Gegenüber vielleicht daran erinnert, daß er mit Ihnen gar nicht reden wollte. Ich hätte Lobendes über das Heilmittel gehört und auch Kritik, fuhr ich fort und versuchte so, vom Arzt zu erfahren, was er selbst vom Mittel hält. Freilich hatte ich viel mehr Kritik gehört von Patienten als Zustimmung. Hätte ich aber nur von der Kritik berichtet,

hätte der Arzt bestimmt endgültig das Interesse daran verloren, mit mir zu sprechen. Hätte ich nur von begeisterten Patienten erzählt, wäre ich nicht glaubwürdig geblieben in der Recherche.

Ein bißchen Schleim darf sein, damit der andere, der vielleicht nicht mit Ihnen reden wollte, darauf kleben bleibt. Überlegen Sie für sich, ob Sie da noch etwas zulegen dürfen oder eher Zurückhaltung üben sollten.

Es gibt Journalistinnen und Journalisten, die werden fast überall mit offenen Armen aufgenommen. Die sind so reizend, so charmant, daß kaum jemand ihnen gegenüber eine Auskunft verweigern kann. Doch viele Menschen sind spätestens dann von ihnen enttäuscht, wenn sie erfahren, was aus der Recherche geworden ist. Diese Journalisten sollten eher einmal härter fragen lernen. Wer dagegen eher schroff ist und leicht erkennen läßt, was er von seinem Gegenüber hält, sollte sich etwas abschauen von den Sunny-boys und -girls unter den Kollegen.

Ihr Gegenüber einschüchtern, das tun faire Rechercheure nur, wenn sie bereits (fast) alles wissen, aber keine Bestätigung ihres Wissens von offizieller Seite bekommen.

Sie wissen etwa aus sicherer Quelle, daß die Sondermülldeponie nicht dicht ist, daß Gifte ins Grundwasser gelangen, und die Behörden seit 1980 davon Kenntnis haben. Sie sprechen mit dem Leiter des Wasserwirtschaftsamtes, der versucht, Sie hinzuhalten mit ausweichenden Antworten. Bluffen Sie hier ruhig einmal, behaupten Sie, Ihnen sei bekannt, daß man im Amt schon seit 1970 davon wisse, die Deponie sei nicht dicht.

Auf jeden Fall wacht Ihr Gegenüber jetzt auf, Sie bekommen Widerspruch – und manchmal gratis dazu die richtige Jahreszahl. Etwa so: »1970 hat niemand von uns gewußt, daß die Deponie nicht dicht ist, vor 1980 hat niemand im Amt davon etwas gewußt.«

Jetzt sollten Sie weiterfragen, freundlich, aber bestimmt, die neue Jahreszahl in einen Fragesatz einbauen, der Ihrem Gegenüber die Antwort schon vorgibt: »Ach, seit 1980 wissen Sie das erst?« Das kleine Wörtchen »erst« signalisiert Ihrem Gegenüber, daß es ja nicht schlimm sein kann, das nun zuzugeben. So dürfen Sie aber nur mit Amtspersonen umgehen, bei denen Sie sich sicher sind, daß die etwas zu verschleiern suchen.

Menschen nicht vorführen, nur um eine Recherche besonders erfolgreich abzuschließen. Wer für eine Zeitung schreibt, tut sich mit dieser Aufgabe in der Regel leichter als Kollegen, die für das Fernsehen arbeiten.

In einem Film über einen Wunderheiler ist minutenlang eine gläubige Patientin gezeigt worden, die mit missionarischem Eifer für ihren Glauben zu werben suchte. Ein Kanarienvogel war zu sehen, die Frau erzählte dazu, sie habe nur das Foto des Wunderheilers in den Käfig legen müssen, und ihr schwerkranker Vogel sei davon über Nacht gesund geworden. Experten klärten danach auf über den Widersinn solcher Wunderheilungen, sie lachten über die Naivität der Frau. Die Vogelbesitzerin war also nur vorgeführt worden. Ganz offensichtlich war die Frau aber davon ausgegangen, daß die Fernsehleute ernsthaft an der Heilungsgeschichte ihres Kanarienvogels interessiert waren.

Journalisten, die für Zeitungen schreiben, hätten es hier leichter gehabt. Sie hätten von der Frau und ihrem Kanarienvogel berichten können, ohne die Frau mit Namen oder gar bildlich in Szene zu setzen. Sie hätten auch schon beim Recherchegespräch mit der Frau ihr Mißtrauen gegen solche Heilungsmethoden andeuten können. Und wären damit glaubwürdiger geblieben.

Alles fragen und später entscheiden, was Sie wörtlich zitieren, was Sie in indirekter Rede bringen und was überhaupt nicht. Die Schere im Kopf produzieren Journalisten oft selbst schon während der Recherche, wenn sie sich nicht weiterfragen trauen, nur weil sie sicher zu sein glauben, daß sie das, was sie jetzt erfahren, ohnedies nicht schreiben können.

Wohin ihre Mutter abgetaucht ist, wollte ich von einer 14jährigen Vietnamesien wissen, deren Mutter sie in der Asylbewerber-Unterkunft zurückgelassen hatte. Das Mädchen kannte mich von einer früheren Recherche. Ich brauchte ihm nicht zu versichern, daß ich auch etwas für mich behalten kann, daß ich also niemandem verraten würde, wo die Mutter untergetaucht lebt. Bevor ich irgendeine rührselige Geschichte über ein armes, alleingelassenes Mädchen schrieb, wollte ich genau wissen, wie clever das Mädchen ist, was sie weiß, und wie sie umgeht mit ihrem Wissen. Aus Angst vor der Abschiebung ist die Mutter abgetaucht, doch die 14jährige Tochter schien ganz gut umgehen zu können mit der Trennung von der Mutter. Sie wußte, als 14jährige würde sie nicht abgeschoben, solange weder Mutter, Vater noch andere Verwandte auftauchten. Ohne die Mutter ist das Mädchen vorerst in Sicherheit. Mit diesem Satz habe ich etwas von der nüchternen Haltung des Mädchens versucht einzufangen, ohne das Mädchen, das mir gegenüber sehr offen war, dabei zu verraten.

Am Telefon fragen oder lieber im direkten Gespräch? Oft entscheiden Sie sich aus Zeitgründen für die Telefonrecherche.
Der Nachteil: Sie sehen nicht, wie der andere reagiert, wann er rot wird, wann er Kringel aufs Blatt zeichnet. Sie sehen nicht, ob er die Augen verdreht. Sie können nur am Tonfall erkennen, ob einer gern mit ihnen spricht oder gezwungenermaßen.
Der Vorteil der telefonischen Recherche: Der andere sieht auch Ihr Stirnrunzeln nicht, er sieht nicht, wie Sie zwischendurch gelangweilt in Notizen blättern, er sieht vor allem nicht – und das ist das Entscheidende –, was Sie alles notieren.

Lächeln Sie am Telefon, raten Verkaufstrainer. Journalisten tun auch gut daran, nicht mit grimmigem Blick nach dem Telefonhörer zu greifen. Ihr Recherchepartner spürt zumindest, daß Sie nicht gerade bester Laune sind. Manchmal ist es empfehlenswert, sich selbst erst etwas Gutes zu tun, bevor man andere am Telefon überfällt. Ich koche mir einen Tee oder Kaffee, bevor ich ein für mich unangenehmes Recherchegespräch am Telefon beginne. Manchmal gönne ich mir auch ein paar Schritte um die Ecke zu meinem Lieblingscafe, plaudere dort über Gott und die Welt, bevor ich mir (und auch den anderen) die für mich unangenehmen Recherchegespräche am Telefon zumute. Wer zu sich selbst gut ist, muß anderen nicht unnötig grollen.

Von der Recherche zum Text

Leserorientiert schreiben

Im Kopf sollten Sie Ihren Beitrag fertig haben, bevor Sie loslegen mit dem ersten Satz. Sie sollten sich gedanklich getrennt haben von überflüssigem Recherchematerial. Und sollten vor allem eines wissen:

Was ist meine Geschichte? Was will ich den Lesern mitteilen, was ist aus meiner Recherche wichtig für die Leser. Und – wie locke ich die Leser, überhaupt hineinzulesen in meine Geschichte? Der Klarheit eines Beitrags zuliebe muß manches zunächst wichtig erscheinende Recherchedetail geopfert werden.

Mehr als drei Namen merken sich Leser meist nicht, davon war schon im Zusammenhang mit der Bearbeitung von Pressemitteilungen die Rede. Auch wenn Sie in der Recherche mit zehn Leuten gesprochen haben, sollten Sie im Text nicht mehr als drei oder vier Menschen namentlich erwähnen.
Freilich gibt es gute Gründe, von dieser Regel abzuweichen. Informanten etwa müssen namentlich erwähnt werden, die mit ihrem Namen Vorwürfe namentlich nicht genannter Informanten bestätigen. Und die Präzision eines Berichtes, für den Sie vielleicht sehr umfangreiche Recherchen getrieben haben, sollte auch nicht leiden müssen unter der Regel. Überlegen Sie sich aber sehr gut, bevor Sie einen fünften oder sechsten Namen einführen im Text, ob nicht ein anderer Name stattdessen wegfallen kann.

Die Sprecherin eines Amtes darf immer wörtlich zitiert werden, ohne daß man ihren Namen eigens erwähnen muß. Als Sprecher und Sprecherin eines Amtes gelten nicht nur Pressesprecher. Auch die stellvertretende Amtsleiterin etwa kann im journalistischen Text zur Sprecherin eines Amtes werden, wenn sie in ihrer Vertretungsfunktion Auskunft gegeben hat. Lesern hilft das bei der Orientierung.

Leser müssen sich nicht überlegen, wie ein kompliziert geschriebener Name ausgesprochen wird, sie müssen nicht nachsinnen, ob der Vorname zum Nachnamen paßt, müssen sich auch nicht mit Erinnerungen plagen an Menschen mit ähnlichem Namen. Sie wissen, dieser Mensch steht für jenes Amt.

Wer kennt Monika Bethscheider? Bekannter als die Referentin für Asylfragen im Büro der Ausländerbeauftragten der Bundesregierung ist deren Chefin – zum Zeitpunkt meiner Recherche: Cornelia Schmalz-Jacobsen. Schon beim Aussprechen des Namens der Referentin geraten viele Menschen ins Stolpern, machen aus Frau Bethscheider eine Frau Bethschneider oder gar Brettschneider.

Wenn Sie selbst bei der Recherche Mühe hatten, einen Namen korrekt auszusprechen – und bitte, machen Sie sich diese Mühe immer, gehen Sie nicht achtlos um mit Namen ihrer Recherchepartner –, dann denken Sie beim Schreiben besonders an die Stolperschwellen Ihrer Leser. Müssen die vielleicht noch einmal zurücklesen, um den Namen richtig zu erfassen? Das tun Leser nicht gern – viel eher steigen sie aus und zappen lesend in einen anderen Text.

Fragen Sie sich redlich: Ist der Name der Referentin wichtig in dem Bericht? Wäre es nicht vielleicht besser, den Namen der Chefin ins Spiel zu bringen, bei dem vermutlich einige Leser gleich »Ausländer und Bundesregierung« assoziieren? Leser sollen neue Informationen mit Vertrautem kombinieren können. Wer ihnen überwiegend Unbekanntes anbietet, wird allenfalls die ganz neugierigen, die sehr fleißigen Leser halten können.

Grundsätzlich ist es sinnvoll – auch wenn Referentinnen einfach auszusprechende Namen haben – bekannte Namen ins Spiel zu bringen, überall dort, wo es möglich ist. Fragen Sie also den Referatsleiter in einem Ministerium, ob das, was er sagt, auch die Haltung des Ministers wiedergibt.

Bei der Recherche nachfragen, ob und wie Sie den Namen der Chefin oder des Chefs ins Spiel bringen dürfen, das sollten Sie nicht vergessen. Wenn die Referentin für Asylfragen versichert, für sie sei der Fall des 16jährigen Chinesen bundesweit der erste Fall, in dem ein Minderjähriger alleine in ein außereuropäisches Land abgeschoben wird, frage ich nach, ob die Chefin da noch andere Informationen haben könnte. Oder ob ich davon ausgehen könne, daß es auch für Cornelia Schmalz-Jacobsen der erste Fall so einer Abschiebung sei.

Wer sich auskennt in Politikerbüros und weiß, daß in der Regel Referentinnen und Referenten die Vorlagen für Reden erstellen, der kann annehmen, daß die Chefin in einzelnen Sachfragen nicht mehr weiß als die zuständige Referentin. Aber nachfragen müssen Sie dennoch, bevor Sie schreiben: `Für die Ausländerbeauftragte der Bundesregierung, Cornelia Schmalz-Jacobsen, ist dies der erste Fall, in dem ein Minderjähriger ohne den Schutz von Eltern oder Verwandten in ein außereuropäisches Land abgeschoben werden soll.`

Was Sie nicht schreiben dürfen: `Dies sei der erste Fall, in dem ein Minderjähriger ohne den Schutz von Eltern oder Verwandten in ein außereuropäisches Land zurückgeschickt werde, erklärte gestern die Ausländerbeauftragte der Bundesregierung, Cornelia Schmalz-Jacobsen.` Die Zentralredaktion meiner Agentur in Frankfurt hatte versucht, die Aussage im Bericht auf diese Weise noch deutlicher der Ausländerbeauftragten zuzuschreiben. Was die Kollegen allerdings nicht wußten: Cornelia Schmalz-Jacobsen war nicht in Bonn, sie war selbst in einem außereuropäischen Land, konnte darum nicht rasch vor Journalisten in Deutschland etwas erklären.

Quellen benennen, so weit es irgend möglich ist, und Sie dabei nicht Informanten verraten, denen Sie Vertraulichkeit zugesichert haben. Es macht einen Unterschied, ob die örtliche Werbegemeinschaft herausgefunden hat, Kunden seien durchweg zufrieden mit dem Angebot des Einzelhandels, oder ob das eine Verbraucherorganisation feststellt. Ihre Leser haben ein Recht darauf zu erfahren, woher Sie das erfahren haben, was Sie berichten.

Unbewußte Assoziationen können den Lesefluß entscheidend hemmen. Ungewöhnlich klingende Namen etwa wecken oft Assoziationen beim Lesen, die dann den ganzen Beitrag überlagern.

Über Doppelnamen z. B. sind schon so viele Witze gemacht worden, daß kaum jemand mehr einen nur einigermaßen eigenwillig klingenden Doppelnamen lesen kann, ohne zumindest ins Schmunzeln zu geraten. Für ein bayerisches Freiluftmuseum spricht Franziska Lobenhofer-Hirschbold. Wie umgehen mit diesem Namen im Text? `Mit täglich mehr als hundert Besuchern rechnet Franziska Lobenhofer-Hirschbold` – der Name allein macht sich schon so breit wie die ganze Aussage, und dabei weiß die Leserin noch gar nicht, für wen oder was die Frau spricht. Was tun mit einem Satz, den ich so in einem Bericht gefunden habe – `Seit zehn Jahren denkt Geschäftsführerin Helga Erika Kochan-Döderlein über einen neuen Namen für den Bayerischen Mütterdienst nach –?`

Bei zwei Vornamen, die nicht mit Bindestrich zusammengefügt sind, sollten Journalisten zumindest dann vorsichtig kürzend eingreifen, wenn der gesamte Name noch nicht hinlänglich öffentlich bekannt ist.

Der Bindestrich-Nachname dagegen muß immer dann auch in ganzer Länge gebracht werden, wenn Ihre Gesprächspartnerin darauf besteht. Sie dürfen allerdings eine Frau Lobenhofer-Hirschbold fragen, ob sie damit einverstanden ist, nur als Franziska Lobenhofer oder als Franziska Hirschbold zitiert zu werden. Auch einen Herrn Grämlich-Grau dürfen Sie danach fragen, ob einer der beiden Namen genügt für den Zeitungsbericht.

Manchen Sie vor allem weibliche Gesprächspartner – die hatten jahrelang ja nur die Chance, den eigenen Namen zu behalten, wenn sie ihn an den Namen des Ehemanns anhängten – nicht unnötig lächerlich, indem Sie korrekt einen langen Doppelnamen zitieren, den die Frau selbst gar nicht mehr nutzt. Wenn Sie, wie in der *Nordwest-Zeitung* geschehen, ein Interview mit Professorin Dr. Ilse Dröge-Modelmog zum Thema Frauenforschung abdrucken, dabei, statt den Namen der Interviewerin zu nennen, fettgedruckt `Frage` schreiben, sollten Sie statt sechsmal fettgedruckt `Dröge-Modelmog` zu wiederholen, lieber sechsmal fettgedruckt `Antwort` vor die Antworten der Professorin setzen.

Namen sind mehr als Schall und Rauch. Wer einen Namen trägt, der andere zu Assoziationen verführt, wird immer wieder mit diesen Assoziationen konfrontiert. Freilich muß niemand dröge sein, der oder die Dröge heißt. Doch alle im Volontärs-

Kurs haben gelacht bei der Namensnennung der Professorin im Interview. Was man nur mit gespitztem Mund aussprechen kann, wirkt besonders leicht unfreiwillig komisch.

Ordnung im Text bekommen Sie bei komplizierten Sachverhalten, wenn Sie in der Recherche mehreren Menschen die gleiche oder eine ähnlich lautende Frage gestellt haben. Wenn Sie bereits in der Recherche davon ausgegangen sind, daß Ihre Fragen möglichst mit den neugierigen Fragen sehr vieler Leser zusammentreffen sollten, können Sie nun Klarheit für Leser schaffen, indem Sie die Antworten bündeln und – wo nötig – kontrastieren.

Am Beispiel des kleinen Markus aus Fürth, für dessen Pflegestelle im Landkreis Roth kein Jugendamt etwas gezahlt hat, habe ich in drei Ämtern wiederholt nachgefragt, wer denn nun zuständig sei. Ich ging davon aus, daß diese Frage auch Leser stellen: Wer ist denn nun tatsächlich zuständig, wenn ein Amt auf das andere verweist? Das Jugendamt in Fürth hat auf das Jugendamt im Landkreis Roth verwiesen. Dort hat man mir ausführlich erklärt, daß man überhaupt nicht entscheidungsbefugt sei in der Angelegenheit. Die Bezirksregierung in Ansbach hatte anfänglich auf das Ministerium verwiesen. Erst nach mehrmaliger Nachfrage kam von dort eine Auskunft, die, so wurde betont, nur vorläufig sei, vom Ministerium noch bestätigt werden müsse.

In einem Bericht, der auf den ersten Fall-Bericht folgte, habe ich versucht, die Antworten zu bündeln: `Das Kreisjugendamt in Roth sei zuständig, behauptet die Fürther Stadtverwaltung weiter. In Roth will man dagegen überhaupt nicht berechtigt sein, eine Entscheidung für den Fürther Jungen zu treffen. Fürth müsse in jedem Fall zahlen, das vermutet der zuständige Regierungsdirektor in Ansbach nach Lage des Gesetzes. In Fürth lebt die Mutter, und wenn sie nicht in der Lage sei, selbst für das Kind zu sorgen, müsse die Stadt zahlen.`

Einer inneren Logik entlang sollten Sie schreiben, einer Logik, die sich von den Fragen der Leser her erschließt. Trennen Sie sich vor dem Schreiben von allem Recherche-Ballast, legen Sie alle Notizen beiseite und konzentrieren Sie sich auf wenige Fragen: Was ist das Neue, das Besondere, das ich für meine Leser entdeckt habe? Was müssen Leser erfahren, damit sie das Neue einordnen können?

Je nachdem, für welches Medium man schreibt, sind oft andere Schwerpunkte in den Recherchefragen zu setzen. Wie es dem Jungen, der abgeschoben werden soll, geht, interessiert Menschen, die in der Nähe des Jungen leben. Mit stark ausgeprägtem Mitgefühl sollte man dagegen nicht rechnen bei einem Zeitungspublikum, das viele Kilometer entfernt lebt.

Für die Lokalzeitung in Gunzenhausen ist die Tatsache, daß der 16jährige Chinese aus einem Kinderheim der Stadt heraus abgeschoben werden soll, genauso wichtig wie die Einschätzung aus Bonn, daß dies in Deutschland der erste Fall sei, in dem ein Minderjähriger alleine in ein außereuropäisches Land geschickt werden soll. Es geht schließlich um den Jungen, den viele von der Straße her kennen. Wie geht es ihm, was sagen Mitschüler zur geplanten Abschiebung, wie reagiert die Leitung des Kinderheims? Das sind Fragen, die in der Lokalzeitung auch geklärt werden müssen.

Für die Agentur werden diese Fragen nur geklärt, wenn Mitschüler, Lehrer, die Heimleitung außergewöhnlich auf die geplante Abschiebung reagieren. Wenn Mitschüler in den Hungerstreik treten, wird das auch die Agentur berichten. Für die Agentur steht eindeutig der Präzedenzfall im Vordergrund. Die Leser auch in Norddeutschland sollen wissen, daß ein 16jähriger erstmalig ohne den Schutz von Eltern oder Verwandten in ein außereuropäisches Land abgeschoben werden soll. Wie die Umgebung des Jungen reagiert, ist für Leser in Norddeutschland schon nicht mehr so interessant.

Für die Regionalzeitung, die auch in Gunzenhausen gelesen wird, werden sowohl Fragen gestellt werden, die für eine Agentur wichtig sind, als auch Fragen, die in der Lokalzeitung geklärt werden müssen. Grundsätzlich gilt: Je näher ein Ereignis am Wohnort der Leser, desto interessanter sind auch die näheren Umstände des Ereignisses.

Was wollen Leser noch erfahren? Das fragen sich Rechercheure aller Medien, bevor sie weiterrecherchieren. Nachdem im Fall des jungen Chinesen das Einmalige, das Neue geklärt worden ist, geht es weiter um die Rechtslage. Haben Verantwortliche in Behörden einen Spielraum für ihre Entscheidung? Falls ja: Wer ist berechtigt, eine bereits geplante Abschiebung auszusetzen?

Gekürzt und doch umfassend informativ hat das *Badische Tagblatt* den *epd*-Text von der geplanten Abschiebung übernommen. Außer der Frage nach der Rechtslage und nach den Erfolgschancen der Solidaritätsaktionen sind in dem kurzen Text alle wichtigen Leserfragen beantwortet: Gunzenhausen (epd) – Der 16jährige Chinese Jun Jin soll am 20. Oktober aus einem Kinderheim im bayerischen Gunzenhausen ohne Begleitung in sein Heimatland abgeschoben werden. Dies sei der erste Fall, in dem ein Minderjähriger ohne den Schutz von Eltern oder Verwandten in ein außereuropäisches Land zurückgeschickt werde, erklärte die Ausländerbeauftragte der Bundesregierung, Cornelia Schmalz-Jacobsen, gestern. Eine Nürnberger Initiative für Flüchtlingskinder forderte den Bayerischen Landtag auf, die Abschiebung auszusetzen.
Die vier folgenden Sätze hat die *Badische Zeitung* gestrichen. Die Verständlichkeit der Information hat dadurch nicht gelitten, der Text war als Nachricht nach dem *Prinzip der abnehmenden Wichtigkeit* aufgebaut. Die gestrichenen Sätze: Vor einer Abschiebung müsse geprüft werden, »welches Schicksal ihn im Heimatland konkret erwartet«. Unklar ist, ob das bayerische Innenministerium die Abschiebung zumindest bis zum November aussetzen wird. Eine Sprecherin sagte, es müsse sichergestellt werden, daß der Junge in China von Verwandten aufgenommen werde oder »eine adäquate Betreuung« erfahre. Falls dies bis zum 20. Oktober zufriedenstellend geklärt sei, werde der Chinese wie geplant zurückgeschickt.

Kürzer und klarer ist fast immer besser als ausführlich und korrekt. Die *TAZ* in Berlin hat den ganzen Text übernommen, meinen dritten Satz dabei leider wörtlich gedruckt: `Eine Nürnberger Initiative für Flüchtlingskinder hat inzwischen in einer Petition an den bayerischen Landtag gefordert, die Abschiebung auszusetzen.`
Das Füllselwort `inzwischen` liefert keine nähere Zeitbestimmung, die Leser wissen nicht, zwischen welchen Aktionen die Initiative agiert hat. Das `inzwischen` ist darum ersatzlos zu streichen. Die Leser haben auch nichts davon, wenn sie im Text erfahren, daß über dem Brief der Initiative aus Nürnberg das Wort `Petition` stand. Der Fachbegriff bringt keine weiteren Erkenntnisse. Im Gegenteil: Nicht alle Leser kennen den Fachbegriff, er kann unnötig Verwirrung schaffen.
Warum ist die `Petition` in den Text geraten? Vermutlich hatte ich zu wenig Distanz zu meinen Rechercheergebnissen, vermutlich habe ich zu oft nachgelesen in den Rechercheunterlagen und habe darum das Wort Petition abgeschrieben. Der dritte Satz wäre also straffer formuliert noch klarer geworden: `Eine Nürnberger Initiative für Flüchtlingskinder forderte den bayerischen Landtag auf, die Abschiebung auszusetzen.` Die Leser würden nach so einem klaren dritten Satz auch eher nachfragen wollen, wie die Politiker auf diese Forderung reagieren.

Bericht oder Nachricht – welche Darstellungsform wählen für das Recherchierte? In der klassischen Nachricht muß der erste Satz noch immer die wichtigsten der sechs W-Fragen (Wer?, Wann?, Wo?, Was?, Wie?, Warum?) klären. Der Aufbau der Nachricht ist ganz klar nach dem *Prinzip der abnehmenden Wichtigkeit* geordnet. Redaktionen sollen die Nachricht von hinten kürzen können, ohne daß Lesern dadurch Wesentliches entgeht.
Ein Bericht dagegen muß nicht von hinten zu kürzen sein. Berichte sind immer in mehrere Absätze gegliedert, neue Gedanken, neue Zusammenhänge werden durch neue Absätze gekennzeichnet. Leserfragen, die im letzten Absatz eines Berichts beantwortet werden, müssen nicht unwichtigere Fragen sein. Sie können manchmal sogar die entscheidenden Fragen sein,

die erst beantwortet werden, nachdem zuvor andere Fragen geklärt worden sind.

Anders als in der Nachricht, in der das Wichtigste im ersten Satz, im sogenannten *Leadsatz*, gesagt werden muß, haben Sie im Bericht den ganzen ersten Absatz, um das Wichtigste zu klären. Im Bericht werden auch viel häufiger wörtliche Zitate verwandt als in der Nachricht, er wirkt dadurch meist lebendiger als die Nachricht.

Je umfangreicher die Recherche, desto eher entscheiden sich Journalisten für die Form des Berichts. Am Beispiel einer Recherche über eine Auseinandersetzung zwischen Eltern und Kultusministerium soll im folgenden verdeutlicht werden, wie Rechercheergebnisse im Bericht anders als in der Nachricht angeboten werden. Ein Jahr lang mußte ein Kind auf Weisung der staatlichen Schulbehörde weit weg vom Elternhaus in einem Internat leben, von dem aus es nach Ansicht der Schulbehörden optimal gefördert werden konnte. Die Eltern haben gegen die zwangsweise Trennung des Kindes von der Familie mit Erfolg protestiert. Die Ausführungsbestimmungen des entsprechenden Schulgesetzes sind geändert worden, das Kind durfte von zu Hause aus in eine Schule gehen.

Ich habe mit Eltern gesprochen, mit dem Kind und anderen Internatskindern, mit Schulleitern, mit Vertretern von Schulbehörden und des Kultusministeriums, mit der Leiterin des Internats.

Im Einstieg des Berichts ist Klarheit gefragt, aber keine Eile. Im ausführlicheren Recherchebericht geben Sie im ersten Satz nur das Thema an. Ich habe im Fall des Mädchens, das bisher im Inernat leben mußte, im ersten Satz nur die Wer- und Was-Frage geklärt: `Ein achtjähriges Mädchen hilft, das bayerische Schulgesetz zu verändern.` Ein Einstieg, der auf Verblüffung setzt beim Leser. Das darf er dann – aber auch nur dann –, wenn tatsächlich etwas Verblüffendes passiert. Der nächste Satz klärt das Wie und das Wo – noch ganz aus der Perspektive des Mädchens: `Die hörgeschädigte Jasmin Zellner aus Osterhofen soll noch heuer das Internat im mittelfränkischen Zell verlassen dürfen und von zu Hause aus zur Schule gehen.` Der zweite Satz arbeitet mit einem Trick: Der Leser bekommt eine

141

Erläuterung zum ersten Satz, aber noch keine hinreichende Erklärung. Er wird zu einer Frage gedrängt, die er vielleicht ohne den Spannungsbogen der ersten beiden Sätze nicht gestellt hätte. Was, so muß sich der Leser fragen, steckt denn hinter dem Gesetz? Kann denn das bayerische Schulgesetz tatsächlich einem Kind verbieten, von zu Hause aus zur Schule zu gehen? Der dritte Satz deutet das an, der vierte bringt Klarheit: Kinder unter zehn Jahren sollen künftig auch in Bayern nicht mehr gegen den Willen der Eltern in ein Internat eingewiesen werden. Das bayerische Schulgesetz soll nach Auskunft von Elmar Schaar, dem Sonderschulbeauftragten im bayerischen Kultusministerium, entsprechend geändert werden.

Der Unterschied zur Nachricht liegt auf der Hand. Daß und wie das Gesetz geändert werden soll, hätte bei der Nachricht ganz vorn erläutert werden müssen. Das Mädchen aus Osterhofen wäre allenfalls am Ende der Nachricht, als zusätzliche Erläuterung des Hintergrunds der Nachricht, erwähnt worden. Daß Jasmin – und natürlich deren Eltern – dem Kultusministerium Druck gemacht haben, habe ich nur durch die eigene (Langzeit-)Recherche mitbekommen. Mehr als ein Jahr haben die Zellners warten müssen von ihrer ersten Eingabe, mit der sie gegen die Zwangseinweisung der behinderten Tochter in das ferne Internat protestiert haben, bis zum Erfolg. Dazwischen lagen mehrere Zeitungsberichte.

Die eigene Recherche darf erkennbar werden im Text. Es ist eben ein Unterschied, ob Sie eine Pressemitteilung aus einem Ministerium bekommen über eine geplante Gesetzesänderung, und daraus eine Nachricht formulieren, oder ob Sie herausgefunden haben, warum nun ein Gesetz geändert werden soll, wer oder was den Anstoß dazu gegeben hat.

Gedankensprünge beim Schreiben hemmen den Lesefluß, sie verführen dazu, auch beim Lesen zu springen – im schlimmsten Fall weg zu einem ganz anderen Text. Ein Satz sollte sich logisch (entlang einer dahinterliegenden Fragenkette) aus dem anderen erschließen. Freilich kann ich entscheiden, wo die Schwerpunkte gesetzt werden in einem Bericht.

Nach der Auskunft aus dem Kultusministerium (das Gesetz soll geändert werden) bin ich zunächst zurückgekommen auf das Mädchen und deren Eltern. Was hat die Eltern bewegt, Druck auf das Kultusministerium auszuüben? Bauchschmerzen und Bettnässen der Tochter im fernen Internat. Warum mußte das Mädchen im Internat leben? Weil man im Kultusministerium bisher davon ausgegangen war, es sei das Beste für das behinderte Kind, in einer Spezialschule zu lernen – auch wenn es dafür die Trennung von den Eltern ertragen mußte. Wer hat sich eingesetzt für die Gesetzesänderung – und wer war dagegen (immerhin mußte Jasmin ein Jahr warten)? Eine Staatssekretärin hat für das Elternrecht auch behinderter Kinder plädiert, Landtagsabgeordnete aller Fraktionen haben zugestimmt. Doch Schulleiter haben protestiert – ihre Sondereinrichtungen könnten gefährdet sein, wenn alle zwangsweise in ein Internat verwiesenen Kinder wieder zurückkehrten zu den Eltern. Aus verständlichen Gründen haben Schulleiter nicht vom Eigeninteresse gesprochen, sie gaben an, ihre Spezialschulen ausschließlich im Interesse der Kinder erhalten zu wollen.

Ich habe während der Recherche lange mit Schulleitern gesprochen, doch im Text sind sie nur knapp erwähnt. Statt ausführlich auf deren Argumentation gegen die Gesetzesänderung einzugehen, habe ich nach dem Ausflug über Staatssekretärin, Schulleiter und Landtagsabgeordnete wieder angeknüpft an Jasmin und ihre besondere Situation. Wohin wird sie demnächst von zu Hause aus in die Schule gehen? Diese Frage wird im letzten Absatz beantwortet.

Die strengste innere Logik kann nicht garantieren, daß alle Leser dranbleiben. Manche Sonderschullehrer hätten vermutlich viel lieber mehr aus der Perspektive der Lehrer etwas gelesen. Doch wer vorrangig die Interessen einer besonderen Berufsgruppe bedienen will als Journalist, sollte für Fachzeitungen arbeiten. In der Tageszeitung zählt die Nachbarin, der Mann auf der Straße, die flüchtige Bekannte. Für die schreiben, die nicht von Berufs wegen an einem Thema interessiert sind, ist wichtiger, als einem bestimmten Berufsstand zeigen zu wollen: Ich bin auch vom Fach.

Wer abschaltet, wenn er von Behinderten liest, wer eine triefende Sozialromanze hinter einem Bericht über Behinderte vermutet – leider gibt es solche Texte mehr als genug in Zeitungen –, den kann ich nicht zwingen, sich für Jasmins Geschichte zu interessieren. Ich kann ihn aber locken, indem ich das sehr allgemeine Wort behindert ersetze durch die Beschreibung der besonderen Behinderung als hörgeschädigt. Das Foto tut natürlich das Seine dazu, daß Leser überhaupt den Text entdecken im Spaltengewirr. Ein lächelndes Mädchen mit lustiger Kurzhaarfrisur an der Hand einer strahlenden Frau – im Hintergrund Wortteile auf einem Schild, die auf Unterricht und Behörde schließen lassen. Die Bildunterschrift kann zusätzlich neugierig machen: In der Nähe ihres Heimatortes soll die acht Jahre alte hörgeschädigte Jasmin zur Schule gehen dürfen. Die Neugier soll durch die verblüffende Aussage geweckt werden. Warum durfte das Mädchen bisher nicht in der Nähe des Heimatortes zur Schule gehen? Das werden sich einige Leser schon beim Überfliegen der Bildunterschrift fragen. Und so eine Frage drängt dazu, den Text auch zu lesen.

Das Wichtigste aufsparen bis zum Ende eines Berichts – auch das kann mitunter sinnvoll sein, jedenfalls dann, wenn Sie einen Skandal aufdecken. Im ersten Satz sollte aber auch hier zumindest etwas von der Problemlage geschildert werden. Das Recherchethema muß erkennbar sein, die Neugier muß geweckt werden. Mit dem ersten Satz muß ein Funke überspringen auf den Leser. Sonst macht er sich nicht die Mühe, bis zum Ergebnis der Enthüllungsrecherche vorzudringen.

Im Bericht über den Wunderheiler benenne ich im Einstieg nur, wem das teure Wundermittel geholfen haben soll. Und Absatz für Absatz entschlüssele ich das, was ich dazu herausgefunden habe: die Verflechtungen des Arztes mit der Chefin einer Schweizer Firma, die Verbindung zwischen Firmenchefin und vermeintlich ehrenamtlich tätigem Arbeitskreis, der das Wundermittel vorgeblich zum Selbstkostenpreis an Kranke vermittelt.

Bitte keine Hinführung zum Thema im Einleitungsabsatz. Sagen Sie immer so knapp und so klar wie möglich, wofür sich die

In der Nähe ihres Heimatortes soll die acht Jahre alte hörgeschädigte Jasmin
bald zur Schule gehen dürfen.
Foto: epd/Fechter

Erfolgreicher Elternprotest

Hörgeschädigtes Mädchen muß nicht mehr ins Internat

Von Ele Schöfthaler

OSTERHOFEN. Ein achtjähriges Mädchen hilft, das bayerische Schulgesetz zu ändern. Die hörgeschädigte Jasmin Zellner aus Osterhofen in Niederbayern soll noch heuer das Internat im mittelfränkischen Zell verlassen dürfen und von zu Hause aus zur Schule gehen.

Kinder unter zehn Jahren sollen künftig auch in Bayern nicht mehr gegen den Willen der Eltern in ein Internat eingewiesen werden. Das bayerische Schulgesetz soll nach Auskunft von Elmar Schaar, des Sonderschulbeauftragten im bayerischen Kultusministerium, entsprechend geändert werden.

Vor einem Jahr hatte sich Anita Zellner mit Eingaben an den Landtag und das Kultusministerium gewandt, weil ihre damals sieben Jahre alte Tochter Jasmin mit Bauchschmerzen und Bettnässen auf die zwangsweise Trennung von zu Hause reagiert hatte. Nur im weit entfernten Internat in Zell bei Hilpoltstein könne das lernbehinderte und hörgeschädigte Mädchen in einer für sie geeigneten Schule lernen, so hatte es bis vor kurzem noch geheißen. Bis Monika Hohlmeier, Staatssekretärin im Kultusministerium, sich persönlich des Falls angenommen hatte. Kinder unter zehn Jahren dürfe man nicht zwangsweise in ein Internat einweisen, zu dieser Forderung kam die Staatssekretärin nach Prüfung des Falls. Eine Forderung, die im Kultusministerium für einigen Wirbel gesorgt hat. Schulleiter haben sich beschwert, sie haben sich auch hilfesuchend an Abgeordnete gewandt. Längst allerdings scheint auch im Landtag die Gesetzesänderung vorbesprochen. Karl Freller (CSU), Sprecher des kulturpolitischen Ausschusses, jedenfalls will hier „nicht hinter die Forderung der Staatssekretärin zurück". Die beste Schule und das beste Internat könnten „nicht wieder gutmachen, was man Kindern antut, die man zu früh aus dem Elternhaus reißt".

Wo Jasmin nun zur Schule gehen soll, ist noch nicht endgültig geklärt. Vor einigen Woche noch hatte Anita Zellner gefordert, ihre Tochter solle dort unterrichtet werden, wo sie auch im Kindergarten war: im 60 Kilometer von Osterhofen entfernt liegenden „Institut für Hörgeschädigte" in Straubing. Zusammen mit Eltern von drei weiteren hörgeschädigten Kindern, die wie Jasmin bisher nach Zell geschickt wurden, hat sie sich nun aber die Sonderschule in Vilshofen angesehen. Jetzt hoffen die Eltern auf eine noch wohnortnähere Lösung. Dorthin hat es keines der vier Kinder weiter als 14 Kilometer.

Leser interessieren sollen. Es ist wieder soweit – diesen nichtssagenden ersten Satz habe ich in der *Süddeutschen Zeitung* ebenso gefunden wie in Anzeigenblättern, in denen die Leser so allgemein davon in Kenntnis gesetzt werden, daß es bald Weihnachten ist, oder die Ferien beginnen. Was ist wieder soweit? Das muß sich der Leser nach dem umständlichen Einleitungssatz erst fragen. Geben Sie ihm stattdessen gleich die Antwort auf die Wer-oder-Was-Frage, sagen Sie ihm, daß das Oktoberfest eröffnet, ein Sommerfest gefeiert wird.

Wenn Sie im Einstieg nicht zur Sache kommen, werden Sie wahrscheinlich am Ende auch den Ausstieg nicht wagen. Es gibt Meister des großen Amen in Zeitungsbeiträgen. Die wiederholen im letzten Satz oder im ganzen Schlußabsatz, was sie zuvor geschrieben haben. Damit der Leser es ja merkt, worauf es ankommt. »Wenn es die Leserin bis jetzt nicht kapiert hat, was du ihr sagen willst«, so haben mich *Courage*-Kolleginnen kritisiert, »dann brauchst du es ihnen jetzt auch nicht mehr zu erklären.« Und ratsch war mein schöner Schlußabsatz gestrichen. Zum Glück waren die Kolleginnen so hart, sage ich heute. Damals fand ich das unverschämt.

Zahlen so einfach und anschaulich wie möglich anbieten – wenn möglich, Zahlen miteinander vergleichen, den Bezug zwischen Zahlen herstellen. Wie ließe sich der folgende Absatz aus einem Bericht über Frühgeborene verständlicher und anschaulicher formulieren:
Bundesweit werden jährlich 48 000 Kinder zu früh, also vor Vollendung der 37. Schwangerschaftswoche, geboren. 16 000 davon sind extreme »Frühchen«, wiegen unter 1 500 Gramm. 90 Prozent der Neugeborenen zwischen 1 000 und 1 500 Gramm überleben heutzutage. Noch vor 20 Jahren hatten sie keine Chance. Umständliche Formulierungen sollten Sie zunächst aus dem Text nehmen. Einfacher als vor Vollendung der 37. Woche ist es, wenn Sie schreiben vor der 38. Woche. 16 000 sind genau ein Drittel von 48 000 – setzen Sie bitte die Kinder, die als extreme Frühchen zur Welt kommen in Relation zur Gesamtzahl der Frühgeborenen. Statt zu notieren 16 000 davon sind extreme »Frühchen«, schreiben

Sie besser: Jedes dritte dieser Frühgeborenen ist eines der extremen »Frühchen«, es wiegt unter 1500 Gramm. Dadurch, daß Sie die Vergleichsgröße anbieten und vom Plural in den Singular wechseln, wird der Satz auch für Menschen verständlich, die weghören, wenn man ihnen von großen Mengen berichtet. Statt 90 Prozent der Neugeborenen im Folgesatz zu benennen, können Sie erneut eine niedrigere Vergleichsgröße suchen. Es gibt schließlich Leser, die sich in der Schule schwer getan haben mit dem Prozentrechnen, die nicht weiterlesen, wenn sie an den Mathematikunterricht erinnert werden. Sie können schreiben – und dabei einer guten journalistischen Tradition folgen, nach der Zahlen bis 13 ausgeschrieben werden –: Neun von zehn der Frühgeborenen zwischen 1000 und 1500 Gramm überleben heute. Was Sie nicht machen sollten: Die Gramm-Zahlen in niedrigere Kilo-Zahlen umschreiben. Das Gewicht Neugeborener wird nicht nur in medizinischen Berichten in Gramm angegeben, auch in Geburtsanzeigen werden die genauen Grammzahlen notiert. Vereinfachen Sie also Zahlen nur dort, wo Leser nicht stolpern über die Vereinfachung.

Die Überschrift gehört dazu – freie Journalisten geben hier zu leicht auf. Sie verzichten auf den Vorschlag für eine Überschrift, wenn sie merken, ihre Vorschläge werden kaum angenommen. Doch wenn auch nur jede zweite Ihrer treffenden (!) Überschriften über Ihrem Text steht, machen Sie sich bitte weiter die Mühe, immer eine Überschrift zu formulieren.

Die beste Recherche geht unter, wenn Kollegen ihr eine nichtssagende Überschrift verpassen. Staatsanwaltschaft sucht nach Million, so hatte eine Zeitung meinen Bericht über die Hintergründe eines Heilmittelskandals überschrieben. Kaum einer meiner Freunde, die gewöhnlich diese Zeitung lesen, hatte den Bericht gelesen. Andere dagegen riefen bei mir an, weil sie dieselbe Geschichte in einer anderen Zeitung unter der Überschrift Sekte im Hintergrund des Urologen gelesen hatten.

Walther von La Roche, Einführung in den praktischen Journalismus, List Verlag, München
Wolf Schneider, Deutsch für Kenner, Gruner und Jahr Verlag, Hamburg
Wolf Schneider/Detlef Esslinger, Die Überschrift, List Verlag, München

Was ungeschrieben bleibt

Wer viel sammelt in Recherchen, muß sich auch von viel Material trennen können. Besonders schmerzhaft ist es oft, sich von Material zu trennen, das einem selbst zunächst ungeheuer aufschlußreich erschienen ist für das Recherchethema.

Doppelt so viel recherchieren wie Sie schreiben können, das sollten Sie mindestens tun. Wer nicht auswählen kann zwischen Informationen, die er Lesern weitergeben will, Informationen, die für den Papierkorb geeignet sind, und Informationen, die nicht verwendet werden, vielleicht aber den Grundstock liefern für eine neue Recherche, der hat zu wenig recherchiert.
Von der Sekte im Hintergrund des Urologen hatte ich schon am Anfang meiner Recherche erfahren. Doch alle Tips waren entweder sehr vertraulich oder zu vage gewesen. Mir fehlten schriftliche Unterlagen zur Sekte. Beim Schreiben des ersten Berichts zum Heilmittelskandal habe ich mehrmals angesetzt: Ich wollte den Hintergrund mit der Sekte zumindest andeuten. Am Ende habe ich mich für die Schilderung dessen entschieden, was ich sicher aus verschiedenen Quellen wußte, von denen ich einige nennen durfte. Über die Sekte im Hintergrund habe ich erst Monate später geschrieben, nachdem ich über einen Informanten, der meinen ersten Bericht gelesen hatte, an schriftliche Unterlagen aus der Sekte gekommen war.

Zwei neue Themen in einer Recherche entdecken, das können Sie immer dann, wenn Sie ausreichend recherchiert haben. Zumindest auf ein neues Thema sollten Sie durch jede Recherche kommen können.
Da ist beispielsweise die Tagung der Klinikseelsorger: Vom Austausch der Erfahrungen ist die Rede, von einer schwierigen Arbeit, die den ganzen Menschen fordert, von vielfältigen Prozessen, die nur differenziert zu betrachten seien – der Kopf brummt, lauter Sprechblasen drin, doch Sie haben noch nichts, was Sie schreiben könnten. Es steht zwar oft etwas in Zeitungen vom Gedanken- oder Erfahrungsaustausch, auch von vielfältigen Prozessen, doch davon wollen Sie hoffentlich nichts schreiben. Was tun denn die Seelsorger in der Klinik?, wollen Sie vielleicht wissen. Gespräche führen, da sein für andere, sich Zeit nehmen,

Für die Bestattung ein paar Gramm zu wenig

Totgeborene Kinder sind bis zu einer bestimmten Größe rechtlos – Selbsthilfegruppe fordert Bestattungen

Von Ele Schofthaler

NÜRNBERG (epd). **Sie werden in Plastiksäcke verpackt, als infektiöser Müll gehandelt und in Müllanlagen verbrannt: Kinder, die zu früh, zu leicht und nicht lebend zur Welt gekommen sind.**

Für Totgeborene, die weniger als 1000 Gramm wiegen, kennt das deutsche Gesetz keinen Namen, keinen Totenschein und auch keine Bestattung. Diese Kinder sind als „Fehlgeburten" lediglich „schicklich zu beseitigen". Ein „Bestattungsrecht" auch für die ganz kleinen Kindern fordert deshalb Regine Schreier von der Nürnberger Selbsthilfegruppe „Regenbogen – glücklose Schwangerschaft".

Die meisten der Frühgeborenen sind Wunschkinder, oft lange ersehnt von den Eltern. Zu Hause ist das Kinderzimmer gerichtet, die Babywäsche liegt im Schrank, längst hat man einen Namen für die Tochter oder den Sohn gefunden. Da trifft das Schicksal die Eltern doppelt: Das Kind wird nicht lebend geboren, und nach dem Gesetz soll es zudem kein Kind gewesen sein.

Im bayerischen Bestattungsgesetz sind 35 Zentimeter Mindestgröße angegeben, statt der 1000 Gramm Mindestgewicht des bundesdeutschen Personenstandsgesetzes. Nur die Totgeborenen, die mindestens 35 Zentimeter lang sind, müssen in Bayern bestattet werden. Ein „unwürdiges Zahlenspiel" nennt es Regine Schreier. Sie hat einen Sohn mit 900 Gramm Geburtsgewicht verloren. Ihr Kind wurde nach einer alten Sitte wenigstens einer erwachsenen Toten mit in den Sarg gelegt. Nikolaus heißt der Junge im Familienkreis. Weder im Standesamt noch im Kirchenarchiv findet sich ein Hinweis auf den zu früh geborenen und während der Geburt verstorbenen Jungen.

In Stuttgart und in München tragen Standesbeamte mittlerweile eine „Identitätsbezeichnung" für die zu leichten Totgeborenen ein, wenn die Eltern das wünschen. Überall erwartet man, daß die Eltern aktiv werden, daß sie von sich aus im Standesamt und in der Kirche vorsprechen. Nur weil eine Frau auf einem Grab für ihre totgeborenen Zwillinge bestanden habe, so erzählt eine Standesbeamtin einer kleinen Stadt, habe man ihr den Totenschein und den Grabbrief ausgestellt. In der Stadt werden die zu leichten Totgeborenen sonst wie amputierte Körperteile als Sondermüll verbrannt.

Ärzte, Hebammen und Pfarrer sollten von sich aus auf die Eltern zugehen, fordert der bundesweit in mehr als 20 Städten vertretene Selbsthilfeverein „Regenbogen". „Die Eltern sind meist sprachlos vor Schmerz, die können nicht fassen, daß ihr Kind tot auf die Welt gekommen ist", sagt Regine Schreier.

In der Bamberger und in der Nürnberger Frauenklinik fotografiert man heute alle Totgeborenen. Eltern, die ihr Kind im ersten Schock weder ansehen noch berühren möchten, können sich wenigstens später ein Bild machen vom Kind. „Ärzte und Hebammen haben hier umdenken müssen", sagt Axel Feige, Chefarzt der Nürnberger Frauenklinik. Früher habe man das tote Kind so rasch wie möglich „beseitigt". Heute bietet man den Eltern noch Stunden nach der Geburt an, ihr Kind in den Arm zu nehmen.

Bis heute gibt es Hebammen, die bei zu kleinen Frühgeborenen zwei oder drei Atemzüge nach der Geburt vermerken, damit die Eltern ihr Kind bestatten können. Das Hausgeburten sei das früher noch häufiger vorgekommen als in der Klinik heute, sagt Regine Schreier.

Oberkirchenrat Adolf Sperl von der bayerischen Evangelischen Landeskirche möchte mit katholischen Kollegen über eine Gesetzesänderung beraten. Wenn beide großen Kirchen gemeinsam in Bonn vorsprächen, habe man eher Erfolg, sagt er. Bislang hat man aber noch keine interkonfessionellen Gespräche geführt.

Ein Merkblatt der Evangelisch-Lutherischen Kirche, das „im Falle einer Totgeburt diese den Eltern durch das Krankenhaus zu geben" sei, ist 30 Jahre alt. Eine fünf Jahre alte Empfehlung des Katholischen Krankenhausverbandes „über den Umgang mit Tot- und Fehlgeburten" wendet sich nur an Krankenhausträger der Katholischen Kirche.

Bis das Gesetz geändert wird, hofft man in der Gruppe „Regenbogen" auf Unterstützung der Kirchen. Pfarrer sollen auf die Eltern zugehen und „einfühlsam reagieren, wenn Eltern sich in der ersten Trauer vom Glauben abwenden". Sie sollen den Eltern auch beim Gang durch die Behörden helfen, wenn diese ein zu leichtes totgeborenes Kind bestatten möchten.

Rund 2000 Mark kostet die Beerdigung eines Kindes. Keine Versicherung kommt für die Kosten auf, wenn das Kind nicht wenigstens ein paar Minuten außerhalb des Mutterleibes gelebt hat. Es wäre schön, so Regine Schreier, wenn die Kirche von den trauernden Eltern kein Geld für die Trauerfeier verlangen würde.

149

die Litanei wird fortgesetzt. Sie geben nicht auf, fragen nach Sonderaufgaben in der Klinikseelsorge, nach neuen, bisher nicht gekannten Arbeitsfeldern. Da kommt Ihr Gegenüber auf die Kollegin zu sprechen, die Seelsorgerin in einer Frühgeborenenstation ist.

Ihr neues Thema ist entdeckt: Sie besuchen die Pfarrerin in der Klinik, wollen wissen, was sie dort tut. Nur jedes zweite der Frühgeborenen in den Glaskästen wird die Klinik gesund verlassen, einige sterben noch im Krankenhaus, andere werden mit schweren Behinderungen entlassen. Vom Bericht über die Arbeit mit Frühgeborenen kommen Sie zur Recherche bezüglich behinderter Kinder. Und von der Frühgeborenenstation aus fragen Sie zurück: Was wird aus den Kindern, die zu früh und nicht lebend geboren werden? `Sie werden in Plastiksäcke verpackt, als infektiöser Müll gehandelt und in Müllanlagen verbrannt,` habe ich 1991 recherchiert und so im ersten Satz des Berichtes geschrieben. Die Überschrift: `Für die Bestattung ein paar Gramm zu wenig.`

Dem Leser nicht erklären, wie er etwas zu finden hat. Überlassen Sie es bitte dem Leser, ob er etwas erschreckend oder grausam findet – schreiben Sie ihm das nicht vor. Dem Kollegen in der Redaktion meiner Agentur kam der erste Satz des Berichtes über die Totgeborenen zu hart vor. Er selbst fand es offensichtlich makaber, daß die kleinen, toten Menschen wie Sondermüll beseitigt werden. Um die Leser darauf einzustimmen, daß es makaber werden könnte, hat er den ersten Satz gestreckt: `Sie werden – so makaber es auch klingen mag – in Plastiksäcke verpackt, als infektiöser Müll gehandelt und in Müllanlagen verbrannt.` Bis auf das *Coburger Tageblatt* haben alle Zeitungen, die den Bericht nachgedruckt haben, den erklärenden Einschub übernommen. In Coburg war es eine Volontärin, die, wie sie später erklärt hat, »gleich gemerkt« hat, »daß da was nicht stimmt im Satz«, sie hat den Einschub wieder aus dem Text genommen.
In den *Nürnberger Nachrichten* ist der erste Satz noch erweitert worden: `Menschen werden – so zynisch es auch klingen mag – in Plastiksäcke verpackt` ... Die eher läppisch klingende Bemerkung, `so zynisch es auch klingen`

`mag`, kann von kritischen Lesern als zynisch empfunden werden, die nüchterne Beschreibung der Wirklichkeit ist dagegen weder zynisch noch makaber, sie ist allenfalls hart. Menschen nun auch noch an den Anfang des ersten Satzes zu setzen, das erklärt nichts, läßt aber diejenigen unnötigerweise als grausam erscheinen, die nichts anderes getan haben, als ein Gesetz zu befolgen, dem zufolge die kleinen Toten so zu »entsorgen« waren wie amputierte Arme und Beine.

Namen nicht unnötig preisgeben. Sie sollten Namen von Beteiligten, auf die es im Zusammenhang Ihrer Recherche nicht unbedingt ankommt, nicht nennen im Beitrag.

Im Fall des kleinen Markus, dessen Pflegemutter kein Geld bekam vom Jugendamt, habe ich den Namen der Pflegemutter genannt, nicht aber den Namen der Mutter. Dabei hatte ich lange auch mit der Mutter gesprochen, ich hatte auch das Einverständnis der jungen Frau, sie namentlich zu nennen und zu zitieren. Ich fürchtete aber, der Volkszorn könnte sich gegen die junge Frau wenden, weil sie ihr Neugeborenes in Pflege gegeben hat.

In meinem Bericht ging es wesentlich um die Pflegemutter, die zwischen die Mühlen zweier Jugendämter geraten war, der kein Amt etwas zahlen wollte für ihre Arbeit. Der Name der Mutter schien deshalb auch aus sachlichen Gründen nicht nötig in der Geschichte. Als Informantin über Gespräche im Jugendamt war sie mir allerdings schon wichtig gewesen. Ich hatte mir von der Mutter des kleinen Jungen bestätigen lassen, was ich aus interner Quelle schon wußte: Die Mitarbeiterin im Jugendamt hatte versucht, die junge Frau in Richtung Adoption zu drängen. Die Mitarbeiterin im Jugendamt war sauer, daß das Neugeborene, das doch so leicht zur Adoption gegeben hätte werden können, in eine Pflegefamilie kam. Die Mutter als Informantin über die Gespräche im Amt habe ich nicht eigens erwähnt, die Informantin aus dem Amt natürlich erst recht nicht.

Weil ich aber aus zwei Quellen – darunter aus der ganz verläßlichen internen Quelle – wußte, was Kern der Beratungsgespräche im Jugendamt war, habe ich die Aussagen im Text entsprechend zugespitzt:

`Das Kind ist wohlauf` (für das etwas altertümliche Wort `wohlauf` habe ich mich entschieden, weil `gesund` nicht gepaßt hätte – die Pflegemutter hatte versprochen, das Kind auch dann aufzunehmen, wenn es krank oder behindert zur Welt gekommen wäre), Mutter und Pflegemutter sind sich einig, doch das Jugendamt sagt Nein. Der fünf Wochen alte Markus soll nicht in der Pflegefamilie bleiben, die seine Mutter für ihn ausgesucht hat. Das Amt hätte den Jungen lieber zur Adoption gegeben. Doch die Mutter wollte ihr Kind nicht an fremde Leute verlieren.

Mit acht Leuten sprechen, aber nur drei im Bericht namentlich erwähnen, dazu sollten Sie sich nach der Recherche entscheiden können. Die Mutter kam nicht vor mit Namen, die Informantin aus dem Jugendamt wurde überhaupt nicht erwähnt, ich habe eine Ersatzquelle zitiert, die einen Teil der Informationen bestätigt hat. Mit dem Pflegevater hatte ich auch gesprochen und mit zwei der größeren Kinder, doch erwähnt habe ich sie nicht.
Den Hauptärger mit den Ämtern hatte die Pflegemutter Gertrud Groß, sie ist als erste im Bericht namentlich erwähnt. Dazu kamen mit Namen noch die Mitarbeiterin im Jugendamt, die den ablehnenden Bescheid geschrieben hatte, und der Leiter des anderen Jugendamtes, der sich in der Vergangenheit schon einmal über die »erschwerte und nicht offene Zusammenarbeit« mit der Pflegemutter beklagt hatte. Die zuständige Sozialarbeiterin aus dem zweiten Amt, die mir zunächst den Fall aus ihrer Sicht erklärt hatte, tauchte auch nicht auf im Bericht.
Der Leiter dieses Amtes, der nicht so nahe am Fall dran war, hatte mir verblüffend offen die Rechnung erläutert, die hinter der Haltung der Ämter stand: Bekommt die Pflegemutter kein Geld, wird sie das Kind sehr bald zurückgeben. Dann werde man im Amt neu überlegen, wohin der Junge soll. Selbstverständlich werde man mit dessen Mutter dann noch einmal über die Vorteile der Adoption sprechen. Diese Aussage hätte ich nie von einer direkt beteiligten Sozialpädagogin bekommen können, doch genau diese Aussage gibt Antwort auf eine Leserfrage: Was steckt denn dahinter, wenn das Jugendamt nicht zahlt?

Zusammenbringen, was zusammengehört – das dürfen und sollen Sie in Ihrem Recherchebericht. Bitte nicht chronologisch aufzählen, was Sie in welcher Reihenfolge von wem erfahren haben.

Die Pflegemutter beschwert sich darüber, daß sie mit fast vierzig zu alt sei für das Jugendamt, daß das Jugendamt Pflegekinder auch lieber in Familien vermittelt, in der nur ein bis zwei Kinder leben, und nicht fünf wie in ihrer Familie. Was sagt das Jugendamt zu diesen Vorwürfen? Das wollen Leser möglichst in einem Atemzug mit den Vorwürfen erfahren. Bitte also nicht schwerblütig nacheinander Positionen auflisten, wo ohne Mühe zwei gegensätzliche Einschätzungen in einem Satz oder in unmittelbarer Folge gebracht werden können, etwa so:

```
Mit dem kleinen Markus leben derzeit sechs Kin-
der in der Familie Groß im Haus am Rande des Dor-
fes Gustenfelden. »Zu viele«, sagt die Sozial-
pädagogin im Fürther Jugendamt, für sie sei »bei
fünf Kindern Schluß«.
```

Und im nächsten Absatz kommt dann der Gegensatz zwischen Mutter und Jugendamt zur Sprache:

```
Was im Amt gegen die Pflegemutter des kleinen
Markus spricht, findet dessen Mutter gerade gut:
Gertrud Groß hat schon häufiger Pflegekinder
aufgenommen und lebt gerne mit vielen Kindern.
```

Intime Details verschweigen. Während der Recherche zur Geschichte von Markus und den Jugendämtern habe ich erfahren, wann die Mutter mit welchem Partner zusammen war. Das allerdings geht das Zeitungspublikum nichts an. Sie entscheiden, was Schwerpunkt Ihrer Geschichte ist. Bei der Recherche kann es wichtig sein herauszubekommen, warum ein Jugendamt der jungen Schwangeren die Unterschrift zur Adoptionseinwilligung nahelegt. Es muß ja nicht nur das Geld sein, das sich das Amt spart, wenn sie ein Kind zur Adoption vermittelt und nicht in eine Pflegefamilie. Bis heute gibt es noch in vielen Amtsstuben Vorurteile gegenüber Frauen, deren Beziehungen zu Männern nicht gängigen Moralvorstellungen entsprechen.

Die geht auf den Hausfrauenstrich, das habe ich vertraulich aus einem anderen Jugendamt über eine Frau gehört, der man ein Pflegekind weggenommen hat. Sie sei mit 40 Jahren zu alt für das Kleinkind, so hat das Amt der Frau gegenüber argumentiert. Formal juristisch war das Amt im Recht. Es durfte bestimmen, wo das Kind leben sollte – das Sorgerecht für das Kind lag beim Jugendamt. Doch mich hat die Geschichte von der menschlichen Seite her interessiert. Erst hatte das Amt die Frau gebeten, das Kind in Pflege zu nehmen. Und dann, ein dreiviertel Jahr später, kam das Amt wieder, um das Kind dort herauszuholen. Vorsichtig habe ich versucht, bei der Frau herauszubekommen, ob sie weiß, was ihr das Jugendamt tatsächlich vorwirft.

»Sind Sie sicher, daß man Ihnen nur Ihr Alter vorwirft? Es könnte ja sein, daß man im Jugendamt noch andere Gründe dafür hat, daß man Ihnen das Kind weggenommen hat«, so habe ich vage formuliert. Meine Vorsicht war nicht nötig. Die Frau hat nur gelacht und mich direkt gefragt, ob man mir auch die Geschichte mit dem Hausfrauenstrich erzählt habe. Zwei Kollegen, die am Tag zuvor bei der Frau Fernsehaufnahmen gemacht hatten, hätten bei ihr angerufen und gesagt, sie könnten den Beitrag jetzt doch nicht senden, weil sie aus verläßlicher Quelle erfahren hätten, sie gehe auf den Hausfrauenstrich.

Nüchtern weiterrecherchieren, das ist hier zu empfehlen, und später alles aus der Geschichte ausblenden, was mit der Sache nichts zu tun hat. »Die Frau hat das Kind bisher gut betreut«, das bestätigt mir das Jugendamt. Sie selbst erzählt, daß sie vor der Ehe mit ihrem zweiten Mann Beziehungen auch zu anderen Männern gehabt habe, und vermutet, daß man ihr das als Hausfrauenstrich ankreide. Doch das geht mich nichts weiter an. Sie kann erzählen, wenn sie möchte, doch für den Bericht spielt ihre Erzählung keine Rolle.

Sich nicht verzetteln bei der Auswahl der Details. Von einem Bestatter, der rasch an viel Geld gekommen war, wußten viele in der Stadt vieles zu erzählen. Er soll nicht nur Schmiergelder bezahlt haben, um an die Aufträge im Altenheim zu kommen, er soll auch doppelt und dreifach kassiert haben bei Angehörigen und dabei wenig auf Gesetz und Pietät geachtet haben. So soll er Verstorbene tagelang in einem Schuppen seines Betriebsgeländes zwischengelagert haben, bis drei oder vier Leichen zusammengekommen sind für einen rentablen Transport zum Krematorium. Den Angehörigen soll er jeweils einen Transport berechnet haben. Verstorbenen soll er Goldzähne ausgebrochen haben, die dann verkauft worden seien. Oft seien auch vor der Verbrennung im Krematorium teure Särge gegen billige getauscht worden, und das Seidenbett der Toten gegen Stroh oder Müll. Auch bei der Grabpflege, die manche Angehörige dem Bestatter übertragen haben, soll es zu Unregelmäßigkeiten bei der Abrechnung gekommen sein.

Im Bericht stand schließlich nichts von den besonderen Neben-Einnahmequellen des Bestatters. Im Bericht ging es um Bestechungsgelder und die Auswirkungen der Bestechungsversuche. Warum Angehörige durch die Schilderung der illegalen Lagerung der Leichen im Schuppen des Bestatters unnötig in Unruhe versetzen? Warum von ausgebrochenen Goldzähnen berichten?
Ersparen Sie sich und den Lesern zu viele Details aus Ihrer Recherche. Ihr Bericht wird dadurch klarer – und Sie haben noch etwas in Reserve, wenn Sie noch einmal zum Fall berichten wollen oder sollen. Sie haben auch noch Recherchematerial, das Sie dem Richter vorlegen können, falls Sie verklagt werden wegen Ruf- und Geschäftsschädigung. Wenn Sie nicht alles geschrieben haben, was Sie herausgefunden haben, wird der Richter Ihnen die Sorgfalt in der Recherche viel eher abnehmen, als wenn Sie alles der Öffentlichkeit preisgegeben haben, was Sie zum Fall wissen.

Wenn die Recherche nicht rund ist, verzichten sie bitte immer dann auf die Veröffentlichung der halben Recherche, wenn Sie schwere Vorwürfe benennen.
In der Folge einer meiner Recherchen um Geschäfte mit dem Tod habe ich vom Handel mit gebrauchten Herzschrittmachern erfahren. Ich wußte, wer wann für wieviel Geld in der Pathologie eines Krankenhauses Verstorbenen Herzschrittmacher entnimmt. Ich wußte auch, welcher Wohlfahrtsverband Geld verdient mit dem Gebrauchtwarenhandel. Ich hatte auch die Aussage des zuständigen Rechtsreferenten der Stadt, es sei nichts dagegen einzuwenden, wenn der betreffende Wohlfahrtsverband Geld macht mit den gebrauchten Geräten. Zumindest so lange nicht, wie die rechtmäßigen Eigentümer keine Ansprüche

anmelden würden. Rechtmäßige Eigentümer sind die Angehörigen der Verstorbenen. Doch die interessieren sich normalerweise nicht für die Herzschrittmacher. Sie kennen ja auch die Wege nicht, über die solche Geräte zu Geld zu machen sind. Leider habe auch ich bei meinen Recherchen die Zwischenfirmen nicht ermitteln können, über die gebrauchte Herzschrittmacher wieder auf den Markt gekommen sind. Nur neue Herzschrittmacher werden auf dem Markt angeboten und gekauft, so habe ich von Krankenkassen erfahren. Zumindest in Deutschland werde nur der Einbau neuer Geräte von den Kassen finanziert.

Wichtige Fragen sind offen geblieben in der Recherche. Gibt es in Deutschland Ärzte, die alte Herzschrittmacher einbauen, den Kassen aber den Einbau neuer Geräte in Rechnung stellen? Wie kommen sie an die dafür nötigen Rechnungen? Verkauft der Wohlfahrtsverband die alten Geräte vielleicht außer Landes, kommen sie von dort zurück als vermeintliche Neugeräte? Oder gelten die alten Geräte als ein Beitrag zur Entwicklungshilfe – wird der Export am Ende noch mit Bundesmitteln bezuschußt? Oder gibt es in Deutschland eine Firma, die gebrauchte Herzschrittmacher aufpoliert und als Neugeräte auf dem deutschen Markt anbietet?

Andere Journalisten sind erfolgreicher gewesen, ein Jahr nach meiner erfolglosen Recherche haben Kollegen Unregelmäßigkeiten rings um Herzoperationen aufgedeckt. Da sind Preise abgesprochen worden zwischen Ärzten und Firmenvertretern, und Ärzte haben sich das vergüten lassen. Welcher Arzt welche Reise dafür geschenkt bekommen hat, das war von Kollegen genau recherchiert worden – die Geschichte war jetzt reif für die Öffentlichkeit.

Die besondere Recherche

Recherche für die Reportage

Die Neugier treibt Sie zur Recherche, die Neugier, eine für Sie zunächst fremde Welt zu entdecken, oder die Neugier auf das Fremde mitten in Vertrautem.

Die Ahnung schickt Sie, wenn Sie für eine Reportage recherchieren. Die Ahnung, daß Sie dort, wo Sie hingehen, etwas finden, was zuallererst Sie selbst und dann auch die Leser interessiert. Sie wollen in der Reportage etwas schildern, was Sie und die Leser angeht, was Leser trifft. Und Sie wollen es so schildern, daß es unter die Haut gehen kann. Eine Reportage darf ziemlich viel mit dem Leser anstellen, sie darf ihn zum Schmunzeln bringen, zum Lachen, sie darf ihn auch zu Tränen rühren – sie darf nur eines nicht, den Leser kalt lassen.

Um Gefühle wecken zu können, um Gefühle durch Beschreiben einer Wirklichkeit zu wecken (nicht durch Kommentare zur Wirklichkeit), müssen Sie mit allen Sinnen recherchieren, also nicht nur hören und sehen, sondern auch tasten, schmecken und riechen.

Wenn Sie schon wissen, was Sie schreiben wollen, brauchen Sie gar nicht erst loszuziehen, um für eine Reportage zu recherchieren. Das heißt nun aber nicht, daß Sie sich die Vorrecherche sparen sollten. Was weiß ich selbst zum Thema, was empfinde ich, welche Gefühle verbinde ich mit dem Thema? Das sollten Sie sich fragen. Und dann vom eigenen Kopf und Herzen aus weitergehen zu Erfahrungen von Kollegen oder Freunden. Erst danach ist es meist sinnvoll, in Archiven und Datenbanken nach Material zum Thema zu suchen. Sie wissen jetzt schon mehr, wonach Sie suchen.

Ich schaue mal, was kommt, lasse alles einfach auf mich zu kommen, so wird immer wieder auf Reportagekursen gegen Vorrecherchen argumentiert. Der unverstellte Blick wird beschworen; da ist die Hoffnung, daß auch erwachsene Journalisten noch so offen sein können wie manches kleine Kind.

»Er hat doch gar nichts an«, sagt das Kind im Märchen und deutet auf den nackten Kaiser. Die Erwachsenen dagegen haben dem nackten Kaiser zugejubelt, sie haben die tollen Kleider aus Seide und Brokat bewundert, nur um nicht für dumm gehalten zu werden. Zwei Gauner hatten sich zuvor am Hof eingenistet und behauptet, nur kluge Menschen könnten des Kaisers neue Kleider sehen. Kaiser, Hofmarschall und Volk – alle haben sich blenden lassen. Nur das Kind hatte keine Angst davor, sich eine Blöße zu geben. Doch so wie das Kind im Märchen können die wenigsten Erwachsenen die Welt noch wahrnehmen.

Sie sehen nur, was Sie schon wissen. Und längst nicht alles Wissen ist dem Bewußtsein präsent. Wer glaubt, unvoreingenommen losziehen zu können zur Recherche, produziert am Ende breit getretenen Quark. Erwachsene müssen die alten Bilder im Kopf sortieren, bevor sie das entdecken können, was sie noch nicht kennen.

Die Sau rauslassen vor der Recherche, empfehle ich in Reportageseminaren. Die gemeinsten Bilder, die Sie in sich haben, aussprechen, sortieren, um sie vielleicht überwinden zu können, wenn die Wirklichkeit nicht den bösen Bildern entspricht.
Der Puff am Rande eines Kleingartenviertels – welche Bilder verbinden Sie mit dem Thema? Zögernd kommen da meist die Antworten, nach und nach werden erst die brutaleren Bilder präsentiert: nach Schweiß riechende Männer mit Hosenträgern, die öffentlich schimpfen über den Sittenverfall, doch heimlich zu den Huren schleichen. Muttis mit verkniffenen Lippen, die emsig nach Unkraut hacken. Saubere Wege und viel Schmutz im Gemüt. Schmutzige Laken im Puff, Plüsch und rosa Kunstseide. Bemalte Gesichter, der Lack ist ab.

Hinter den Vorurteilen die andere Welt entdecken, darum hatte sich eine Kollegin erfolgreich bemüht. Sie hat mit der Kleingärtnerin gesprochen, die das ganz hübsch findet mit dem Puff: Die Mädels dort seien nett, mit dem Puff sei endlich etwas

Leben in die Gartenkolonie gekommen. Eine Reportage ist aus dieser Recherche entstanden, die alle im Kurs gern gelesen haben, weil niemand nur mit den Bildern bedient worden ist, die er in sich auch schon längst hatte. Den Blick für die fremde Welt können Sie sich nur erhalten, wenn Sie alle Bilder und Einschätzungen, die Ihnen einfallen zum Reportagethema, vorab sortiert haben. Schließlich ist es viel leichter, den Mann mit Bierbauch und Hosenträgern zu finden in der Gartenkolonie als die Frau, die den Puff ganz nett findet.

Kleinwüchsige Kinder mit Eltern und Geschwistern bei einem Wochenendseminar – und Sie sollen dabei sein. Was erwartet Sie? Der Puff im Kleingartenmilieu hat noch verhältnismäßig leicht Vorurteile an die Oberfläche gespült. Bei den körperbehinderten Kindern will zunächst keiner reden im Seminar. Eine beteuert dann, sie gehe mit Behinderten genauso um wie mit anderen Menschen. Andere bezweifeln das. Einer gibt zu, er sehe immer weg, wenn er Behinderte trifft. Vorurteile gegenüber Behinderten, damit will lange niemand herausrücken. Als einer von »häßlichen Gnomen mit dicken Köpfen« spricht, protestieren die anderen. »Kurze, baumelnde Arme und dicke, kurze Beine«, wagt dann doch noch eine zu sagen. Nach und nach kommen auch andere Vorurteile ans Licht. Aufdringlich seien die Kleinwüchsigen, distanzlos und geistig nicht rege.
Erst wenn man auch die häßlichsten Bilder, die man in sich hat, vor sich ausbreitet, wenn man bereit ist, die Sau, die in einem steckt, herauszulassen, macht die Recherche auch in Archiven einen Sinn. Ich suche nun danach, ob die Körperbehinderung oft mit geistiger Behinderung zusammentrifft, und finde: Fehlanzeige. Ein dummes Vorurteil also, das man so schnell wie möglich hinter sich lassen sollte. Nach der kritischen Reflexion der eigenen Vorurteile und nach einer Vorrecherche auch in Archiven sollten Sie erst losziehen zur eigentlichen Recherche für die Reportage.

Die Recherche am Ort des Geschehens gehört unbedingt zur Reportage. Ich muß dort gewesen sein, mit eigenen Augen gesehen, mit eigenen Ohren gehört, mit der eigenen Nase geschnuppert, selbst geschmeckt und gefühlt haben, um schreibend Leser ganz nahe an den Ort des Geschehens locken zu können. Die Leser sollen später dort stehen, wo ich stand bei der Recherche. Sie sollen lesend nicht erst auf mich schauen, nicht erst hören, wie ich etwas empfunden habe, sondern möglichst unmittelbar selbst hören, sehen, fühlen, riechen und schmecken können.

Wer noch nicht oft Reportagen geschrieben hat, sollte sich an mindestens zwei der folgenden vier Tips orientieren:

Dorthin gehen, wohin die Neugier treibt, wo man aber bei sich eine kleine innere Schwelle überwinden muß. Wer sich gut auskennt in einem Milieu, recherchiert nicht mehr neugierig genug, er setzt bei seinen Lesern zu leicht voraus, daß die sich auch auskennen. Und wer eine zu hohe Schwelle überwinden will, bleibt leicht vor der Schwelle stehen, schreibt mehr über die eigenen Schwellenängste als über das fremde Milieu.

Dorthin gehen, wo viele Menschen sind, wo viele Menschen etwas tun, wo Menschen möglichst nicht nur beieinander sitzen und nicht nur miteinander reden. Bewegung sollte ins Spiel kommen, Dynamik auch. Und man sollte Zeit haben, sich die zwei (bis höchstens vier) Hauptpersonen der Reportage aussuchen zu können.

Dorthin gehen, wohin Leser auch gern gehen würden, sich aber nicht trauen oder es nicht dürfen (Frauen nicht ins Männerkloster, Männer nicht in den Frauensexshop, Frauen und Männer nicht in die Frühgeborenen- oder Intensivstation eines Krankenhauses).

Von der Seite her recherchieren, einen eigenwilligen Standort auswählen, von dem aus man recherchiert (den Zirkus nicht von der Zuschauertribüne aus beschreiben, sondern vielleicht aus der Perspektive der Kinder in der Zirkusschule).

Es gibt die sanften Reportagethemen, die Themen, die weder skandalös noch besonders spannend erscheinen. Hier sollte man sich besonders darauf konzentrieren, die Hauptpersonen gut auszuwählen, die Personen, deren Erleben die Leser eine Reportage lang interessieren soll. Ein Kind, das lange schmollend in der Ecke sitzt, ist vielleicht eine Hauptperson in der Re-

portage über den Kindergarten, in dem Behinderte mit Nicht-Behinderten zusammen spielen und lernen.
Zu den sanften Reportagethemen gehört zum Beispiel der Seifenladen in Berlin-Ost, dessen Stammkundschaft seit fast fünfzig Jahren regelmäßig kommt. Eine Mischung aus traditionellen DDR-Cremes und Parfums mit dem Duft der weiten Welt – dazwischen die 70jährige, selbstbewußte Ladenbesitzerin und ihre treuen Kunden.

Teddy, Tod und Teufel, das ist eine Kombination, die besonders gefragt ist bei Lesern. Sie können Ihr sanftes Teddy-Thema mixen mit etwas Sünde (Teufel) und Not (Krankheit, Armut, Tod). Sünde pur langweilt ebenso wie die plakative Darstellung nackter Not. Die Mischung der Teddy-, Tod- und Teufelsstimmung kann auch die Reportage besonders interessant machen. Der Puff im Kleingartenviertel etwa, das Liebesgeflüster im Altenheim, die Aktfotos der Rollstuhlfahrerinnen.

Kontraste entdecken am Ort des Geschehens, darauf kann es ankommen bei der Recherche für die Reportage. Kontraste am Ort des Geschehens, Kontraste auch innerhalb einer Person und zwischen den Menschen. Bei der Recherche für einen Bericht sind ganz andere Kontraste wichtig gewesen. Da ging es um Kontraste/Widersprüche zwischen verschiedenen Einschätzungen zur gleichen Frage/zum gleichen Sachverhalt. Jetzt geht es mehr um Kontraste zu gewohnten Bildern:
Die Obdachlose, die den Lippenstift nutzt und die Augenbrauen nachzieht, ist interessanter in der Reportage als die Pennerin, die aus dem schmuddeligen Schlafsack nach der Schnapsflasche greift. Nur keine Klischees wiederholen in der Reportage. Lieber das beschreiben, was Sie selbst noch in Erstaunen versetzt.

Etwas mehr von der Welt kennenzulernen, als sie bisher schon kannten, das erhoffen sich Leser zumindest unbewußt von einer guten Reportage. Für die Journalisten bedeutet das, daß sie sich eigentlich eine Tarnkappe stricken müßten, um so unauffällig wie möglich in fremde Welten abzutauchen.

Nur nicht gleich Ihren Namen nennen, und die Zeitung erwähnen, für die Sie arbeiten, wenn Sie für eine Reportage recherchieren. Hier unterscheidet sich die Recherche für die Reportage grundlegend von der Recherche für den Bericht. Die besten Reportagen, eindringlich und anschaulich geschildert, sind in Reportagekursen immer dann geschrieben worden, wenn sich die Autoren nicht von Anfang an als Journalisten zu erkennen gegeben haben.

Die Kundin im Münchner Frauensexshop hat erst lange selbst nach Massagestäben und Reizwäsche gefahndet, dabei so unauffällig wie möglich die anderen Kundinnen beobachtet, bevor sie sich vor der Inhaberin als Journalistin geoutet hat. Wer sich nach einer längeren Vorrecherche am Ort nicht plump als Journalistin zu erkennen gibt, sondern eher zögernd etwas davon erzählt, daß »man darüber auch einmal schreiben sollte«, wird auch nicht gleich herausgeworfen aus dem Shop mit dem besonderen Angebot.

Kolleginnen, die von Anfang an gesagt haben, daß sie etwas schreiben wollen über den Frauensexshop, sind viel zu rasch auf die PR-Sprüche der Inhaberin hereingefallen. Sie haben in der Reportage wiedergegeben, was die Besitzerin diktiert hatte: daß Frauen ein besonderes Bedürfnis hätten nach Sexartikeln im geschützten Frauenraum, daß Frauen die dezente Atmosphäre des Ladens zu schätzen wüßten. Als Leserin der Reportage interessiert mich aber nicht so sehr, ob die Inhaberin eines Ladens glaubt, ihre Kundinnen seien begeistert. Ich will selbst etwas erleben von der Begeisterung oder der Enttäuschung der Kundinnen.

In Clairchens Ballhaus im Ostteil von Berlin konnten nur die Teilnehmer des Reportagekurses glaubwürdig recherchieren, die sich ernsthaft eingelassen haben auf die besondere Situation. Wer zunächst glaubte, keine Probleme damit zu haben, in eine fremde Welt einzutauchen, hat spätestens beim Schreiben gemerkt, daß er so nah nicht herangekommen ist an die Gäste im Ballhaus.

Eine Teilnehmerin dagegen hatte im Kurs zunächst gestreikt, sie wollte nicht in das Tanzlokal gehen, in dem Frauen nach fremden Männern fahnden und Männer nach einer Frau, die Abwechslung bietet. Doch die Journalistin hat schließlich ihre eigene Schwelle überwunden, sie hat selbst getanzt in Clairchens Ballhaus, sie hat sich eingelassen auf die Menschen dort.

Und genau diese Teilnehmerin hat nachher die dichteste und lebendigste Reportage geschrieben, die Reportage, die auch die anderen im Kurs am meisten berührt hat.

Fragen, ohne Fragen zu stellen, darauf kommt es an bei der Recherche für die Reportage. Sie sollten das auch sonst im Leben immer wieder einmal trainieren. Sie können bei der Recherche nur hören, was andere erzählen. Sie können auch etwas von sich erzählen (aber bitte nur kurz), um andere zum Reden zu bringen. Sie brauchen die Tarnkappe, die Ihnen hilft, das störende Moment der Journalistin vergessen zu lassen. Auch wenn Sie dem Türsteher in Clairchens Ballhaus sofort erklären, daß Sie als Journalistin Einlaß begehren – halten Sie sich zurück mit Ihren neugierigen Fragen. Es gibt so viel, was Sie entdecken können, ohne auch nur eine einzige Frage gestellt zu haben.

Als Journalistin, die für ein Printmedium arbeitet, können Sie manches entdecken, was Kollegen vom Fernsehen nur in der Vorrecherche bemerken. Notieren können Sie sich, wie die Dame mit dem prallen Bauch und dem goldenen Gürteltäschchen dem jungen Mann zuzwinkert, ihm dann auf die Schenkel patscht. Das tut sie nur, wenn sie sich nicht beobachtet weiß von einem Kamerateam. Der junge Mann folgt der Frau willig auf die Tanzfläche, läßt sich im Walzerrhythmus schieben und drehen. Damenwahl ist angesagt, die Männer ziehen mit.

Sammeln Sie Postkarten und Kalender. Auf Postkarten, in Kalendern, in kleinen Notizbüchern können Sie einigermaßen unauffällig auch in einem Lokal oder unterwegs etwas notieren. Fragen Sie im Schreibwarengeschäft um die Ecke: Ab Februar oder März eines Jahres bekommen Sie dort Kalender preisgünstig oder geschenkt. Ich habe zu Hause immer eine Kiste mit Taschenkalendern vergangener Jahre, die ich für Recherchen brauche.

Glauben Sie, mehr aufschreiben zu müssen, hilft im Cafe oder Tanzlokal nur der Gang zur Toilette. Dort bleiben Sie eben so lange, bis Sie alles notiert haben, was Ihnen wichtig erscheint.

Notieren Sie sich auch Nebensächlichkeiten, die Farbe und das Muster der Tapeten, Frisuren und Kleider. Was stand auf dem zerknüllten Zettel neben dem Aschenbecher? Was genau hat der Ober gesagt, als er die Gäste zum Weitertrinken animieren wollte? So ungefähr dies oder das – das gilt nicht in der Reportage.

Sie können schreibend nicht so oft in die indirekte Rede wechseln wie im Bericht, weil die indirekte Rede Distanz schafft zum Leser. Er forderte die Gäste auf, weitere Getränke zu bestellen. Das klingt sehr nüchtern in der bierseligen Runde. Besser ist es da zu schreiben: Er greift nach dem halbgeleerten Glas, klopft dem Gast auf die Schulter und brummt dazu: »Eines packen wir noch.«

Daß die Bank aus Birkenholz ist, haben Sie sich bei der Recherche notiert. Für die Reportage über die Notaufnahme im Krankenhaus ist es dann aber doch nicht wichtig, ob die Bank nun aus Birken- oder Buchenholz ist. Notieren sollten Sie viele Details, aber nach der Recherche auswählen, welche Details wichtig sind für die Leser. Was stört Sie an dem folgenden Satz aus einer Übungsreportage über die Notaufnahmestation eines Krankenhauses?

Sie sitzen auf einer schlichten Birkenbank, halten sich zärtlich an ihren Händen, kaltes Neonlicht fällt auf sie herab, er küßt sie hingebungsvoll auf die Wange, blickt immer wieder ans Ende des Ganges.

Da hat der Schreiber Angst gehabt, die Leser könnten die Mischung aus Kälte und Zärtlichkeit nicht kapieren, die er entdeckt hat in der Notaufnahme. Die Angst davor, daß Leser sich nicht in die bei der Recherche wahrgenommene Stimmung ziehen lassen, ist ein schlechter Ratgeber. Man gerät beim Schreiben unter Druck und gibt den Lesern den Druck weiter. Zudem hatte der Schreiber auch noch Angst davor, seine Rechercheergebnisse könnten peinlich wirken. Der Autor des Satzes hat im Reportage-Kurs den Hintergrund der Szene geschildert: Das Paar wollte die sogenannte Pille-danach in der Klinik bekommen. Die beiden hatten miteinander geschlafen und dabei nicht auf Verhütung geachtet. So genau habe er das aber nicht schreiben wollen, hat der Volontär erzählt, er hatte gehofft, durch die eindringliche Schilderung der schlichten Holzbank und des kalten Neonlichts inmitten der Beschreibung dessen, was die zwei miteinander tun – sie halten sich an ihren (an welchen Händen sonst? – was bringt das besitzanzeigende Fürwort?) Händen, er küßt sie hingebungsvoll auf die Wange –, käme die Stimmung schon rüber. Angekommen ist bei den meisten Volontären im Kurs der Wunsch des Kollegen, etwas extra dramatisch zu beschreiben. Doch was da gezeigt werden sollte, blieb verborgen.

Die Gegenfrage stellen, das kann dabei helfen, sich vor geschraubter Sprache zu retten. Am Beispiel der Notaufnahme: Haben Sie schon einmal ein warmes Neonlicht gesehen? Kann das Licht der Neonröhre, die an der Decke hängt, etwas anderes tun als herabzufallen? Überlegen sie weiter, ob Ihre Leser tatsächlich etwas mitbekommen von der Hingabe zwischen zwei Menschen nur dadurch, daß Sie behaupten, jemand küßt hingebungsvoll? Und die schlichte Birkenbank, was tut sie anderes im Text, als mich lesend abzulenken von der Angst und der Zärtlichkeit der beiden auf der Bank?

Die Hauptpersonen bleiben im Hintergrund. Der Autor hat die Namen der beiden nicht genannt, er hat sie auch nicht näher beschrieben. Warum nur glaubte er, das, was die beiden ins Krankenhaus getrieben hat, verschweigen zu müssen? Bitte achten Sie schon bei der Recherche darauf, Ihre eigene Angst vor Tabuverletzungen nicht auf andere zu übertragen.

Nicht locker lassen sollten Sie bei einer Recherche im Tanzlokal, in der die Dame mit dem Goldtäschchen um den prallen Bauch eine zentrale Rolle spielt. Von ihr sollten Sie erfahren wollen, warum sie jede Woche in Clairchens Ballhaus geht. Die Bier- und Weinpreise sind erschwinglich, sagt sie, das Angebot an männlichen Tanzpartnern sage ihr auch zu. Fragen Sie jetzt bitte weiter: Was findet die Fünfzigjährige stark an den Burschen zwischen zwanzig und dreißig? Was treibt sie immer neu in das Tanklokal?

Peinlich werden sehr persönliche Fragen erst, wenn Sie den Knödel im eigenen Hals spüren, wenn Sie herumdrucksen und sich entschuldigen dafür, daß Sie so etwas fragen. Forsch und freundlich dürfen Sie fragen, aber nicht penetrant. Ein bißchen drängen dürfen Sie schon, Ihr Gegenüber aber nicht bedrücken. Die Frau mit dem Goldtäschchen findet das vielleicht gar nicht peinlich, von ihrer Lust auf knackige Burschen zu reden. Erst wenn Sie beginnen, sich für ihre Lust zu schämen, wird die Recherche für Sie beide zur Qual.

Je sympathischer Ihr Gegenüber, desto mehr sollten Sie sich um innere Distanz bemühen. Unerträglich die schwärmerischen Reportagen, die einen Menschen besonders herausstellen wollen, der dann aber gar nicht genau beschrieben wird. Da werden allgemeine Werturteile angeklebt an diesen Menschen, der freundlich sei, gütig, liebenswert, attraktiv und kritikfähig – die Leserin soll es glauben.

Unsympathische Menschen lieben lernen, das sollten Sie auch bei der Recherche für die Reportage trainieren. Der andere ist nicht deswegen schon ein dröger Typ, nur weil er nicht so viel redet wie andere. Und die vermeintliche Geschwätzigkeit des anderen ist vielleicht Ausdruck seiner besonderen Lebensfreude. Finden Sie einen Menschen auf Anhieb unsympathisch, kramen Sie kurz in Ihrer Erinnerung. Gibt es nicht mindestens einen Menschen im Leben, den Sie zunächst gar nicht mochten, den Sie aber später sehr schätzen gelernt haben? Das hilft beim Versuch, innere Nähe aufzubauen zu einem fremden Menschen, den man auf den ersten Blick nicht sympathisch findet.
Grundregel: Je näher ich mich auf Anhieb einem Menschen fühle, desto mehr mühe ich mich um innere Distanz, um nicht davonzuschwimmen auf der Woge der gegenseitigen Wertschätzung. Je fremder, je unsympathischer mir ein Mensch erscheint, desto mehr versuche ich, mich in ihn einzufühlen, mich in seine Lage zu versetzen.

Urteile in Bilder zurückübersetzen. Fast automatisch sortiert man die Bilder im Kopf noch während der Recherche, man bildet sich Urteile über die Menschen, denen man begegnet. Doch die Leser interessiert es später nicht, ob Journalisten die Menschen langweilig, toll, super gefunden haben, die Leser wollen selbst urteilen, und dafür müssen sie sehen, hören, fühlen, vielleicht auch riechen und schmecken können.

Freundlich und resolut zugleich klingt alles, was sie sagt. Das erfährt die Leserin gleich im Einstieg zu einer Reportage über einen Laden in Berlin. Kurz und allgemein ist das Urteil über die Ladenbesitzerin, noch sieht und hört die Leserin nichts von ihr. Erst im letzten Drittel des Textes wird durch ein Hörbild klar, was die Schreiberin mit ihrem Urteil freundlich und resolut zugleich gemeint hat. Die Schreiberin hätte sich das allgemeine Urteil über die Ladenbesitzerin gleich sparen können, denn die Staccato-Sätze der Frau sprechen für sich: »Seit vierzig Jahren habe ich den Laden hier. – Ich habe fast nur Stammkundschaft. – Mein Kind habe ich allein versorgt. – Meinen Mann?«, so fragt sie zurück, »ach hören Sie mir auf mit dem. Den habe ich rausgeworfen.« Sie deutet auf Stift und Papier der Kundin. »Was, das wollen Sie alles schreiben? – Bitte, ich habe nichts zu verbergen.« Gut, daß die Zitate so eng aneinandergeschnitten sind im Text. Gut, daß keine langen Raum- und Personenbeschreibungen dazwischengestellt wurden. Die Leserin kann sich hörend ein Bild machen – und kann selbst urteilen, ob sie das freundlich-resolut oder dreist-resolut findet.

Das Ich hat nichts verloren in der Reportage. Wenn Sie sich als Person einbringen wollen, schieben Sie eine unnötige Sperre zwischen die Leser und das Geschehen. Natürlich gibt es Ausnahmen von dieser Regel – Sie sollten aber zumindest gelernt haben, sich selbst bei der Recherche so weit zurückzunehmen, daß Ihr Ich gar nicht wichtig wird für die Reportage.

Sie deutet auf Stift und Papier. Mit diesem Satz hat die Schreiberin, die der Ladenchefin sehr nahe gerückt war mit ihren Fragen, elegant die Recherchesituation angedeutet, ohne lang und breit von sich selbst zu erzählen. Prüfen Sie, ob Sie die Ich-Fassung des Absatzes gern lesen würden?

Ich frage sie nach ihrem Mann, ob der nicht auch für das Kind gesorgt habe? Sie antwortet mir: »Hören Sie mir auf mit meinem Mann, den habe ich rausgeworfen.« Daß ich alles, was sie sagt, notiere, scheint sie nun doch zu irritieren. Sie deutet auf meinen Stift und mein Papier und fragt mich: »Wollen Sie das alles aufschreiben?« Sie wartet meine Antwort nicht ab, erlaubt mir mit einer ausladenden Handbewegung weiterzuschreiben und sagt zu mir: »Bitte, ich habe nichts zu verbergen.«

Extra breit ist das Ich nun hineingeschoben worden, sagen Sie vielleicht zu dem zweiten Text. Vielleicht sind Sie sich auch sicher, daß Sie Ihr Ich nie so breit und behäbig ins Spiel bringen würden. Ganz gleich, ob Sie ich schreiben oder auf die dritte Person ausweichen, achten Sie bitte darauf, daß die anderen, um die es in der Reportage geht, in den Vordergrund geraten. Denken Sie an die Tarnkappe, die Sie bräuchten bei der Recherche für die ideale Reportage. Sie sollen den normalen Ablauf eines Geschehens möglichst wenig stören, darauf kommt es an.

Mit lila Klamotten und grünen Strähnen im Haar brauchen Sie mehr Zeit für die Recherche, wenn Sie über das Tanzfest im Altenheim schreiben wollen. Erst einmal sind alle Alten aufgeschreckt, sie wundern sich über den Gast. Es kann dann aber auch sein, daß die alten Menschen besonders offen zu Ihnen sind, weil sie das Gefühl haben, die kommt aus einer ganz anderen Welt, die stört die Altenheim-Kreise nicht. Besonders offen und freundlich müssen Sie allerdings sein, wenn Sie als Paradiesvogel in die fremde Welt schnuppern und dabei viel mitbekommen wollen.

Verblüffend offen sind die 70jährigen Frauen bei der Jubiläumsfeier der CSU-Frauenunion gewesen, die der 25jährige Volontär mit den blond gefärbten Stoppelhaaren aufgesucht hat. Die Jubiläumsgäste haben den jungen Mann richtig ins Herz geschlossen – endlich mal eine Abwechslung in ihrer Runde. Ob die Frauen den jungen Mann auch noch gemocht hätten, wenn sie gelesen hätten, was er in der Übungsreportage geschrieben hat?

Wer viel erfährt, weil andere ihn mögen, enttäuscht oft mit seinen Texten die Menschen, bei denen er recherchiert hat. Von besonderen Liebesgewohnheiten zweier Damen hat der Volontär am Tisch etwas mitbekommen und von Verflechtungen zwischen Adel und Kapital. Der Journalist hat mitgehört, wie die Dame mit der welligen Frisur der Tischnachbarin empfahl, den strengen Mittelscheitel aufzugeben. Und daß sie Rouge und Wimperntusche verwenden solle. Kostenlose Typ- und Frisuren-beratung am Tisch, während hochrangige Redner um Aufmerk-samkeit buhlten. Immer wieder hat die Versammlungsleiterin die Glocke geschwungen. Am Tisch war alles andere wichtiger als das, was da vorne gesprochen wurde:

»Mit manchen Männern können wir durchaus zufrie-den sein.« Ministerin Barbara Stamm bringt die unruhigen Zuhörerinnen zum Schmunzeln. Doch dann ist viel von flexiblen Arbeitszeitmodellen, der Glaubwürdigkeit der Politiker und der Förderung der Kreativität die Rede. Die »verehrten Festgä-ste« schwätzen wieder. »Prinzessin Beatrix ist wahrscheinlich die Tochter von Prinz Max von Ba-den«, überlegt XY. Die Witwe des XX erzählt vom wichtigen Unterschied der Wörter »in« und »von« im Adelstitel. (Die originalen Namen, die der Volontär her-ausbekommen hat, sind hier natürlich bewußt weggelassen.)

Eine eigenwillige Perspektive beibehalten, das sollten Sie wie der Kollege bei der Festveranstaltung der Frauenunion. Er hat bei der Recherche für die Reportage das getan, was er bei der Recherche für den Bericht kaum tun dürfte: Er hat das, was am Tisch geplaudert wurde, wichtiger genommen als die Reden am Mikrofon.

Daß einige viel getrunken haben bei der Veranstaltung, hat der Kollege eher nebenbei – durch die Beschreibung der Ge-tränke auf dem Tisch – erwähnt:

Auf dem Tisch zwei Bier und eine Dreiviertel-Li-ter-Flasche Wermut der Marke »1994er Escherndor-fer Fürstenberg Kenner«. Zwei Frauen, die sich eben erst kennengelernt haben. Ende 40 die eine. Kariertes Jackett, weiße Rüschenbluse. Über 60 die andere. Hellgrünes Kostüm, Goldrandbrille

und die Haare zum Zopf gebunden. »Warum tragen
Sie die Haare so streng, meine Liebe? – Ach, ich
sehe es Ihnen ja förmlich an, Sie hatten unter
einer strengen Erziehung zu leiden. Eine Dauer-
welle würde schon etwas helfen.« »Da fällt mir
das Haar ins Gesicht«, wehrt die andere ab, »das
regt mich auf. Ich brauche Ordnung.« »Ihr stren-
ges Gesicht verlangt eine sanfte Frisur, Sie
sollten auch die Haarfarbe ändern.«

Zu nahe am Thema war die junge Frau, die sich für die Übungsreportage ein PR-Training der SPD ausgesucht hatte. Die Frau
war selbst Genossin und nicht mehr neugierig genug auf das
Fremde, das zwischen Altbekanntem steckt. Sie hat Auszüge
aus der Rede eines PR-Fachmannes wiedergegeben. Sie hat
Fragen notiert, die an den Redner gestellt worden sind. Die
Randgespräche, die Randnotizen, die Begegnungen am Tisch,
auf dem Flur, auf der Toilette hat sie gar nicht erst registriert.

Vor der eigenen Schwelle ist eine Kollegin stehengeblieben,
die einer Einladung zu einem Treffen HIV-infizierter Frauen ge-
folgt ist. Der Kloß im Hals steckte so fest, daß sie immer wieder
über den Kloß schreiben mußte.
Schreiben, Schreiben, Umblättern. Jede Minute
wird die Stimme versagen, welche Frage soll man
denn bloß stellen, wo sich doch immerzu nur die
eine aufdrängt: »Was machen Sie mit der Angst vor
dem Tod?« Sie herauszuwürgen, erscheint als
letzter Ausweg vor dem Ersticken.
Leser sind kein Ersatz für eine Selbsterfahrungsgruppe. Wenn
der Kloß so tief sitzt, sollte die Journalistin notfalls auch nach
der Recherche noch entscheiden, nichts über das Thema zu
schreiben. Und für sich alleine oder mit anderen nachdenken
darüber, warum ihr immer nur diese eine Frage einfällt. Oder sie
sollte sich zu einem knappen, sachorientierten Bericht zum
Thema entschließen.

Verben sammeln schon während der Recherche, die klingenden und singenden Verben, die zu einer lebendig geschriebenen
Reportage gehören. Notieren Sie erst gar nicht: Er geht be-

tont langsam. Schauen Sie gleich genau hin und entscheiden Sie sich für das passende Verb. Schlendert der Mann, schlürft er, schlappt er? Lassen Sie auch auf Ihrem Notizblock niemanden etwas leise sagen. Wie hat er denn etwas leise gesagt? Hat er geflüstert, geraunt, gehaucht?

Laut und leise, groß und klein, das ist zu allgemein für die Reportage. Suchen Sie während der Recherche nicht nur nach den lautmalerischen Verben, die zum Klingen bringen, was zu hören ist. Suchen Sie auch nach Vergleichsgrößen, die erkennbar machen, wie groß oder klein jemand oder etwas ist. Fast automatisch spüre ich den Druck auf dem Nacken, wenn ich lese, wie der zwei Meter fünf große Mann durch die Tür geht. Er zieht den Kopf ein, bevor er auf die Klinke drückt. Zu oft hat er sich schon an Türrahmen gestoßen.

Es stinkt, das können Sie so nicht schreiben, auch wenn es muffig riecht. Überlegen Sie, wonach es stinkt, vielleicht auch, an welchen Geruch Sie erinnert werden. Oft genommen, doch nicht zu empfehlen: Zigarettenrauch liegt (hängt) in der Luft. Was da in der Luft hängt oder liegt, ist nur die Phantasielosigkeit mancher Journalisten. Bevor Sie so etwas schreiben, denken Sie lieber an einen Film. Dort tönt doch auch nicht die Stimme aus dem Off: »Zigarettenrauch liegt in der Luft.« Der Film schafft mit Bildern und Worten, daß Sie das Gefühl haben, hier stinkt es. Den Lesern soll der Duft in die Nase steigen. Das tut er am ehesten, wenn Sie einfach zeigen, was da riecht. Das geht gut bei Zigaretten, das geht auch bei Rosen und Lavendel. Sie müssen nicht schreiben: Rosenduft konkurriert mit dem Duft von Lavendel. So umständlich hatte eine Journalistin zu umschreiben versucht, was ihr da in die Nase gestiegen ist. Doch was soll die Konkurrenz im Satz? Was die zweimalige Erwähnung des Wortes Duft? Schlichter und besser ist es, nur von Rosensträuchern und Lavendelstauden zu schreiben. Wer deren Duft kennt, wird ihn sofort erinnern beim Lesen der einfachen Substantive. Und wer noch nie an Rosen und Lavendel geschnuppert hat, dem steigt so und so kein Duft in die Nase – dem hilft es nicht weiter, wenn er erfährt, ein Duft konkurriert mit dem anderen.

171

Gerüche, deren Quelle nicht sichtbar ist, können Sie allerdings nur indirekt benennen. Etwa so: `Es riecht nach frischem Harz`. Aber bitte nicht unnötig oft schreiben, daß es nach etwas riecht. Überlegen Sie immer erst, ob Sie den Geruchssinn Ihrer Leser durch ein Bild erreichen können. Wenn Sie das Auge Ihrer Leser anpeilen, schreiben Sie auch nicht ständig, daß da etwas zu sehen ist. Ausnahme: die weit verbreitete, darum aber noch lange nicht sinnvolle Floskel `etwas sticht ins Auge`. Nimmt der Leser das Verb ernst, wirkt die Floskel bedrohlich. Nimmt er das Stechen nicht mehr ernst, überliest er vielleicht auch andere Passagen Ihrer Reportage.

Menschen sind keine Zuckerstreusel, die Sie eben mal über den Text streuen, um ihn süß und verlockend zu machen. Spielen Menschen bei der Recherche für einen Bericht vor allem als Funktionsträger eine Rolle, ist in der Reportage mehr von den Menschen gefordert als nur deren berufliche oder gesellschaftliche Funktion.
Der Arzt in der Frühgeborenenstation wird in der Reportage weniger mit fachkompetenten Aussagen zu Wort kommen, sondern, so weit es möglich ist, vor allem mit seinen Empfindungen. Besonders spannend sind da natürlich die Aussagen, die weder Sie noch die Leser erwartet haben. Daß ein Arzt die Arbeit mit den Frühgeborenen »erfrischend« findet, werden Sie vielleicht zitieren. Natürlich werden Sie bei der Recherche sofort nachfragen, wie das Erfrischende zu verstehen sei.

Die Bedeutung einer Person für die Reportage sollten Sie erkennbar werden lassen. Zu viele Nebenpersonen, die kurz auftauchen und wieder verschwinden, können den Lesefluß unnötig hemmen. Bitte erzählen Sie in der Reportage nicht erst genau, wie Alois Huber aussieht, was er sagt und wie er redet, wenn er nach einem Absatz spurlos aus Ihrem Text verschwindet.

Was unterscheidet eine Person von den anderen? Das wollen die Leser nicht nur im Porträt, sondern auch in der Reportage wissen. Dafür müssen Sie genau beobachten: Was macht ein Mensch anders als andere, wie macht er das? Über Renate Schmidt schreibt Jürgen Leinemann im *Spiegel:*

Mißgeschicke passieren ihr wie dir und mir. Wenn ihr vor Publikum plötzlich die Manuskriptblätter vom Pult rutschen und in wildem Durcheinander zu Boden segeln, dann ruft sie ›Auweioweiowei‹, ganz wie im richtigen Leben, und kriegt einen roten Kopf. Nur wie sie dann beim Aufsammeln plötzlich hochkommt und in das peinliche Schweigen hineinspottet: ›Jetzt könnt ihr in der Zwischenzeit vielleicht mal ein Lied singen‹ – das hätte vielleicht nicht jeder im Saal so gut gebracht.

Bevor sich ein negatives Urteil über einen anderen festsetzt in Ihrem Kopf, geben Sie dem anderen die Chance, selbst etwas zu dieser Einschätzung zu sagen. Da erzählt Ihnen jemand vielleicht von dem tollen Humor, mit dem er alle Schwierigkeiten meistert, und seine Mundwinkel sind merkwürdig nach unten gezogen, scharfe Linien im Gesicht scheinen nicht vom Lachen herzurühren.
Unfair wäre es, den Menschen bloßzustellen. Den Lesern wiederzugeben, was der andere von sich selbst sagt, und dann die Gesichtszüge des Menschen zu beschreiben. Sagen Sie dem anderen, was Sie sehen, fragen Sie nach der Diskrepanz, die Sie empfinden zwischen dessen Worten und seiner Miene. Beschreiben Sie erst dann die Diskrepanz zwischen Wirkung und Aussagen eines Menschen, wenn er die Gelegenheit, hier etwas aufzuklären, nicht nutzen wollte oder konnte.

Wie Menschen heißen und wie sie aussehen, das interessiert Leser zumindest bei den Menschen, die Sie als eine von zwei (höchstens vier) Hauptpersonen ausgesucht haben. Erfinden Sie nicht aus Feigheit neue Namen. Auch beim Tanztee sind einige Gäste bereit, ihren Namen zu nennen, wenn Sie Ihnen freundlich erklären, warum Sie den Namen wissen wollen. Führen Sie nicht leichtfertig erfundene Namen ein, nur weil Sie nicht mutig genug waren, nach den Namen Ihrer Gesprächspartner zu fragen. Schreiben Sie von Anna B. (Name von der Redaktion geändert) nur, wenn die Frau in ihrer Identität geschützt werden muß.
Erfundene Namen müssen manchmal sein – doch die Glaub-

würdigkeit eines Textes leidet leicht unter den erfundenen Namen. Wenn die Autorin bei den Namen gemogelt hat, wo überall noch?

Achten Sie bei der Beschreibung des Äußeren eines Menschen auf besondere Merkmale. Daß jemand hübsch ist, mag der Schreiber so empfinden – doch lesen würde ich lieber etwas von den grünen Augen und dem fein geschwungenen Mund. Was Sie nicht machen sollten: Menschen wie in einem Steckbrief beschreiben, Name, Alter, Beruf, Haar- und Augenfarbe, Gewicht und Größe. Notieren Sie sich auch zur äußeren Erscheinung eines Menschen so viel wie möglich und entscheiden Sie später, was davon wichtig ist für Ihre Reportage.

Der Mittvierziger und die Mittfünfzigerin – was viele zu schreiben gewohnt sind, ist noch lange nicht gut. Warum bieten so viele Zeitungen den Lesern Mitt-Menschen an? Macht die Vorsilbe Mitt- die Reduzierung eines Menschen auf eine Zahl erträglicher? Ganz selten passend, fast immer direkt unverschämt ist die Reduktion eines Menschen auf ein Körperdetail oder ein Kleidungsstück. Menschen werden nicht mehr mit Namen genannt, sondern mit formalen Details: `Die Glatze tanzt mit der Mittfünfzigerin. Die schielt zum Lodenmantel.`

Hintergrundinformationen sammeln, so viel wie möglich. Sie können später ja noch entscheiden, was Sie in welchem Zusammenhang verwenden in der Reportage. Dumm ist es nur, wenn Sie beim Bungeespringen jemanden sagen lassen, es sei ihm zu teuer, und Sie haben nicht recherchiert, wie teuer denn so ein Sprung ist. Sammeln Sie Zahlen und geschichtlichen Hintergrund. Und bieten Sie den Hintergrund schreibend dann eher häppchenweise an – dort, wo der Leser auch nach dem Hintergrund fragen könnte. Den Preis also da einfügen, wo jemandem etwas zu teuer ist. Und das Alter eines Hauses vielleicht da, wo Sie von den morschen Balken erzählen.

Sich einlassen, ohne mitzuschwimmen, ganz nahe recherchieren, ohne den Überblick zu verlieren, darauf kommt es an bei der Recherche für die Reportage. Sie müssen nicht mitweinen, wenn jemand weint, Sie müssen auch nicht immer lachen, wenn andere lachen. Doch Kopfschütteln gilt nicht. Wer überhaupt nicht nachempfinden kann und will, was in anderen Menschen vorgeht, sollte zuerst an sich arbeiten, bevor er Reportagen schreibt.

Michael Haller, Die Reportage, Verlag UVK Medien/Ölschläger, Konstanz

Recherche für das Porträt

Ist das Porträt eine eigene journalistische Stilform oder nur eine Variante der Reportage? Darüber sind sich Lehrende an Akademien nicht einig. Gewiß gibt es Parallelen zwischen Porträt und Reportage, doch es gibt auch Besonderheiten, auf die Sie schon bei der Recherche achten sollten.

Eine Spielform der Reportage ist jedes Porträt, das mehr an der Persönlichkeit eines Menschen interessiert ist als an der Nacherzählung des beruflichen Werdegangs. Es gelten die gleichen Rechercheregeln. Darüberhinaus gibt es besondere Regeln für die Porträt-Recherche. Und es gibt besondere Fallen, in die Porträtschreiber immer wieder tappen.

Vorrecherche im Archiv, das klappt nur bei Menschen, die berühmt und bekannt genug sind, daß andere schon etwas über sie geschrieben haben. Das *Munzinger Archiv*, das in jeder größeren Redaktion greifbar sein sollte, aktualisiert die Daten zu berühmten Menschen immer neu. Die Jahreszahl unten auf dem Textblatt zeigt Ihnen, wann die Lebensdaten eines Menschen zum letzten Mal aktualisiert worden sind.

Lokaljournalisten müssen direkt fragen, wenn sie ein Porträt über einen noch nicht bekannten Menschen am Ort schreiben wollen. Vorrecherche gibt es hier meist nur unter Kollegen – »Sag mal, bist du dem schon mal begegnet?« –, unter Freunden auch und unter Mitarbeitern des Menschen, den Sie porträtieren wollen.
Auch hier gilt wie bei der Recherche für die Reportage: Zunächst die Bilder im Kopf sortieren, dann erst losziehen zur Recherche. Was haben Sie schon gehört von dem Menschen?

Wie reden andere von ihm? Welche Vorstellungen haben Sie von dem anderen? Der unverstellte Blick ist auch bei der Recherche für das Porträt nicht zu haben. Sie müssen sich schon anschauen, was zwischen dem anderen und Ihnen steht.

Mindestens einmal den Ort wechseln, wenn Sie einen Menschen nicht nur so darstellen wollen, wie er sich selbst am liebsten sieht. Der Chef hinter seinem Schreibtisch, alle wichtigen Insignien seiner Macht um sich aufgebaut, und Sie klein davor auf dem Besucherstuhl. Das ist nicht die günstigste Ausgangsbasis für die Recherche. Vielleicht können Sie ein paar Minuten vor dem Gesprächstermin da sein, sich umsehen im Vorzimmer, mitbekommen, in welchem Ton der Chef bei seiner Sekretärin Kaffee und eine ungestörte halbe Stunde ordert. Den Parteivorsitzenden sollten Sie möglichst auch in einer Parteiversammlung erleben – wie versucht er da, sich Respekt zu verschaffen?

Ein Spaziergang kann Wunder bewirken, kann manchmal die Zunge von Menschen lösen, die zuvor kaum bereit waren, irgendwas von sich preiszugeben. Sie haben Stift und Papier weggesteckt, das beruhigt den anderen. Er kann erzählen, ohne daß Sie ständig mit Schreiben beschäftigt sind. Sie hören aufmerksamer zu, können leichter nachfragen. Freilich müssen Sie sich gleich nach so einem Spaziergang hinsetzen und alles aufschreiben, was Sie erlebt haben mit dem anderen, was er gesagt hat zu Ihnen.

Ein Kassettenrecorder kann helfen, sich auf den anderen zu konzentrieren. Der Nachteil: Zumindest Menschen, die Interviews mit Journalisten nicht gewohnt sind, lassen sich einschüchtern vom Aufnahmegerät. Sie gehen vielleicht nicht so leicht aus sich heraus, wenn Sie das Band mitlaufen lassen. Mitschreiben sollten Sie auch dann zumindest hin und wieder, wenn der Kassettenrecorder läuft. Sagen Sie dem anderen, daß Sie sich das Wichtigste sicherheitshalber in Stichpunkten notieren wollen – und schreiben Sie dann auch das auf, was Ihnen auffällt im Zimmer des anderen, an seiner Körperhaltung, an seinen Gesichtszügen.

Blickkontakt halten, das ist wichtig, ganz gleich, ob der Kassettenrecorder mitläuft oder nicht. Lieber weniger mitschreiben, als nicht mitbekommen, wann der andere die Stirn runzelt, wann er zum Fenster schaut und wann auf die Uhr. Blickkontakt signalisiert Interesse und die Bereitschaft, auf den anderen einzugehen.

Wer zu sehr mit Stift und Papier beschäftigt ist, wirkt leicht desinteressiert, er wird vom anderen als braver Schreiberling, der ängstlich jeden Buchstaben festhält, registriert. Treffen Sie nun auf einen eher arroganten Menschen, kann der das leicht ausnutzen. Bevor Sie es noch recht merken, schreiben Sie mit, was er diktiert. Treffen Sie auf einen eher ängstlichen Menschen, will der vielleicht gar nichts mehr erzählen, weil ihn Ihre ständige Schreiberei, und die Pausen, die zwischen seinen Antworten und Ihren neuen Fragen entstehen, ängstigen.

Nicht nicken, sondern fragen sollen Sie im Gespräch, das Sie für das Porträt führen.»Ich möchte die Welt verändern«, sagt da ein angehender Journalist in einem Übungsporträt – sein Übungspartner hat nicht nachgefragt, wie der andere denn was verändern will. Fragen Sie nach, wenn jemand behauptet, er habe in einer Partei oder in einer Kirche seine Heimat gefunden. Was bedeutet Heimat für ihn? Die großen Worte sagen wenig aus über einen Menschen, sie sagen viel mehr aus über die mangelnde kritische Distanz des Schreibers zur anderen Person.

Frechheit ist gefragt, wenn Sie mit freundlicher Zurückhaltung nicht an die Person herankommen, die Sie porträtieren sollen oder wollen. Frech genug müssen Sie sein, um den anderen dazu zu bringen, Ihnen Zeit zu schenken. Frech müssen Sie auch sein, um die richtigen Fragen stellen zu können. Fragen, die aus der Situation erwachsen.»Wenn ich esse, dann rede ich nicht.« Damit hat mich der bayerische Volksschauspieler Max Grießer nach ein paar belanglosen Sätzen abwimmeln wollen. Ich wußte, die Kollegen in der Redaktion erwarten ein Porträt von mir, mir blieb also nur der Weg nach vorne.»Sind Sie immer so schroff, wenn jemand etwas von Ihnen will?«, habe ich den Schauspieler gefragt. Und gleich noch angefügt, das Essen sei ja noch gar nicht serviert, wir hätten auf jeden Fall noch Zeit zu reden. Da hat er gelacht und ordentlich losgepoltert. Ich hatte gewonnen, durfte mich zu ihm an den Tisch setzen.

Sich einfühlen in den anderen, das ist vor allem wichtig, wenn der andere Ihnen sehr fremd erscheint. Dafür müssen Sie sich zurücknehmen können. Wer das nicht will, der wird nicht nahe genug am anderen recherchieren können, der wird auch nicht so schreiben können, daß das Porträt die Lesenden ergreift.

So gehen wie der andere, so sprechen wie der andere, das sollten Sie zu Hause (notfalls vor dem Spiegel) üben, um sich mehr in den anderen einzufühlen. Da zieht einer ständig die Schultern hoch und redet so sonderbar gepreßt. Versuchen Sie es selbst einmal, mit angespannten Schultern locker zu reden. Es geht nicht.
Machen Sie kein Kabarettprogramm aus dieser Übung, aber lösen Sie sich dadurch von der Verkrampfung, die Sie vielleicht mitgenommen haben von einem Gespräch mit einem verklemmten Menschen. Sobald Sie Ihre Spannung verlieren, weicht auch der Zorn auf den anderen, den Sie nebenbei getankt haben. Und ohne Zorn sollten Sie sein, wenn Sie zu schreiben beginnen.

Was unterscheidet den Menschen von anderen, das sollten Sie sich während der Recherche ständig fragen. Um das herauszubekommen, können Sie ihn genau beobachten, Sie können ihm auch Fragen stellen, die Ihre Leser später für sich selbst beantworten können und dadurch Unterschiede zwischen sich selbst und dem Porträtierten wahrnehmen. Sie können Fragen zur Zukunft stellen, Sie können nach Wünschen, nach Träumen fragen. Oder nach Lieblingsgewohnheiten, nach Lieblingsspeisen vielleicht auch. Sie können Ihr Gegenüber auch bitten, sich selbst einzuschätzen. Was, glaubt er, ist seine schlechteste Eigenschaft, was seine beste? Hat er noch Träume? Wenn ja, wie sehen seine Träume aus? Sie können in die Vergangenheit zurückgehen. An was erinnert sich Ihr Gegenüber, wenn er an Schule denkt. Der Dichter Heinrich Heine hat diese Frage für sich und andere ganz knapp beschrieben. Schule war für ihn der Ort, an dem er »so viel Latein, Prügel und Geographie erdulden mußte«.

Was halte ich nun von diesem Menschen? Sind meine Vorurteile bestätigt? Habe ich noch andere Facetten entdeckt, etwas, was ich nicht einmal ahnte? Mag ich den anderen, oder kann ich ihn nicht leiden? Nur keine falsche Ausgewogenheit. Die nimmt Ihnen kein Leser ab, die sollten Sie sich selbst auch nicht abnehmen.

Überwiegen die negativen Gefühle vor dem Schreiben, hilft nur wieder der alte Trick der Empathie: Versuchen Sie, über Ihren Schatten zu springen, sich dem anderen so weit wie möglich zu nähern. Denken Sie an einen Menschen, den Sie früher einmal auch nicht leiden konnten.

Sind Sie begeistert vom anderen, vielleicht sogar ein wenig verliebt? Abstand halten, Distanz entwickeln. Denken Sie an einen Menschen, den Sie zunächst auch ganz toll gefunden haben, dessen Schattenseiten Sie erst nach und nach entdecken konnten. Wo ist der Schatten des Strahlemanns, wo ist das Leuchten des dunklen Typen? Das sollten Sie sich fragen, bevor Sie zu schreiben beginnen.

Verdeckte Recherche

Journalisten dürfen sich einschleichen bei anderen, ohne daß die ahnen müssen, warum sie das tun. Nach dem Gesetz ist es kein Hausfriedensbruch, wenn Journalisten in ein Haus oder eine Wohnung gelangen, in das man sie wahrscheinlich nicht eingelassen hätte, wenn man gewußt hätte, was sie vorhaben. Verdeckt zu recherchieren, das erscheint immer dann verlockend, wenn man einen Skandal aufdecken will. Doch wer menschlich fair recherchieren will, wird sehr genau prüfen, ob er nicht auch auf offenem Weg zu den nötigen Informationen kommt, bevor er sich für die verdeckte Recherche entscheidet. Zwischen der offenen und der verdeckten Recherche gibt es die halb verdeckten bis halb offenen Recherchen. Überlegen Sie, ob Sie nicht zumindest im Verlauf eines Gespräches nach und nach zu erkennen geben können, warum Sie da sind, und was Sie schreiben wollen.

Wer sich immer brav vorstellt, wer zu Beginn jeder Recherche sagt, woher er kommt, wie er heißt und was er will, wird manchen Skandal nicht enthüllen, wird manche Reportage nicht schreiben können. Doch viel zu rasch sind Journalisten bereit, verdeckt zu recherchieren, wenn sie erst einmal vom (gefährlichen) Jagdfieber ergriffen sind.

Manche Journalisten entscheiden sich auch für die verdeckte Recherche, weil sie möglichst schnell an ihr Rechercheziel gelangen wollen. Zeitmangel und Faulheit sind aber ein schlechter Ratgeber für diese Art der Recherche. Schließlich ist es immer mehr oder weniger Betrug am anderen, wenn Sie verdeckt recherchieren.

Wer verdeckt recherchieren will, muß eine Rolle für sich finden, die nicht weit von der eigenen Lebenssituation entfernt ist, oder er muß ein äußerst guter Schauspieler sein. Wer wie Wallraff recherchieren will, muß auch ein so guter Schauspieler sein wie Deutschlands berühmtester verdeckt recherchierender Journalist.

Bei Recherche-Trainingskursen ist es immer wieder zu erleben, wie ein verdeckter Rechercheur aus seiner Rolle fällt – und damit sein Gegenüber zumindest mißtrauisch macht. Bei dem Arzt, der mit Wundermitteln handelt, wollen regelmäßig die Hälfte der Journalisten-Rollenspieler verdeckt recherchieren. Doch sie halten dann die Rolle nicht durch, in der sie vom Arzt alles herausbekommen wollten. Wer etwa mit großen Schmerzen in die Praxis kommt, dem Arzt erzählt, nur noch sein Wundermittel könne helfen, macht den Arzt mißtrauisch, wenn er immer wieder wissen will, ob er auch eine Rechnung bekommt für das Mittel.

Die Rolle muß passen zum Interesse des Journalisten. Will ich herausfinden, wohin die Gelder fließen, die ein Arzt schwerkranken Patienten entlockt, muß ich nicht die Schwerkranke mimen. Außer – ich habe gerade 6000 Mark locker, die ich investieren will. Erst spielen und dann doch nicht mitmachen können, das blockiert die Recherche. Weiterer Nachteil: Habe ich mich beim Arzt erst einmal als Schwerkranke eingeschlichen, kann ich morgen nicht als Journalistin aufkreuzen.

Die lassen Journalisten nicht rein, habe ich mir von Kollegen erzählen lassen. Es ging um ein Altenheim für Hunde, für das vorwiegend reiche Alleinstehende zahlen sollten, die nicht wollten, daß ihr Hund nach ihrem Tod in schlechte Hände kommt.

Ich wollte zunächst die Nichte mimen, die einen Altenheimplatz für den Hund der Tante sucht. Schon bei der gedanklichen Auswahl der Hunderassen bekam ich Schwierigkeiten – ich mag keine Hunde. Ob Dackel oder Dobermann – die Betreiber des Hundealtenheims würden sehr schnell riechen, daß etwas nicht stimmt an meiner Geschichte. Welche Hundefeindin besucht schon anstelle ihrer Tante so ein Hundeheim?

Die Rolle muß auch passen für Sie, nicht nur richtig gewählt sein im Hinblick auf das Rechercheinteresse. Ich habe mich am Telefon doch mit meinem Namen vorgestellt und mit *Evangelischer Pressedienst.* Ich habe wieder einmal darauf gebaut, daß das Evangelische und der Dienst so harmlos klingen, daß man mir doch die Tür öffnet. Ich bekam den Termin, durfte mich umsehen auf dem Gelände: Blockhäuser auf der Wiese, mit Maschendraht voneinander getrennt, kein Busch, kaum Bäume, doch im Inneren des Blockhauses Sofa und Sessel für den Hund und eine Überwachungsanlage, mit der jedes Tier vom Büro aus beobachtet werden kann.

Der Bericht, den ich nach dieser Recherche geschrieben habe, hat den Betreibern der Hundepension gewiß nicht gefallen. Doch sie hatten mir den Termin gegeben, sie selbst hatten mir gezeigt, was ich sehen und beschreiben wollte. Ich hatte mich nicht verdeckt recherchierend eingeschlichen.

Bei den Bauarbeitern, von denen ich etwas über einen illegalen Sonderauftrag hören wollte, habe ich als Anwohnerin das Gespräch begonnen. Das war zwar verdeckt recherchiert, aber nicht gelogen. Ich wollte herausfinden, ob die Arbeiter etwas vom Sonderauftrag wußten, dem zufolge Bäume gefällt werden sollten. Möglichst beiläufig habe ich die Plauderei begonnen. Ob sie denn mit den Maschinen an den Bäumen vorbei baggern könnten, wollte ich wissen. Und später habe ich noch suggestiver gefragt: Ob man nicht schneller vorankäme auf der Baustelle, wenn die Bäume nicht da wären?

Die Rolle paßte, das Rechercheziel war klar. Als Journalistin hätte ich vermutlich gar nichts herausbekommen aus den Bauarbeitern. Nachdem ich aber aus sicherer Quelle wußte, was geplant war auf der Baustelle, brauchte ich die Bauarbeiter nur als Ersatzinformanten für das sichere Wissen. In diesem Zusammenhang scheint mir die verdeckte Recherche angemessen. Schließlich ging es darum, einen (kleinen) Skandal aufzudecken und die Informantin dabei zu schützen.

Vermeiden Sie jede unnötige verdeckte Recherche, die Sie vielleicht nur etwas schneller ans Ziel bringt als die offen erkennbare Recherche. Wer unnötig verdeckt recherchiert, hilft mit, den Berufsstand der Journalisten in Mißkredit zu bringen. Vielleicht fehlt mir der Humor in diesem Zusammenhang – ich kann aber nicht mitlachen, wenn Menschen bloßgestellt werden durch versteckte Kameras. Fair finde ich die versteckte Kamera wie die verdeckte Recherche der Zeitungs-Journalisten immer nur, wenn es gilt, etwas Skandalöses zu beschreiben, das mit offener Recherche nicht aufzudecken gewesen wäre.
»Das Mittel der verdeckten Recherche kann im Einzelfall gerechtfertigt sein, wenn damit Informationen von besonderem öffentlichen Interesse beschafft werden, die auf andere Weise nicht zugänglich sind«, so steht es in den Richtlinien des Deutschen Presserates (4.1).

In die Werbeschulung der Firma, die Kundinnen zu Geschäftsfrauen auszubilden versprach, wäre ich als Journalistin nicht hineingekommen. Mitmachen darf nur, wer einen sogenannten Sponsor hat, der einen zur Schulung begleitet. Meine Sponsorin war Hausfrau, sie hatte sich verschuldet mit dem kistenweisen Kauf von Schlankheitsmitteln. Nun hoffte sie, durch mich an Geld zu kommen – die Firma hätte ihr Werbeprämien auf jede Bestellung von mir (und allen anderen von ihr Angeworbenen) bezahlt.
Meine Sponsorin hätte bestimmt argwöhnisch reagiert, wenn ich ihr von meiner beruflichen Arbeit erzählt hätte. Darum habe ich ihr nur von meinen Kindern berichtet (eine Wahrheit meines Lebens) und davon, daß ich früher einmal für eine Frauenzeitschrift gearbeitet habe (was auch stimmt). Jetzt sei ich dabei, mich neu zu orientieren im Leben (was immer stimmt), ich suchte nach Aufgaben, die mich erfüllen (was nichts heißt und auch nicht gelogen ist). »Wir sprechen uns alle mit Vornamen

an«, erklärte mir die Sponsorin, »wir sind wie eine große Familie«. Ich wollte aber nicht zur Familie gehören, nannte deswegen nur den offiziellen Geburtsnamen, mit dem mich sonst niemand anspricht.

Zwei Tage lang immer nur auf Gabriele zu hören, daran zu denken, daß ich Hausfrau sei und nach einer erfüllenden Aufgabe suche, das war viel schwerer, als ich mir vorgestellt hatte. Dazu kam, daß alle mitspielen mußten beim inszenierten Jubelapplaus auf das einzig wahre und wirksame Schlankheitsmittel. Daß ich aufpassen mußte, nicht zu kritische Fragen zu stellen, um nicht vorschnell aus der Runde ausgeschlossen zu werden. Daß ich auch in den Pausen nicht allein gelassen wurde – die jeweiligen Sponsoren waren angehalten, ihre Gäste selbst bis zur Toilette zu begleiten. »Na, Gabriele, haben Sie sich schon entschieden?«, hieß es da am Handwaschbecken.

»Schmeckt es Ihnen auch so gut?« wurde ich am Buffet mit den Schlankheits-Mixgetränken gefragt. Es hat grauenhaft geschmeckt, klebrig und süß. Die sogenannten Presslinge, die den Fastenden alle nötigen Vitamine verschaffen sollten, habe ich gar nicht erst geschluckt, sondern von der Hand in die Jackentasche gleiten lassen.

Wenn man nicht lachen darf über die komische Rolle, die man spielt in der Recherche, wird das Rollenspiel bald zur Qual. So schnell keine verdeckte Recherche mehr, habe ich mir nach den zwei Tagen vorgenommen. Vor allem meiner Sponsorin gegenüber habe ich mich unwohl gefühlt. Die hatte doch gehofft, daß ich einsteigen würde in das Geschäft, und sie nach den Regeln des Strukturvertriebs endlich auch einmal etwas verdienen könnte.

Im Kaufhaus, im Sexshop können Sie ohne Not recherchieren, ohne sich bei der Geschäftsleitung als Journalistin vorzustellen. Sie könnten ja auch ganz einfach nur Kundin sein. Wer über ein neues Kaufhaus berichten will und sofort einen Termin mit dem Geschäftsführer vereinbart, verstellt sich den Blick, den auch Leser haben. Erst sollten Sie nachschauen, was im Haus geboten ist, wie die Kunden bedient werden, dann erst zum Geschäftsführer gehen.

Alle öffentlich zugänglichen Gebäude eignen sich für diese Art der nicht ganz offenen Recherche. Auch am Tag der offenen Tür in einer sonst nicht zugänglichen Einrichtung sollten Sie eher nicht als Journalistin recherchieren, sondern als neugierige Besucherin. Wenn Sie für diese Art der verdeckten Recherche schon zu bekannt sind in Ihrer Stadt, dann bitten Sie die junge Kollegin, den Termin wahrzunehmen. Lassen Sie sich dann überraschen von dem oft verblüffend anderen Bild einer Einrichtung, das die Kollegin entdeckt.

Steuern Sie nicht auf die Pressebank zu, wenn Sie etwas mitbekommen wollen von der Stimmung auf einem Kongreß, einem Parteitag, einer Vereinsversammlung. Sitzt man erst einmal vorne, erfährt man oft nur noch das, was andere der Presse mitzuteilen gedenken. Das sind dann leider oft die Phrasen, auf die die Leser gern verzichtet hätten.

Nach und nach die Identität preisgeben, das kann sinnvoll sein bei einer Recherche im Tanzcafe. Erst hat die junge Kollegin sich umgesehen im Saal, dann getanzt, später erst Fragen gestellt. Und sich dann natürlich auch Gegenfragen gefallen lassen müssen. Sie sei für eine Woche in Berlin, hat sie dem Tänzer erzählt, auf einem Journalistenseminar. Der Tänzer hatte angenommen, sie käme nun hierher, um zu entspannen. Doch der Auftrag war, eine Reportage zu schreiben. Sie hat nicht gelogen, das ist wichtig für eine faire, glaubwürdige Recherche. Doch sie hat auch nicht so viel von sich erzählt, daß der andere darüber verstummt wäre.
Sie sei auf einem Reportagekurs und solle beobachten lernen, hat eine andere Journalistin ihrem Tischnachbarn erklärt. Ja, die Lehrerin habe sie hierher geschickt. Mitleid kam auf beim Gesprächspartner, der fand es schlimm, daß die Lehrerin auch noch die Abendgestaltung vorschreibt. Aus Mitleid hat er dann viel von sich und seinen Abenden im Tanzlokal erzählt. Riskieren Sie es, eher als etwas dumm und unerfahren eingeschätzt zu werden bei der verdeckten oder halboffenen Recherche, als gar zu clever.

Scheckbuch-Recherche

Wer von Scheckbuch-Recherche spricht, meint meist nur die Großen im Geschäft, die für Informationen und Geschichten zahlen, um durch eine Auflagensteigerung noch mehr Geld zu verdienen. Kaum ein Journalist will zu den bösen Scheckbuch-Journalisen gehören. Und trotzdem blüht das Geschäft um die exklusiven Geschichten. Mit einem Appell an die Moral ist dem nicht beizukommen. Sinnvoller ist es, hin und wieder vor der eigenen Tür zu kehren.

Sie kassieren Geld, sie zahlen nicht, das unterscheidet manche Journalisten, die für Lokal- und Regionalzeitungen arbeiten, von den Scheckbuch-Journalisten. Vom moralischen Standpunkt aus ist es nicht besser, neben einem Redakteursgehalt Geld oder Geschenke anzunehmen und dafür nette Firmenporträts, die passenden Reisereportagen oder Veranstaltungsberichte zu schreiben, als Geld auszugeben für exklusive Informationen.

Nur private Informationen, also Informationen, die »nicht von allgemeinem Interesse« sind, dürfen nach den Richtlinien des Deutschen Presserates gekauft werden. Doch wer definiert, was der Presserat mit allgemeinem Interesse meint? Unter Ziffer 1 des Pressekodex ist vermerkt, es sei als ein Verstoß gegen die gesetzlich garantierte Informationsfreiheit zu werten, wenn Exklusivverträge mit Informanten geschlossen werden, wo es sich »um Vorgänge oder Ereignisse von allgemeinem Interesse« handelt. Doch wer klagt gegen die Geldgeschäfte mit Informationen? Und was ist eine Rüge durch den Presserat gegen den Gewinn durch eine Auflagensteigerung?

Es verdirbt die guten Sitten, wenn Informationen aus Behörden und Firmen gegen Geld zu haben sind, oder wenn Verurteilte an der Vermarktung ihres Verbrechens verdienen. Doch mit Moral ist dem Kampf um exklusive Informationen nicht beizukommen.
In manchen Redaktionen geht man heute ganz selbstverständlich davon aus, daß man zahlen muß für Informationen, daß die Informationen dafür allerdings auch rest- und gnadenlos zu nut-

zen sind. Als »richtiggehend widerlich« hat eine junge Journalistin es empfunden, wie der Kollege eines Privatsenders, für den sie einen Bericht über illegale Einwanderer recherchiert hatte, den Grenzpolizisten je 50 Mark zugesteckt hat. »Die wollten das Geld nicht«, erinnert sich die Journalistin. Sie hatte den Kontakt zu den Polizisten vermittelt, sie hatte zuvor lange mit den Grenzpolizisten gesprochen. Als eine Beleidigung der Polizisten hatte die junge Journalistin die Geste des Kollegen bezeichnet. Doch der habe nur über sie gelacht. Wenn sie so empfindlich sei, solle sie in dem Beruf nicht arbeiten, habe er ihr mitgeteilt.

Journalisten müssen zahlen, davon gehen auch manche Informanten aus. 50 Mark wollte die Hausmeisterin, die den jungen Kollegen einer Lokalzeitung in das ausgebrannte Haus gelassen hat. Erst durfte er die Fotos machen, dann hat sie zu kassieren versucht. Er hat den Chef seiner Redaktion angerufen – und gezahlt. Der Chef habe jedem Ärger aus dem Weg gehen wollen, berichtete der junge Kollege auf dem Recherche-Kurs. Hauptsache, die Fotos sind gut für den Aufmacher-Bericht des nächsten Tages, so habe der Chef gesagt.

Der Kollege hätte nicht zahlen müssen, nicht 50 und nicht 100 Mark. Der Journalist hatte sich korrekt vorgestellt, hatte auch den Zweck seines Besuches genannt. Die Hausmeisterin hätte ihm die Tür weisen können, dagegen hätte der Journalist nichts machen können. Doch nachträglich hätte sie kein Geld verlangen dürfen für den Zugang zum Haus, den sie ihm ja ohne Bedingungen gewährt hatte.

Recherchebedingungen verschlechtern sich durch solche Geschäfte für alle Journalisten, die nicht zahlen können oder wollen. Heute ist es die Hausmeisterin, die Geld verlangt, weil sie die Tür aufsperrt, morgen ist es der Beamte, der wertvolle Informationen über einen Skandal in seinem Amt nicht ohne Bezahlung weitergeben will. Je kleiner und ärmer die Redaktion, desto schwerer kommen die Mitarbeiter der Redaktion an Informationen. Doch Jammern hilft nicht weiter. Besser ist es, die eigene Recherchetechnik ständig zu verbessern, um durch Fairneß, Sorgfalt und Hartnäckigkeit das auszugleichen, was andere mit Geld erreichen.

Nachdenken über die eigene Bestechlichkeit, das kann auch helfen gegen den Frust, den Journalisten entwickeln können über den sogenannten Scheckbuch-Journalismus. Nicht im Zorn auf die bösen anderen schauen, sondern über die eigenen Schwächen lachen – und sich von den Schwächen nach Möglichkeit befreien.

Das kostenlose Leihauto der örtlichen Autofirma – da fällt einem doch viel schneller ein, daß man über die Firma wieder mal was Nettes schreiben wollte. Die Wochenendreise in den Harz – es folgt ein freundlicher Reisebericht mit dem Hinweis auf das nette Reisebüro. Die kostenlose Reise nach Bonn, die der Abgeordnete vermittelt – hat man den Mann im vergangenen Wahlkampf nicht doch zu gering geachtet?

Als gute Tat kommt manches Geschäft daher in der Lokalzeitung. Warum auch nicht, wenn Redaktionen mitmachen bei diesem Geschäft?, das fragt sich zu recht die Unternehmerin. Die Anzeige in der Größe des Fotoberichts hätte mindestens 1000 Mark gekostet. Nur zu verständlich, daß sie die 1000 Mark lieber einer karitativen Einrichtung spendet und dafür mit Bild groß in die Zeitung kommt. Die gute Tat wird im redaktionellen Teil der Zeitung vermerkt und von mehr Lesern wahrgenommen als die Anzeige zwischen Annoncen für Möbel und Damenmode.

Trennung von redaktionellem Text und Anzeigen, wie sie der Presserat fordert, ist mit dieser Praxis längst aufgehoben. Wer einmal in einer Lokalzeitung gearbeitet hat, weiß, wie weit auch sonst der Einfluß der Geschäftsleute reichen kann.

»Hätten Sie nicht den Bestatter nehmen können, der die meisten Anzeigen bei uns zahlt?«, so wurde eine Kollegin in der Geschäftsstelle des Zeitungsverlags gefragt, nachdem sie zum Totensonntag das Porträt einer Bestatterin geschrieben hatte. Eine andere Lokaljournalistin, die den Familienbetrieb einer Gärtnerei porträtiert hatte, wurde vom Konkurrenzunternehmen deutlich darauf hingewiesen, der Bericht sei nicht angemessen gewesen, schließlich habe der andere Betrieb doch gar keine Anzeigen geschaltet.

»Was ihr in der Redaktion produziert, das kostet nur«, rechnet mancher Geschäftsführer vor, und bittet darum, künftig mehr auf die Anzeigenkunden zu achten. Lokaljournalisten, die sich von solchen Bittdrohungen nicht oder nur wenig beeindrucken lassen, beweisen mehr Mut als mancher Politik-Redakteur, der es wagt, einen harten Kommentar gegen die eine oder andere Partei zu schreiben.

Die Plazierung von Anzeigen steht im Mittelpunkt der Richtlinie zu Ziffer 7 des Pressekodex des Presserates. »Redaktionell gestaltete Anzeigen müssen sich in Schrift, Anordnung und Gestaltung von dem redaktionellen Textteil der Zeitungen und Zeitschriften so unterscheiden, daß sie auch für den flüchtigen Leser erkennbar sind.«

Damit allerdings ist heute nur noch ein Bruchteil der tatsächlichen Mischung von Macht- und Geschäftsinteressen und redaktionellen Interessen getroffen.

»DIe Verantwortung der Presse gegenüber der Öffentlichkeit gebietet, daß redaktionelle Veröffentlichungen nicht durch private oder geschäftliche Interessen Dritter beeinflußt werden«, so heißt es im Pressekodex selbst. Doch die Richtlinie zu dieser Forderung ist nicht mehr zeitgemäß. Vor allem in vielen Lokalzeitungen ist der Druck der Anzeigenkunden auf die Redaktion in den vergangenen Jahren gewachsen. Wer zahlt, schafft an, sagen da manche Anzeigenkunden ganz offen. Und bekommen mit Lob-Berichten über die Firma recht.

Recherche und die Folgen

Die Folgen für die anderen

Augen zu und durch – das gilt nicht für Journalisten, die fair recherchieren und berichten wollen. »Das habe ich nicht gewollt«, diese Entschuldigung hilft Menschen nicht weiter, denen Sie mit einem veröffentlichten Beitrag geschadet haben.

Zumindest unbewußt setzen viele Menschen, über die Sie in der Zeitung schreiben, Hoffnungen in Ihren Beitrag. Die einen wollen ihr Recht bekommen oder das, was sie für ihr Recht halten. Die anderen hoffen auf eine Umsatzsteigerung, wieder andere auf öffentliche Anerkennung, auf Ehre und Ruhm.

Enttäuschte Hoffnungen stehen oft im Hintergrund, wenn Menschen schlecht reden über Journalisten. Seien Sie hier schon bei der Recherche vorsichtig. Wecken Sie keine falschen Hoffnungen, sprechen Sie vor allem vor Menschen, die wenig Erfahrung mit Medien haben, mögliche negative Folgen der Berichterstattung an.

Lassen Sie sich Zeit bei der Recherche, wenn Sie sich in ein für Sie neues Gebiet einarbeiten müssen. Für die Recherche in Jugendämtern um den kleinen Markus, für den kein Amt zahlen wollte, habe ich mir zwei Wochen Zeit gegönnt. Freilich habe ich dabei nicht vierzehn Tage lang nur diesen einen Fall recherchiert. Wie ist die Rechtslage? Wie entscheiden in ähnlichen Fällen andere Jugendämter? Fragen, die ich erst klären mußte. Uninformiertes Schreiben ärgert Leser, die sich auskennen in einem Sachgebiet. Wer in einem Detail schludrig arbeitet und dabei entdeckt wird, dem mißtrauen Leser auch in anderen Details. Zudem verletzt man so seine Sorgfaltspflicht.

Bürger kritisieren Behörden –, am Stammtisch, im Cafe und am Zaun zum Nachbargrundstück gehört es fast zum guten Ton, über Beamte und Behörden zu schimpfen. Sie können sich die Kritik anhören – bitte verfallen Sie aber nicht in den Fehler, die Kritik durch entsprechende Zitate in Ihren Berichten noch zu verschärfen. Es ist allzu leicht und darum schäbig, Menschen durch geschickte Erzähl- und Fragetechnik dazu zu bringen, immer ausfälliger zu werden in der Kritik. Sie haben dann die satten O-Töne, und die Menschen, die Sie zitieren, das Nachsehen. Ein Kind ist auf Betreiben des Jugendamtes von einer Pflegestelle weg zu Adoptiveltern gebracht worden; ich hätte die Patin des Kindes nicht mit dem folgenden Satz zitieren sollen:

»Vielleicht hat man Adoptiveltern mit mehr Geld bevorzugt«, vermutet die Patin Danielas, »anders kann ich mir die Entscheidung des Jugendamts nicht erklären.«

Mag sein, daß die Adoptiveltern reich waren, reicher als die Pflegemutter. Doch mit der Wiedergabe dieser Vermutung als Zitat der Patin habe ich ein landläufiges Klischeebild vom Jugendamt bedient. Tage- und nächtelang hat die Leiterin der Adoptions- und Pflegestelle danach am Telefon Beschimpfungen erdulden müssen. Viele Leser hatten das Zitat der Patin als Tatsache genommen und entsprechend reagiert.

Falsche Hoffnungen geweckt habe ich mit der Wiedergabe der emotionalen Kritik am Amt zudem bei der Patin und der Pflegemutter. Beide hatten geglaubt, das Kind würde zurückgebracht, wenn der Fall nur deutlich genug in der Zeitung verhandelt würde. Die hatten, so haben sie es mir später geschildert, angenommen, daß das Jugendamt Angst hat vor der Macht der Presse. Doch im Amt hat man allenfalls verärgert reagiert. Ich hätte ihr am Anfang der Recherche noch deutlicher machen müssen, daß ein Zeitungsbericht Betroffenen, deren Sicht der Dinge er schildert, auch schaden kann. Im Jugendamt zumindest war man schon nach meinem ersten Bericht nicht gut zu sprechen auf die Pflegemutter. Der Anwalt der Pflegemutter vermutete, auch Rachegefühle hätten zur Entscheidung des Amtes beigetragen, jeden Kontakt zwischen bisheriger Pflegemutter und dem Kind zu unterbinden. Das Jugendamt hatte das Sorgerecht für das Kind. Das Amt hätte jederzeit einen Kontakt ermöglichen können zwischen dem Kind und der bisherigen Pflegemutter.

Eine andere Pflegemutter hat Glück gehabt – bei ihr ging es allerdings nur um Geld. Zwei Ämter hatten sich untereinander

Stadt Fürth muß für den kleinen Markus zahlen

Oberbürgermeister Uwe Lichtenberg hatte selbst vorher Geld für zwei Monate zugesagt — Ämter widersprechen sich weiter

FÜRTH — Für den sieben Wochen alten Markus aus Fürth, den eine Pflegemutter im Landkreis Roth betreut, will die Stadt Fürth nun endlich zahlen.

Der Streit zweier mittelfränkischer Jugendämter um die Zuständigkeit für den kleinen Markus scheint damit ein vorläufiges Ende gefunden zu haben. Nun steht die grundsätzliche Entscheidung der Regierung noch aus. Sie wird für Ende nächster Woche erwartet. Klar scheint aber jetzt schon: Fürth muß zahlen und das nicht nur für zwei Monate, wie es Oberbürgermeister Uwe Lichtenberg angewiesen hat.

Gertrud Groß aus Gustenfelden hat — wie berichtet — Markus in ihrer Familie aufgenommen, weil die Mutter des Kindes sie darum gebeten hat. Daß die Absprache zwischen den beiden Frauen „ohne das Jugendamt gelaufen ist", darüber hat man sich im Fürther und im Rother Amt geärgert. Die Pflegemutter sollte von keinem Jugendamt je Geld für den Jungen bekommen, so hatte es zunächst geheißen. Nun hat Oberbürgermeister Lichtenberg eingelenkt. Für zunächst zwei Monate bekommt Gertrud Groß Geld von der Stadt, allerdings nur etwa zwei Drittel des üblichen Pflegesatzes.

Akten auf dem Tisch

Das Kreisjugendamt in Roth sei zuständig, behauptet die Fürther Stadtverwaltung weiter. In Roth will man überhaupt nicht berechtigt sein, eine Entscheidung für den Further Jungen zu treffen.

Fürth müsse in jedem Fall zahlen. Das vermutet der zuständige Regierungsdirektor Erich Gröger in Ansbach nach Lage des Gesetzes. In Fürth lebt die Mutter, und wenn sie nicht in der Lage ist, selbst für das Kind zu sorgen, muß die Stadt zahlen. Seit gestern hat Gröger die Akten auf dem Tisch. Bis Ende nächster Woche will er im Streit der Ämter entschieden haben.

Vor wenigen Wochen noch war man sich einig in den beiden Jugendämtern. Die Pflegemutter in Gustenfelden sollte kein Geld für Markus bekommen, weil der Junge nicht über ein Amt in die Familie vermittelt worden war. Gertrud Groß schien mit fast vierzig Jahren auch zu alt für ein Neugeborenes. Zudem war die Frau durch ihr selbständiges Handeln negativ aufgefallen. Sie habe schon öfter Kinder bei sich aufgenommen, ohne im Amt zuvor um Erlaubnis zu fragen.

Erst als der Fall durch die Zeitungen publik wurde, war es vorbei mit der Ämter-Harmonie. Es kam zu einem regelrechten Gerangel um die Zuständigkeit. Kein Amt wollte plötzlich irgendetwas gegen die Pflegestelle eingewandt haben. Dabei nahm man offenbar darauf gerecht, den Pflegemutter gebe das Kind zurück, wenn sie

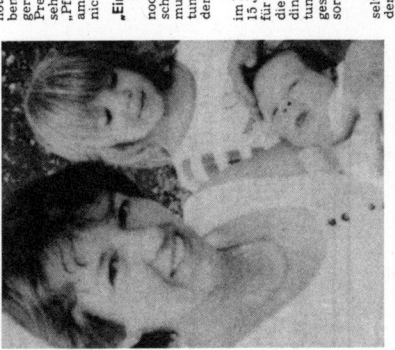

Gertrud Groß mit Pflegekind Markus im Arm.
Foto: Riechert

kein Geld bekomme. Danach wollte man noch einmal mit der Mutter „über die Vorteile der Adoption" reden.

Die Mutter von Markus, die noch ein eineinhalbjähriges Mädchen zu versorgen hat, wird nie einwilligen in eine Adoption. Das hat sie mehrfach versichert. Sie hofft auf eine eigene Wohnung und darauf, daß sie es eines Tages schafft, alleine für ihre beiden Kinder zu sorgen.

Dem Anwalt, der die Mutter von Markus gegenüber der Stadt Fürth vertritt, hat der Jugendamtsleiter noch am Montag die ablehnende Haltung seines Amts gegenüber der Pflegestelle mitgeteilt. Die „Hilfe" der Pflegemutter sei „weder notwendig noch geeignet", heißt es in dem Schreiben des Amtes. Ungeachtet dessen hat Oberbürgermeister Lichtenberg am Tag danach vor der Presse versichert, sein Jugendamt habe „sich sehr darum bemüht", daß Gertrud Groß eine „Pflegeerlaubnis" bekommt — vom Kreisjugendamt Roth, versteht sich. Fürth sei ja weiterhin nicht zuständig.

„Ein Eiertanz"

Vorsorglich hat Lichtenberg vor der Presse noch erwähnt, daß nicht alles, was er unterschreibt, auch von ihm selbst diktiert oder formuliert worden ist", daß aber „die Sachbearbeitung" durch das Jugendamt „nicht zu beanstanden" sei.

Nicht zu fassen sei die Eiertanz der Behörden im Falle des kleinen Markus, sagt Erna Graf, seit 15 Jahren Leiterin des Nürnberger Treffpunkts für alleinerziehende Mütter und Väter. Sie findet, die Ämter hätten der Mutter von Markus unbedingt helfen müssen. Daß eine Frau so verantwortungsbewußt handelt und selbst nach einer Pflegestelle für ein Kind sucht, für das sie selber nicht sorgen kann, das sei sehr zu begrüßen.

Zumindest für die Mütter sei eine Adoption selten die beste Lösung, sagt Erna Graf. Die würden oft ein Leben lang darunter leiden, daß sie ihr Kind an fremde Leute gegeben haben.

ELESCHÖFTHALER

abgesprochen, die Pflegemutter solle kein Pflegegeld bekommen für ein Kind, das sie auf Wunsch der Mutter des Kindes aufgenommen hatte. Zur Gegendarstellung des einen Jugendamtes auf meinen Bericht hin kam noch eine Stellungnahme des anderen Jugendamtes, das dem ersten Amt widersprach. Am Ende wollte kein Amt verantwortlich sein für den ablehnenden Bescheid, das erste Amt schob die Verantwortung dem zweiten

191

zu, das zweite verwies an das erste zurück. Leser und vor allem Leserinnen schimpften in Briefen an die Zeitung über die Bürokratie. Rascher als sonst üblich hat die zuständige Bezirksregierung die beiden Jugendämter zum Einlenken angewiesen. Die Pflegemutter bekam ihr Geld.

Zu sehr die Tränendrüse bemüht hatte ich im ersten Bericht zum Streitfall zwischen Pflegemutter und Jugendamt. Ich hatte die Folgen nicht einkalkuliert – die Flut der Leserbriefe, den Volkszorn, der sich auch im tagelangen Telefonterror im Fürther Jugendamt entladen hat. Ich hätte ahnen können, daß in einem Konflikt zwischen einem Amt und einer Bürgerin die meisten Leserinnen und Leser auf Seiten der Bürgerin stehen. Schließlich hat wohl jeder schon einmal unter einem selbstherrlichen Bürokraten zu leiden gehabt.

Zwei Absätze streichen, das würde ich heute auf jeden Fall aus dem ersten Bericht. Ich hätte das Verhältnis zwischen Mutter und Pflegemutter nicht so verklären müssen, das haben die vielen vorwiegend weiblichen Leserbriefschreiber gezeigt, die sich ganz mit der Pflegemutter solidarisiert hatten gegen das Jugendamt. Die Absätze, die wegfallen hätten sollen:

Da erinnert sich die Schwangere an eine Frau, die ihr schon einmal in der Not geholfen hat. Zu Gertrud Groß hatte sie von einem Tag auf den anderen ihre kleine Tochter bringen dürfen, als sie wegen einer dringenden Operation ins Krankenhaus mußte.
Bei Gertrud Groß findet die junge Frau auch in der neuen Situation Verständnis. Die 39jährige macht der Jüngeren keine Vorwürfe, sie ist einfach freundlich zu ihr, freut sich, daß da ein Kind geboren werden soll. Als die Schwangere wegen vorzeitigen Wehen ins Krankenhaus muß, ist ihre kleine Tochter schon nicht mehr fremd im kinderfreundlichen Haus der Familie Groß. Der mütterlichen Freundin will die junge Frau nun ihr Neugeborenes anvertrauen.
Vom Vertrauen ist da die Rede und von Verständnis, die Kinder-

freundlichkeit wird angeführt, eine hat der anderen in der Not geholfen. Zu große Worte für einen schlichten Bericht, der nichts an Bedeutung verloren hätte ohne die großen Begriffe.

Happy end mit Schattenseite. Sechs Jahre, nachdem Markus in die Schlagzeilen geraten ist, lebt der Junge immer noch bei seiner Pflegemutter. Ein munterer Junge, neugierig und aufgeschlossen. Die Mutter allerdings hat den Kontakt abgebrochen zu dem Jungen. Sie hat das selbständige Leben, von dem sie geträumt hatte, nicht geschafft. Doch die Pflegemutter hat das Bundesverdienstkreuz bekommen dafür, daß sie so viele Kinder aufgenommen hat in ihrer Familie.

Anonymisiert, doch wiedererkennbar zumindest für die Nachbarn der Frau hatte ich von einer ehemaligen Patientin des vermeintlichen Wunderheilers geschrieben, der Geheim-Tropfen für 6 000 Mark und mehr vermittelt hatte. Ich hatte den Ort genannt, in dem die Frau lebt, ihr Alter und die Krankheit. »Besser hätten Sie mich nicht bekannt machen können«, beklagte sich die Frau später bei mir. Zur Scham, daß sie auf die Versprechungen des Arztes hereingefallen war, kam jetzt auch noch die Angst vor dem Spott der Nachbarn.
Wollen Sie einen Menschen nicht wiedererkennbar werden lassen im Bericht, dann schildern Sie dessen Fall bitte so anonym, daß auch die Nachbarn nicht gleich wissen, wer gemeint sein könnte. Ist diese Anonymisierung nicht möglich, sprechen Sie offen mit dem Informanten über Ihr Problem.
Sich zurückziehen auf die Ausrede, Sie hätten ja den Namen des Informanten nicht genannt, das dient nur Ihrem Selbstschutz. Ihr Recherchepartner muß fast immer mehr Folgen ertragen als Sie selbst. Sie haben ausgewählt, wen Sie mit welcher Aussage zitieren – die Leser wissen nicht, was Ihr Informant sonst noch alles gesagt hat zu Ihnen.

Die Folgen für die Rechercheure

Wer für eine Lokalzeitung arbeitet, wird unmittelbarer mit den Folgen einer Recherche konfrontiert als frei arbeitende Kollegen, die ihre Beiträge verschiedenen Zeitungen anbieten, oder

Kollegen aus Regional-Redaktionen. Lokaljournalisten werden täglich neu beschimpft und gelobt, angegriffen und gepriesen.

Mißtrauisch werden, wenn andere loben, das sollten Sie sich angewöhnen. Ganz besonders, wenn Sie für eine Lokalredaktion arbeiten. Freilich ist es schön, wenn da jemand anruft und Ihnen sagt, wie toll Sie etwas geschrieben haben. Warum aber lobt da einer? Haben Sie vielleicht zu einseitig recherchiert, haben Sie einen Vorgang hauptsächlich aus der Perspektive dessen geschrieben, der Sie da lobt?

Bleiben Sie cool, wenn jemand schimpft über einen Beitrag, den Sie geschrieben haben. Lassen Sie sich nicht dazu verleiten, zurück zu schimpfen. Fragen Sie nach, warum sich jemand geärgert hat. Erklären Sie so ruhig wie möglich, daß es Ihre Pflicht gewesen ist, auch die andere Seite darzustellen, wenn das der Hintergrund der Kritik sein sollte. Wer lernt, ruhig auf Polemik zu reagieren, läuft nicht so schnell Gefahr, sich aus Angst vor dem nächsten wütenden Anruf selbst zu beschneiden in der Bereitschaft, umfassend zu recherchieren.

Telefonterror, drei Tage lang – das kann Ihnen auch einmal passieren. Den Zorn der rechtslastigen Gruppe, die da fast pausenlos das Familientelefon blockierte, hatte ich mir allerdings zu einem Teil selbst zuzuschreiben.
Als Bekannte eines Bekannten hatte ich mir Zugang verschafft zur rechtsradikalen Motorradgang und mich umgesehen im Treffpunkt zwischen Biergläsern, Hitlerbüste und Plüschaffen. Daß ich für den *Evangelischen Pressedienst* arbeite, erzählte ich nebenbei, die Männer fanden das eher lustig. Die rechneten vermutlich damit, in einer Kirchenzeitung würde irgendwann ein netter Bericht mit ausschließlich den Sprüchen zu lesen sein, die sie mir diktiert hatten. Doch nun hatten Tageszeitungen den Bericht gedruckt – und der Bericht war nicht so ausgefallen, wie die Männer es erwartet hatten.

Drei Tage lang Angst vor Rache haben in mir den Vorsatz reifen lassen, so schnell nicht mehr halb verdeckt zu recherchieren. Natürlich hält so ein Vorsatz nur, solange die Angst lebendig ist. Tag und Nacht kamen die Anrufe – und bei jedem

Klingeln an der Tür die Sorge, daß die jetzt alle dastehen und sich rächen wollen an mir oder gar an den Kindern. Warum der Telefonterror plötzlich aufgehört hat, weiß ich nicht. Vermutlich ist es den jungen Männern langweilig geworden, immer wieder anzurufen.

Ich habe mir allerdings angewöhnt, auch sehr netten Recherchepartnern nur noch meine Büro-Telefonnummer zu geben. Meine private Nummer findet niemand unter meinem Namen im Telefonbuch. Auch wenn Sie schon sehr lange Ihren Telefonanschluß haben, können Sie Ihren Namen aus dem Telefonbuch streichen lassen.

Mißstände in einer Behörde zu beschreiben, das bleibt in der Regel ohne persönliche Konsequenzen für Sie. Da kommt vielleicht einmal eine Gegendarstellung, Sie werden vielleicht auch von der Chefredaktion gefragt, ob Sie nicht wieder einmal nette Geschichten schreiben wollen, weil der Chefredakteur es nicht so gut fand, von einem Vertreter der Behörde angegriffen zu werden. Vielleicht haben Sie es nach einem kritischen Recherchebericht auch schwer, bei dem einen oder anderen Vertreter der Behörde einen Termin zu bekommen. Mehr Konsequenzen müssen Sie für sich aber kaum befürchten.

Sich mit einer Firma anzulegen, das kann schon riskanter werden für Sie. Wenn Sie mit Ihrem Bericht die Geschäftsinteressen einer Firma empfindlich getroffen haben, müssen Sie viel eher mit einer Klage rechnen, als wenn Sie einen Skandal in einer Behörde aufdecken.

Sechs Monate lang müssen Sie alle Unterlagen Ihrer Recherche aufbewahren, wenn Sie Grund haben für die Befürchtung, jemand könne gegen Sie gerichtlich vorgehen nach der Veröffentlichung Ihres Rechercheberichts.

Unterlagen aus größeren Recherchen bewahrt man nicht nur des Prozeßrisikos wegen auf. Oft kann man Jahre später zurückgreifen auf die alte Recherche. Wie war das damals mit den Beziehungen des Wohlfahrtsverbandes zum Bestattungsunternehmer? Wie hat die Kassenärztliche Vereinigung und der Ärzteverband auf Beschwerden von Patienten reagiert, die den teuren Wunder-Praktiken eines Arztes mißtraut hatten? Jedesmal, wenn Sie das alte Thema vielleicht in ganz anderem Zusammenhang streifen, sind Sie froh, in den alten Unterlagen blättern zu können.

Schriftliches Material sammeln in der Recherche, so viel wie möglich, das habe ich aus einem Prozeß gelernt, den ein Bestatter gegen mich angestrengt hatte. Aussage stand gegen Aussage, meine Zeugen gegen seine, mir fehlten entscheidende schriftliche Belege, die ich dem Richter hätte anbieten können. Ich habe mich vor Gericht trotz sorgfältiger Recherche auf einen Vergleich eingelassen.

Was Sie als Kopie gesammelt haben, gilt vor Gericht viel mehr als das, was man abgeschrieben hat aus Dokumenten. Gibt es keine schriftlichen Unterlagen, helfen auch eidesstattliche Erklärungen wichtiger Informanten weiter. Wer eidesstattliche Erklärungen von Informanten vorlegen kann, muß deren Erinnerungslücken vor Gericht nicht fürchten.

Angst sollten Sie haben vor Fanatikern, vor religiösen und politischen Fanatikern. Diese Menschen begnügen sich nicht mit Gegendarstellungen, die setzen auch nicht immer auf die Entscheidungen eines Gerichts. Einmal im Jahr höchstens mute ich mir eine Recherche unter Fanatikern zu, die Recherche unter den Rechtsradikalen etwa, die Recherche in einer Psychosekte und die Recherche bei dem Arzt, der im Auftrag eines selbsternannten Welterlösers billige Kräutermixturen als vermeintliches Wundermittel vertreibt.

Warum das Spiel mit der Angst immer neu? Das sei eben Berufsrisiko, könnte man dazu sagen. Oder noch edler: man sei der Öffentlichkeit gegenüber verpflichtet, das zu recherchieren, was gefährlich werden kann auch für andere. Doch die edlen Motive kommen meist erst nach der Abenteuerlust, die hinter jeder auch nur etwas gefährlichen Recherche steckt. Da ist der Reiz, die eigenen Grenzen auszuloten. Die Lust zu lernen, mit der eigenen Angst umzugehen.

Wer forsch ist, sollte Zurückhaltung üben – zumindest bei Recherchen im Milieu von Fanatikern. Und wer eher gewohnt ist, auf Nummer Sicher zu gehen bei seinen Recherchen, sollte auch einmal eine Recherche wagen, bei der er mit der eigenen Angst umzugehen lernt.

Wer immer nur auf vertrautem Gebiet recherchiert, glaubt allzu leicht, er kenne die Welt. Er beschreibt die Welt dann aber immer nur so, wie er sie zu kennen glaubt.

Gegen die falsch verstandene Abenteuerlust hilft nur, sich selbst gegenüber so offen wie möglich auch die kleinmütigen Gefühle einzugestehen.

Daß der Mann im Hintergrund des Wundermittel-Handels Waffen besaß, wußte ich. Daß der Arzt, der in völlige Abhängigkeit vom Mann im Hintergrund geraten war, alles tat, was der ihm befahl, wußte ich auch. Ich habe aber nichts geschrieben von der Gewaltbereitschaft im Hintergrund. Ich wußte von mehreren Anzeigen gegen den Mann im Zusammenhang mit dessen Waffensammlung. Doch nie ist es hier zu einer Anklage vor Gericht gekommen. Warum nicht? Das hätte ich recherchieren müssen, wenn ich das Waffenlager beschreiben hätte wollen. Ich wollte mich aber nicht näher mit den Waffen beschäftigen, die mich ohnehin ängstigten. Also habe ich diese Nebenrecherche ganz aus meinem Rechercheplan gestrichen.

Ich muß nicht alles schreiben, was ich weiß. Ich habe, statt von Waffen zu berichten, so nüchtern wie möglich die Zusammenhänge zwischen Arzt und Firmen im Hintergrund des Heilmittelhandels zu beschreiben versucht. Ich habe mich darauf beschränkt, im Umfeld des Arztes über die Zusammenhänge des Wundermittels mit den Geschäftsmethoden im Hintergrund aufzuklären. Mit meiner Anfrage in den zuständigen Aufsichtsgremien in der Bezirksregierung und im Sozialministerium habe ich eine Untersuchung des Wundermittels veranlaßt und in der Folge auch eine Anzeige des Arztes durch die Bezirksregierung. Um die Ermittlungen der Polizei nicht zu behindern, habe ich mich in diesem Fall auch darauf eingelassen, meinen bereits fertigen Text vier Wochen lang zurückzuhalten – ihn erst am Tag der Hausdurchsuchungen in der Praxis und der Wohnung des Arztes und im Büro der Geschäftsleute im Hintergrund über die Agentur den Zeitungen angeboten. Nur der Einstiegsabsatz mußte aus aktuellem Anlaß neu geschrieben werden.

Wohnung und Praxis eines Urologen wurden gestern von der Kriminalpolizei durchsucht

Ein Mediziner steht im Zwielicht

Unlautere Geschäfte mit einem „Heilmittel" gegen Krebs? — Das „Wunderwasser" kostete 6000 Mark

VON ELE SCHÖFTHALER (epd)

NÜRNBERG — Praxis und Privathaus eines Urologen südlich von Nürnberg sind im Zusammenhang mit Ermittlungen in einer Heilmittel-Affäre durchsucht worden.

Zugleich hat die Kriminalpolizei im hessischen Feldatal nach belastendem Material gefahndet. Im Mittelpunkt der polizeilichen Untersuchungen steht ein vermeintliches Wundermittel, das an Schwerkranke für das Heilmittel jeweils Mark verkauft worden ist. Patienten aus Franken und dem ganzen Bundesgebiet haben für das Heilmittel jeweils 6000 Mark und mehr auf das Privatkonto einer Schweizerin in Feldatal überwiesen, ohne je eine Rechnung zu sehen.

Um Aufklärung gebeten

Einer dreißigjährigen Rheumakranken sollte das Wundermittel ebenso helfen wie dem 80jährigen mit Prostata-Krebs: Für 6000 Mark vermittelt der Urologe das Wunderwasser an Krebs- und Rheuma-Kranke ebenso wie an Parkinson-Patienten. Walter Gallmeier, Nürnberger Chefarzt und Vorsitzender der Bayerischen Krebsgesellschaft, hat den Arzt wiederholt vergeblich um Aufklärung über die angeblichen Wundermittel gebeten.

Inzwischen ermittelt die Staatsanwaltschaft wegen Betrugs, wie der Nürnberger Justizpressesprecher Ewald Behrschmidt auf Anfrage bestätigte. Der Arzt stehe im Verdacht, Kräuteressenzen mit 20prozentigem Alkoholanteil — das haben Untersuchungen zweier Proben ergeben — zu weit überhöhten Preisen an Hilfesuchende vermittelt zu haben. Dabei habe er zumindest billigend in Kauf genommen, daß die versprochene Wirkung ausbleibe.

„Was ist ihnen das Leben Ihres Vater wert?", soll der Urologe die Tochters eines mittlerweile verstorbenen Krebskranken gefragt haben. „Ich habe meinen Vater leiden sehen", sagt die junge Frau aus dem Nürnberger Land heute dazu, „da hätte ich doch wegen 6000 Mark nicht Nein sagen können."

Ihre Nieren seien in Ordnung, hat eine 35jährige Rheumakranke im vergangenen Sommer von dem Mediziner erfahren. „Der hat gemerkt, wie enttäuscht ich war, daß wieder keine Ursache für meine Krankheit gefunden wurde", sagt die Patientin. Die Enttäuschung habe der Arzt dann zu nutzen verstanden, vermutet sie weiter.

Erst als das Wundermittel, angeblich speziell für sie in einem Laboratorium in Schottland hergestellt, schon nach vier Tagen in der Praxis des Urologen zum Abholen bereit stand, sei sie aufgewacht. „Das konnte nicht mit rechten Dingen zugehen." Die Rheumakranke aus Heilsbronn ist eine von zwei Beschwerdeführerinnen, die auf massiven Druck ihr Geld zurückbekommen haben.

Weit mehr als 100 Kranke haben nach Schätzungen in den vergangenen Monaten allein im Nürnberger Raum die Wundermittel gekauft. SEN-Medizin heiße das Mittel, bestätigte der Urologe auf Anfrage.

In jüngster Zeit ist der Phantasiename „Co-Manzan" dafür im Spiel. Die drei Buchstaben „SEN" stehen für Solidron (nach Angaben des Arztes auch ein Phantasiename), Engramm (negative Einbildungen in der Seele) und Neutralisation (was negativ ist, wird neutralisiert).

Eine Haarsträhne und ein Paßfoto überlassen die Patienten dem Urologen aus dem Nürnberger Umland. Mit ihrer Unterschrift werden sie zudem Mitglied eines Umwelt-Arbeitskreises in Hessen. Das Geld für das Heilmittel fließt auf das Privatkonto von Irmgard Maria Gräf. Sie ist Leiterin des Arbeitskreises und zugleich Firmenchefin in der Schweiz.

Mit Produkten ihrer Schweizer Firma Quatrium beliefert sie den eigenen Arbeitskreis. Neben dem Heilwasser für 6000 Mark, dem Bademittel Vitasol vertreibt Quatrium auch ungekennzeichnete Tabletten, pro Zehnerpackung für 150 Mark.

Haftung ausgeschlossen

Ärzte, Heilpraktiker und Privatleute aus dem ganzen Bundesgebiet haben sich im „Arbeitskreis für Environtologie" (Umweltforschung, Red.) zusammengefunden. Alle arbeiten nach eigenen Angaben „kostenlos und ehrenamtlich", sie informieren lediglich „über neue Methoden der Selbsthilfe". Eine „Haftung jeglicher Art" ist allerdings „ausdrücklich ausgeschlossen".

Arglose Bank

Die Verflechtungen zwischen ehrenamtlichen Engagement und Firmeninteresse sind den Patienten verborgen geblieben. Auch die Volksbank in Feldatal ist der Schweizer Firmenchefin arglos begegnet. Irmgard Maria Gräf hob in Abständen von wenigen Wochen Beträge von 100 000 Mark und mehr von ihrem vorgeblichen Privatkonto in bar ab.

Seit Wochen nun ist die Schweizerin nicht mehr in dem kleinen hessischen Ort gesehen worden. Dabei sind auf dem Konto schon wieder große Summen aufgelaufen. Nach Informationen von Insidern ist die Firmenchefin und Arbeitskreisleiterin rechtzeitig vor der Polizeiaktion in die Schweiz zurückgekehrt.

Fast panische Angst habe ich Monate später bekommen, als ich das Schweizer Auto der Geschäftsleute aus Feldatal in meiner Stadt, nur wenige Meter von meinem Auto geparkt, entdeckt habe. War doch am Tag zuvor mein Beitrag über die Geschäfte im Hintergrund des Heilmittelhandels in mehreren Zeitungen gedruckt worden.

Angst macht blind – über Stunden hatte ich mich nur gefürchtet, der Mann und die Frau, die den Arzt in der Hand hatten, würden zu mir kommen und sich rächen wollen. Ich war unfähig, einen klaren Gedanken zu fassen. Die beiden kamen aber nicht zu mir, wollten auch später nichts von mir. Sie wollten nur den Arzt be-

198

ruhigen, der durch meinen Bericht verunsichert schien. Schließlich hatte ich geschrieben:

Vor etwa zwei Jahren ist der Urologe aus dem Großraum Nürnberg zu dem Kreis um Walter K. gestoßen. Seither gaben Irmgard G. und Walter K. dem Arzt per Fax und Telefon aus Florida und Feldatal Anweisungen. Freunde des Urologen befürchten nun, daß die beiden dem Arzt am Ende die ganze Verantwortung für den Heilmittel-Handel zuschreiben werden.

Die Rechnung wäre fast aufgegangen für den Mann, der am meisten kassiert hat am Handel mit den Wundermitteln: Der Urologe wollte im Prozeß alle Verantwortung auf sich nehmen. Der mitangeklagte Guru mit Wohnsitz in Florida und im Hessischen dagegen äußerte sich vor Gericht weder zur Person noch zur Sache. Der Urologe erzählte offenherzig, er habe sich schon seit vielen Jahren mit Engrammen befaßt, mit den sogenannten negativen Einbildungen der Seele. Es schien so, als ob er sich nicht lösen konnte von der Rolle des begnadeten Wunderheilers, die ihm der Guru zugeschrieben hatte, um ihn gefügig zu machen.
Die Richter allerdings ließen sich kaum auf die Wundergeschichten ein. Sie interessierten sich mehr für die finanzielle Seite des Betrugs an abhängigen Patienten. Der Arzt und die Geschäftsfrau im Hintergrund wurden wegen Betrugs in rund 140 Fällen zu je viereinhalb Jahren verurteilt, Walter K. bekam als »Kopf der Betrügergruppe« fünf Jahre.

Am Wohnort des Gurus habe ich erst spät recherchiert. Ich kannte ja die Praxis des Arztes, viele seiner Patienten und andere Informanten im Nürnberger Umkreis. Da schien mir die Recherche im kleinen hessischen Ort, von dem aus der Handel mit dem Wundermittel gesteuert worden war, nicht so dringend. Zudem hatte ich Angst vor einer Begegnung mit Fanatikern dort. Erst während des Prozesses bin ich nach Feldatal gefahren, habe die Plantagen besichtigt, die ein Überleben nach der angedrohten Umweltkatastrophe sichern sollten. Zuvor hatte ich ausschließlich telefonisch recherchiert, ich hatte verschiedenen, voneinander unabhängigen Informanten in Feldatal dieselben Fragen gestellt und dadurch viel über die Kunden und Anhänger der Gruppe um Walter K. herausbekommen.

Sehr viel habe ich schließlich nicht entdecken können am Rande der Obstbaumplantage, in der der pyramidenähnliche Zelttempel der Gruppe aufgebaut sein soll. Nachts schweben Frauen in weißen Gewändern durch die Plantagen, so wußten Anwohner zu berichten. Das hatte ich auch schon früher am Telefon erfahren. Und in einer Lagerhalle werden Pflanzen mit Musik beschallt, das war mir auch schon bekannt. Zu hören war von außen nichts von der Musik in der fest verriegelten Halle. Ich kam schließlich auch nicht weiter in meiner Recherche am Ort. Erst war da das Auto, das mich vom Feldweg weg in den Graben drängte, dann tauchten Anhänger des Gurus zu Fuß auf vor mir und bedeuteten mir unmißverständlich, hier werde ich nicht weiterkommen.

Ich hatte genug gesehen, ich bin umgekehrt, quer über die Wiese zur Hauptstraße zurück. Wer vorgibt, die Menschheit retten zu wollen, und dafür von Abhängigen Geld kassiert, ist oft nicht zimperlich bei der Wahl der Methoden, sich lästige Neugierige vom Hals zu halten. Das wissen alle Journalisten, die einmal im Umkreis von weltanschaulichen Fanatikern recherchiert haben.

Loslassen und sich einem anderen Thema zuwenden, das sollten Sie nach jeder für Sie aufregenden Recherche. Kinder standen wieder im Mittelpunkt der Recherchen, die auf die Recherchen im Umkreis des fanatischen Arztes und seiner Hinterleute folgten. Nur nicht sich festbeißen in einem Recherchegebiet. Das ist wichtig, um nicht irgendwann zu den Rechercheuren zu gehören, die immer nur das entdecken, was sie zu entdecken wünschen.

Haben Sie keine Angst, ein Thema aus den Augen zu verlieren. Wenn es Ihnen wichtig ist, kommen Sie fast immer wieder darauf zurück. Da ist das eigene Archiv, die Unterlagen werden abgeheftet. Und irgendwann, nach Monaten, kommt wieder ein Hinweis von außen zum alten Recherchethema. Jetzt haben Sie genug Abstand zum Recherchethema, Sie können mit neuen Fragen die Recherche fortsetzen.

Vielleicht kommt ein anderes Mal auch kein Hinweis von außen. Sie sind es selbst, der in den abgelegten Unterlagen blättert und aus der Distanz zur alten Recherche den neuen Weg findet, sie erfolgreich fortzusetzen.

Register

List Journalistische Praxis

Walther von La Roche

Einführung in den praktischen Journalismus

Mit genauer Beschreibung aller Ausbildungswege
Deutschland, Österreich, Schweiz
252 Seiten, Paperback

. . . .

Die Tätigkeiten des Journalisten – Die Arbeitsfelder des
Journalisten – Wie der Journalist zu seiner Story kommt –
Informierende Darstellungsformen: Nachricht, Bericht,
Reportage, Feature, Interview und Umfrage, Korrespondenten-
bericht und analysierender Beitrag – Meinungsäußernde
Darstellungsformen: Kommentar, Glosse, Kritik und Rezension –
Rechtsfragen der journalistischen Praxis – Pressekodex.
Das Volontariat – Kurse für Volontäre – Studienbegleitende
Journalistenausbildung – Journalistik als Nebenfach – Aufbau-
studiengänge – Studiengänge Journalistik – Film- und Fernseh-
akademien – Publizistik- und Kommunikationswissenschaft –
Sonstige Ausbildungsstätten – Journalistenausbildung,
do it yourself – Österreich – Deutschsprachige Schweiz

»Ein Lehrbuch, das Volontären, Jungredakteuren und Ausbildern
in den Redaktionen nachdrücklich empfohlen werden kann.«
Journalist

List Journalistische Praxis

Michael Meissner

Zeitungsgestaltung

Typografie, Satz und Druck, Layout und Umbruch
277 Seiten, Paperback

....

List Journalistische Praxis

Wolf Schneider/Detlef Esslinger

Die Überschrift

Sachzwänge – Fallstricke – Versuchungen – Rezepte
150 Seiten, Paperback

· ·

Die Überschrift ist die Nachricht über der Nachricht.
Nirgendwo sonst im Journalismus drängen sich so viele Fragen
in so wenigen Wörtern zusammen: Was eigentlich ist die
Kernaussage des Beitrags? Wie läßt sie sich in 30 oder
40 Anschläge fassen, sprachlich sauber und bei alldem
auch noch interessant?

Aus dem Inhalt:
Vom Handwerk des Überschreibens
Die Aussage der Überschrift
Die Sprache der Überschrift
Die Einteilung der Überschrift
Die Zukunft der Schlagzeile

List Journalistische Praxis

Stephan Ruß-Mohl/Heinz D. Stuckmann (Hrsg.)

Wirtschaftsjournalismus

Ein Handbuch für Ausbildung und Praxis
288 Seiten, Paperback

. . . .

Medien und Märkte – Zur Kritik des Wirtschaftsjournalismus –
Arbeitsmittel und Recherchewege (mit einer Fallstudie »Neue
Heimat«) – Nachrichten- und Themenauswahl – Schreiben und
Redigieren – Medienspezifische Präsentation.
Der festangestellte Wirtschaftsredakteur – Der freie Wirt-
schaftsjournalist – Der Öffentlichkeitsarbeiter – Ethische
Zwickmühlen – Zukunftsperspektiven und Spezialisierungs-
felder: Unternehmens- und Branchenberichterstattung – Geld,
Banken, Börsen – Verbraucherjournalismus – Wirtschafts-
wissenschaften – Wirtschaftsthemen im Lokalen u. a.
Ausbildungswege und Karrieremuster – Preise – Wirtschafts-
journalismus in Österreich und der Schweiz

List Journalistische Praxis

Winfried Göpfert/Stephan Ruß-Mohl (Hrsg.)

Wissenschaftsjournalismus

Ein Handbuch für Ausbildung und Praxis
285 Seiten, Paperback

. . . .

Was ist überhaupt Wissenschaftsjournalismus ? –
Medien und Märkte – Recherche im Wissenschaftsbetrieb –
Die heikle Recherche, eine Fallstudie – Auswahlkriterien
für Wissenschaftsnachrichten – Beispiele, Vergleiche
und Metaphern – Risiken der Statistik – Wissenschaft
im Radio und Fernsehen – Die Wissenschaftsreportage –
Wissenschaft im Lokalen.
Ausbildungswege, Kurse, Studiengänge, Standes- und Fach-
gesellschaften – Stipendien und Preise für Wisssenschafts-
journalisten – Wissenschaftsjournalismus in Österreich
und der Schweiz

List Journalistische Praxis

Dieter Heß (Hrsg.)

Kulturjournalismus

Ein Handbuch für Ausbildung und Praxis
247 Seiten, Paperback

. . . .

Kulturjournalismus heute
Vorbereitung:
Berufsfelder – Ausbildungswege – Arbeitsmittel
Werkstatt:
Literaturkritik; Exkurs: Literaturkritik im Hörfunk –
Theaterkritik; Exkurs: Theaterkritik in der Boulevardzeitung –
Filmkritik; Exkurs: Filmkritik im Fernsehen –
Musikkritik; Exkurs: Popkritik im Feuilleton –
Kunstkritik; Exkurs: Kunstkritik im Hörfunk –
Medienkritik; Exkurs: Zur Wirkung von Medienkritik –
Kritik der politischen Kultur; Exkurs: Das alternative Konzept
tageszeitung – Das Porträt – Der Essay
Berufsalternativen:
Pressearbeit im Verlag – Lektorat – Kommunale Kulturarbeit –
Sponsoring – Schauspieldramaturgie

List Journalistische Praxis

Anton Magnus Dorn/Gerhard Eberts (Hrsg.)

Redaktionshandbuch Katholische Kirche

Zum Nachschlagen und Nachdrucken
235 Seiten, Paperback

. . . .

Dieses Redaktionshandbuch ist Lexikon und Textarchiv in
einem. Es hilft Autoren und Redakteuren, sich rasch
zurechtzufinden, wenn es um das Sachgebiet Katholische
Kirche geht. Die einfach und verständlich geschriebenen
330 Stichwörter eignen sich auch zum (honorarfreien)
Abdruck.
Wie sich der Themenbogen über Grundsätzliches und Gegen-
wärtiges spannt, zeigen die Stichworte mit dem Buchstaben
G : Gebetswoche für die Einheit der Christen – Geburten-
regelung – Geistliche Gemeinschaften – Gelübde – Gemeinde-
referent(in) – Generalvikar – Gerechter Krieg – Gerichtsbarkeit –
Glaubensbekenntnis – Glaubenskongregation – Glocken –
Gründonnerstag.
Ein Kalender »Das Kirchenjahr für Journalisten« notiert
wichtige und auch volkstümliche Stationen des katholischen
Jahreslaufs.

List Journalistische Praxis

Horsch/Ohler/Schwiesau (Hrsg.)

Radio-Nachrichten

Ein Handbuch für Ausbildung und Praxis
161 Seiten. Paperback

· ·

Nachrichtengrundsätze
Die Einzelmeldung
Die Nachrichtensprache
Die Nachrichtensendung
Präsentation der Nachrichten
Nachrichten mit O-Tönen
Spezialnachrichten
Die Nachrichtenquellen
Radionachrichten in Deutschland
Kommentierte Literaturauswahl

List Journalistische Praxis

Walther von La Roche/Axel Buchholz (Hrsg.)

Radio-Journalismus

Ein Handbuch für Ausbildung und Praxis im Hörfunk
435 Seiten, Paperback

. . . .

Radio-Journalist werden
Die Radio-Landschaft
Darstellungs- und Sendeformen: u. a. Magazin und Moderation –
Fürs Hören schreiben – Nachrichten-Präsentation –
Bericht mit O-Ton – Interview, Reportage, Umfrage –
Diskussion – Feature – Jingle, Trailer, Collage
Ideen für hörernahes Radio
Hörer am Studio-Telefon
Das Selbstfahrer-Sendestudio
Digital schneiden
Fachsprache im Studio
Medienrecht für Radioleute
Honorare
Ausbildung in Deutschland, Österreich und der Schweiz

List Journalistische Praxis

Norbert Linke

Radio-Lexikon

1200 Stichwörter von A-cappella-Jingle bis Zwischenband
166 Seiten, Paperback

. . . .

Das Radio-Lexikon schafft Durchblick im Begriffs-
Kauderwelsch. Es erklärt die Stichwörter knapp und präzise
und bietet durch Querverweise vertiefende Information.
Die Begriffe stammen aus allen Bereichen der Radioarbeit:
Programm, Redaktion, Moderation und Sprechlehre, Technik
und Produktion, Marketing, Recht und Rundfunkpolitik.
Praktiker aus allen Sparten finden Antwort – alte Radio-Hasen
ebenso wie Radio-Novizen.

List Journalistische Praxis

Gerhard Schult/Axel Buchholz (Hrsg.)

Fernseh-Journalismus

Ein Handbuch für Ausbildung und Praxis
485 Seiten, Paperback

. . . .

In Bildern erzählen –
Bild, Ton Text: u. a. Bildsprache,
Bildaufbau, Bildschnitt –
Darstellungs- und Sendeformen:
u. a. Nachrichtenfilm, Bericht/Reporterbericht,
Moderationstips –
Einen Fernsehbeitrag planen: u. a. Exposé/Ideenskizze,
Treatment, Filmplan, Storyboard, Drehbuch, Produktionsplan –
Einen Fernsehbeitrag realisieren – Ausrüstung –
Studioproduktion und Außenübertragung –
Beim Fernsehen arbeiten– Aus- und Fortbildung – Anschriften

List Journalistische Praxis

Cornelia Bolesch (Hrsg.)

Dokumentarisches Fernsehen

Ein Werkstattbericht in 48 Porträts
240 Seiten, Paperback

. . . .

Das Buch vermittelt die unterschiedlichen Stile und Methoden
dokumentarischen Arbeitens. Es wendet sich besonders an
Leser, die den Berufswunsch Dokumentarfilmer und Fernseh-
journalist haben.
Bei der Auswahl der 48 Porträts arrivierter ebenso wie junger
Dokumentarfilmer wurde der Begriff »dokumentarisch« weit
gefaßt: Der klassische beobachtende Dokumentarfilm zählt
dazu, aber z. B. auch die Spielarten des aktuellen investigativen
Journalismus.
Im Kapitel »Wege in den Beruf« werden auch die Fernseh-
Hochschulen in München, Berlin und Potsdam-Babelsberg
vorgestellt.

List Journalistische Praxis

Syd Field, Peter Märthesheimer,
Wolfgang Längsfeld u. a.

Drehbuchschreiben für Fernsehen und Film

Ein Handbuch für Ausbildung und Praxis
242 Seiten, Paperback

. . . .

Syd Field:
Das Drehbuch – Der Stoff – Die Figuren –
Wie man eine Figur entwickelt –
Schlüsse und Anfänge –
Die Szene – Die Sequenz – Der Plot Point –
Die Form des Drehbuchs

Wolfgang Längsfeld:
Übungen für Anfänger

Martin Wiebel:
Tips aus der Fernseh-Dramaturgie

Peter Märthesheimer:
»Deutschlandlied« – Präsentation eines Projekts

Werner Kließ:
Die Fernseh-Serie

Gunther Witte:
Arbeitsfelder für Autoren

Heinz Ungureit:
Nach Qualität des Populären streben

Margarete Deiseroth-Gores:
Geld und Recht

Andreas Meyer:
Aus- und Fortbildung für Drehbuchautoren
Drehbuchförderung Deutschland/Österreich/Schweiz

List Journalistische Praxis

Beifuß/Evers/Rauch u. a.

Bildjournalismus

Ein Handbuch für Ausbildung und Praxis
Herausgegeben von Rolf Sachsse
253 Seiten, 50 Abbildungen, Paperback

. . . .

Teil 1: Der Beruf
Der Bildjournalist und seine Medien – Aus-, Fort- und Weiter-
bildung – Reden wir vom Geschäft – Fotorecht – Berufsethik –
Presseausweis, Passierschein, Presseschild – Bildjournalist und
Polizei – Berufsorganisationen – Wettbewerbe und Preise

Teil 2: Das Bild
Was macht ein Foto zum Pressefoto? Bildjournalistische
Darstellungsformen – Tips für die Technik – Von der Grundaus-
stattung zur Komplettausrüstung – Aufträge vorbereiten –
Aufmachung und Layout – Bildauswahl – Bildschnitt – Berech-
nung der Bildgröße – Bildunterschrift

Anhang:
Pressekodex – Tarifvertrag – Standard-Vertrag Bild-Agenturen –
Mustervertrag, Allgemeine Geschäftsbedingungen und Modell-
Buchungsreglement des Bundes Freischaffender Foto-Designer